Examined Lives From Socrates to Nietzsche

思想者心灵简史

从苏格拉底到尼采

[美] 詹姆斯·米勒 著　　李婷婷 译

新 华 出 版 社

图书在版编目（CIP）数据

思想者心灵简史：从苏格拉底到尼采 / （美）米勒著；李婷婷译.
北京：新华出版社，2015.4
原文书名：Examined Lives：From Socrates to Nietzsche
ISBN 978-7-5166-1570-6

Ⅰ. ①思… Ⅱ. ①米… ②李… Ⅲ. ①思想史—研究—西方国家
Ⅳ. ①B5

中国版本图书馆CIP数据核字（2015）第056414号
著作权合同登记号：01-2012-7846

思想者心灵简史：从苏格拉底到尼采
作　　者：[美]詹姆斯·米勒　　**译　　者**：李婷婷

出 版 人：张百新　　**责任印制**：廖成华
责任编辑：黄绪国　　**装帧设计**：图鸦文化

出版发行：新华出版社
地　　址：北京石景山区京原路8号　　**邮　　编**：100040
网　　址：http://www.xinhuapub.com　http://press.xinhuanet.com
经　　销：新华书店
购书热线：010－63077122　　**中国新闻书店购书热线**：010－63072012

照　　排：图鸦文化
印　　刷：北京新魏印刷厂

成品尺寸：150mm×230mm　1/20
印　　张：16.2　　**字　　数**：280千字
版　　次：2015年4月第一版　　**印　　次**：2015年9月第二次印刷

书　　号：ISBN 978-7-5166-1570-6
定　　价：38.00元

图书如有印装问题请与出版社联系调换：010-63077101

目录

亚里士多德 / 67

亚里士多德含蓄地体现了理性的统一。与第欧根尼完全不同，亚里士多德重要的公共成就不是他的生活方式，而是在公开演讲和著作中描述出了一个可见的世界，展现了它令人敬畏的理性统一，从而为人们提供了一种理解经验现实的系统客观的方式。

塞涅卡 / 91

塞涅卡在他的著作中赞美贫穷，自己却积攒了大量财富；他倡导一种沉思的生活，却担任暴君尼禄最有力的顾问多年。塞涅卡承认，尽管他赞美美德，并能够描述出智者应当过的生活方式，但和苏格拉底不同，他本人并非一个能将语言和生活协调一致的人。

奥古斯丁 / 117

奥古斯丁在《再思录》说："对人的本质而言，没有什么比心灵和理性更好。然而，如果想过上幸福的生活，不应与心灵和理性一致，因为如果这样的话，他是与人保持一致，而一个人如果想要获得幸福，应当与神保持一致。"奥古斯丁否认得太过激烈，似乎他努力想要制服自我，使自我之中的某个部分缄口不言。

蒙田 / 143

蒙田选择通过写作而非斯多亚派的苦行或基督教禁欲主义来塑造自己。他声称："我不像苏格拉底那样，通过理性的力量纠正我的天性。""我是如何来到这世上的，我也如何依此而行事。"虽然他通过写作想要了解的是"他自己"，但他并不相信自己有何神圣的来源，也不相信理性的力量可以使他成为更好的人。

笛卡尔 / 169

笛卡尔不是要解释任何一个现象本身，而决心解释所有自然现象，也就是说全部物理学；他认为自己已经找到了一种呈现其所有思考的方法。同时，他开始思考如何证明上帝存在和灵魂不朽，他说"我发现了证明形而上学真理的方法，后者比几何真理更显而易见"——几乎与他野心勃勃地想要解释所有自然现象一样令人瞠目结舌。

前　言

> 那些转向哲学的人当中（不是在年轻时为了增加教养而学一点儿哲学、然后就弃之不顾的人，而是在哲学中浸淫良久的那些人），大多数虽不能说变成了十足的坏蛋，但也变得相当古怪，而那些看来非常不错的……则变得百无一用。
>
> ——柏拉图，《理想国》

哲学家一度是一些令人惊异的人。他们有时是被嘲笑的对象和人们的笑柄，但更多时候则是鼓舞人心的源泉，通过言传身教提供智慧的典范、行为的模式，并为那些看重他们的人提供效仿的典范。长期以来，关于伟大哲学家的故事在西方文化中发挥着重要的影响。对于西塞罗（Cicero）、塞涅卡（Seneca）、马可·奥勒留（Marcus Aurelius）等罗马作家来说，衡量精神进步的一个方法就是将自身行为与完美道德的典范苏格拉底相比较。一千六百多年后，约翰·斯图亚特·穆勒（John Stuart Mill，公元1806—1873）同样在年纪很小时就学习古希腊文，以便能够阅读色诺芬（Xenophon，公元前4世纪）的《回忆苏格拉底》（*Memorabilia*）以及第欧根尼·拉尔修[Diogenes Laertius，希腊人，伊壁鸠鲁（Epicurus）的追随者，据传生活于公元3世纪]著述的《名哲言行录》（*Lives of the Eminent Philosophers*）。

穆勒被迫生吞硬记这些著作时的年纪小得有些不可思议，但除此以外，他的阅读书目并没有什么不同寻常之处。直到最近，能够阅读希腊和罗马经典著作的人们还不仅从色诺芬和柏拉图（Plato），也从塞涅卡和普鲁塔克（Plutarch）的道德文章中汲取营养，其中关于哲学之益处和慰藉的启迪故事可谓连篇累牍。一个有教养的人可能对苏格拉底有所了解，还知道“伊壁鸠鲁学派”、“斯多亚学派”（Stoic）、“怀疑论”的一些内容。大卫·休谟（David Hume，公元1711—1776）仍对这些哲学派别很感兴趣，在《道德与政治论文集》（*Essays, Moral and Political*）中写到了所有这些派别。

和第欧根尼·拉尔修一样，对休谟而言，各种哲学派别不仅体现在其学说中，也体现于生活方式中。拉尔修叙述伊壁鸠鲁（伊壁鸠鲁学派的创始人）、芝诺（Zeno，一般被视为第一位斯多亚主义者）以及皮浪（Pyrrho，创立了古代怀疑论的一个分支）等人的生平时，详细地展现了这种行为模式。同样作为现代人，不止是休谟和穆勒，马克思和尼采也都研习过《名哲言行录》。事实上，马克思和尼采二十多岁时都曾详细研究过该部著作，并据此撰写过学术文章。

相比之下，今天大多数受过高等教育者，甚至职业哲学家都对第欧根尼·拉尔修及其描述的众多古代哲学家一无所知。在许多国家（特别是美国）的学校中，经典课程基本已被取消。现代教科书很少关注哲学家的生活，而强调这一当代理念：最好将哲学理解为一门纯粹的技术学科，关注的是语义学和逻辑学中的专业问题。

典型的现代哲学家——比如说，著有《纯粹理性批判》（*The Critique of Pure Reason*）的康德（Immanuel Kant），著有《正义论》（*A Theory of Justice*）的约翰·罗尔斯（John Rawls）——很大程度上被认同为其著作。人们普遍假定，“哲学”是指“研究世界最为普遍和抽象的特征以及我们思考时采用的范畴，如心灵、物质、理性、证据、真理，等等”（引自新近的《牛津哲学词典》中关于哲学的定义）。此外，在康德和罗尔斯所任职的现代大学中，有抱负的哲学研究者常被教导说，评价命题的真理性时，应独立于对持此命题的人的一切了解。正如哲学家塞拉·本哈比（Seyla Benhabib）所说，“哲学理论宣称的是超越历史和社会背景的真理。在哲学学科内部，思想家个人生活的细节与对其观点的理解或评价毫不相干。”

这种不考虑个人的原则是现代职业哲学家的典型偏见。对于从柏拉图到奥古斯丁（Augustine）的大多数希腊和罗马思想家而言，理论就是一种哲学化的生活模式。对苏格拉底以及无数追随他的经典哲学家来说，要点不在于证实一组特定的命题（即便学校会教学生界定术语和分析论据），而是探索“人的本质，自我的性质”，如果你孜孜于追求智慧，就能够阐述清楚它们是什么。对希腊和罗马哲学家而言，“哲学对话……源于对生活和存在方式的选择，而非相反。”

或者，正如色诺芬《回忆苏格拉底》中的苏格拉底所说，“如果我没有在正式的叙述中揭示我的观点，我会通过我的行为揭示它。难道你不认为行动是比语言更可靠的证据吗？”

在古希腊和古罗马，人们普遍假定哲学家会践行某种特定的行为模式和生活形式。因此，评价一种哲学价值时常常会引用其生平细节。比如，人们普遍认为，苏格拉底面对死亡时表现出的尊严有力地支持了他关于生活方式的观点。

但苏格拉底果真有尊严地面对死亡了吗？我们怎么能确信自己了解了苏格拉底的实际表现呢？面对这些问题，现代哲学家本就对诉诸个人论据表示不信任，如今这种不信任更因为对这类哲学家故事的怀疑而进一步增强。

让我们来考察现存规模最大的哲学传记汇编：第欧根尼·拉尔修的文集。著作从米利都的泰勒斯（Thales of Miletus，公元前624—前546）开始。第欧根尼·拉尔修以一贯漫不经心的模糊措辞写道：“‘认识你自己’这句箴言应归于他，安提斯泰尼（Antisthenes）在《哲学家世系》（*Successions of Philosophers*）中将之归于费莫奴（Phemonoe），但承认又被契罗（Chilon）盗用了。”拉尔修把泰勒斯说成是最心不在焉的教师："据说有一次，他被一名老妇人带出门外观察星星，掉进了沟里，他的求救招来了老妇人的诘难，'泰勒斯，你都看不到脚下发生的事，又怎么能指望知道关于天空的一切呢？'"

第欧根尼·拉尔修的著作一直让现代学者很恼火，它明显不加鉴别地广泛汇集了各种材料。尽管这部编著的格言、诗歌摘录以及理论文章摘要的质量良莠不齐，但仍是我们对泰勒斯、赫拉克利特（Heraclitus，公元前540—前480）、伊壁鸠鲁（公元前341—前270）等古希腊哲学家学说为数不多的了解的主要来源。另一方面，第欧根尼记载的趣闻逸事也常常不被重视，部分因为他从不费心评估材料的质量，部分因为他的传记矛盾百出，部分因为有些故事根本难以置信。

第欧根尼·拉尔修保存下来的故事居于真实与虚构之间的模糊地带。从一开始，在柏拉图的苏格拉底对话中，哲学家的生活就变成了一种神话，被视为诗歌的一种，在典范化的叙事中作为一种固化的记忆进入了集体的想象（关于深思熟虑的生活方式在实际中意味着什么，人们已经形成了固化的记忆）。加入某个哲学派别在古代常常意味着要努力追随先贤的步伐，这些先贤在一系列神化了的故事中备受尊崇。基督徒"模仿基督"以前很久，苏格拉底学派就致力于模仿苏格拉底，犬儒学派努力生活得像第一位犬儒学派成员第欧根尼（Diogenes）那样简朴，伊壁鸠鲁主义者则试图效仿为该学派赋予了名称的大师伊壁鸠鲁的生活。

因此，关于精神英雄的神话的叙述在古代哲学学派中起着塑造性的作用。对这类叙述的需求促使人们精心编造一种富有启迪的理想叙事。在《申辩篇》（*Apology*）、《克里托篇》（*Crito*）、《斐多篇》（*Phaedo*）等戏剧化的描述中，柏拉图关于苏格拉底面临死亡的描述意在激发想象，增强学习者走上通往智慧这条不确定道路的决心。正如古典学者莫米利亚诺（Arnaldo Momigliano）所说，柏拉图和他的同伴"是在传记中进行试验。这种试验是为了捕捉个人生活的潜在性而非现实性。（苏格拉底）不是一个我们可以叙述其人生的故去者，而是通往迄今未知的领域的向导”。

追随柏拉图的步伐，包括塞涅卡和普鲁塔克在内的许多希腊哲学家同样也认为，应当通过写作描绘出训导者的迷人形象，传达他们的训诫。因此有了普鲁塔克的《希腊罗马名人传》（*Lives of the Noble Greeks and Romans*）以及塞涅卡在《道德书简》（*Moral Letters*）中对自己的叙述。在这类描述中区分何为真实、何为虚构，就好像将贝多芬的《英雄交响曲》改编成两支长笛的合奏一样（借用尼采的一个比喻）。

但如果说对自我智慧的追求始于英雄逸事，它很快就会演变为对抽象本质的寻求。对于从柏拉图到奥古斯丁的众多哲学家来说，个人的真正自我是非物质的、不朽的、不变的。但事实还不止于此，因为对自我的探索最终会遭遇并不得不承认那无比复杂的内心体验。首先是奥古斯丁（公元354—430），随后更引人注目的是蒙田（Montaigne，公元1532—1592），他们描绘出了一幅新图景：人类是不断变化的生物，是一种纯粹潜在的存在，并不必然通往曾被认为是真、善、美的东西。

哲学化的生活方式从古到今的转变既不突然，也不意外。在蒙田一代人之后，笛卡尔（Descartes，公元1596—1650）尚能撰写一部有些自我神化色彩的自传，不到两百年后，卢梭（Rousseau，公元1712—1778）就在自传中以令人极为不快的细节表现出不知羞耻却又真实可靠的诚实。因此，毫不奇怪，许多现代哲学家尽管仍受到将哲学作为一种生活方式这一古老理念的激励，但多数人像康德那样，在客观的推理和教学中寻求庇护。

尼采（Friedrich Nietzsche）对这种学术化哲学的冷漠众所周知。他在1874年写道：“我个人更喜欢阅读第欧根尼·拉尔修。唯一可能的哲学批判，也是唯一能有所证明的哲学批判，就是试试看能否遵照它去生活，但大学中从来不教这一点，他们教导的只是用一些语词来批判另一些语词。”

一个世纪后，米歇尔·福柯（Michel Foucault，公元1926—1984）表达了类似观点。1984年冬，福柯于离世前几个月在法兰西学院的最后一系列讲座中讲授了古典时代的“parrhesia”（说真话）话题。和一个世纪前的尼采一样，福柯通过思考前人的可能生活来探索自己接近真理的独特道路。他考察了苏格拉底的生活，并利用第欧根尼·拉尔修搜集到的证据，考察了古怪得多的锡诺普（Sinope）的第欧根尼（约公元前320）的生活，后者是典型的犬儒主义者，在浴盆中生活，大白天手持一盏点燃的灯笼，告诉询问的人说“我在寻找一个人”。

当然，福柯知道，关于第欧根尼这类哲学家的传说已经不再被当真。但他和尼采一样，谴责现代人对他所说的哲学生活“问题”的“疏忽”。他认为，这一问题遭到忽视有两个原因：第一，宗教机构，特别是基督教隐修院制度吸收或“收缴”（用他的话说）了“践行真正的生活这一主题”；第二，“因为如今关系到真理的东西只有表现为科学知识的形式才被认为是有效的、明确的。”

顺带指出，福柯认为深入研究这一课题将会获得丰硕的成果。他说，“在我看来，撰写一部始于哲学生活问题的历史将会很有趣，该问题……可以被视为一种选择，它既体现在生平事件和决定中，也体现于（思想）体系内部对同一问题如何（阐述），以及该体系赋予哲学生活问题以何种地位上。”

哲学可以是一种生活方式，而不仅仅研究世界最一般的特征以及我们思考时使用的范畴，福柯并非20世纪唯一一个如此认为的人。例如，正如对不真诚信仰的恐惧激发了萨特（Sartre）的《存在与虚无》（*Being and Nothing*）一样，本真性（authenticity）的概念贯穿了海德格尔（Heidegger）的《存在与时间》（*Being and Time*）。萨特在其著作结尾处走得更远，他设想创建一种完整的生平和历史叙述，它将表明个人生活中所有看似杂乱无章的细节是如何聚在一起并构成一种“整体性”（totality，独有而统一的人格）的。

作为思想史专业的研究生和六十年代的活动家，我渴望理解并说明更广泛的社会和政治潮流是如何融入生活经验的，从而表明政治的是如何成为个人的，反之亦然。我对这些主题的兴趣无疑与我成长于新教团体的宗教背景中有关，该团体以宣示了关于人最深刻的信仰及内在信念的真理为荣。或许因为这样，“本真性”对我而言意味着持续不断地审视自己的核心责任，使我不可避免要承担特定的行为：“我站在这里，别无选择。”我后来在叙述六十年代美国新左派运动时，把重点部分地放在一些年轻的激进分子是如何致力于通过政治活动来实现个人的统一性的。描写米歇尔·福柯时，我也对他“成为个人所是”的尼采式追求进行了一种传记性的历史叙述。

然而，正如福柯本人提醒我们的，哲学生活这一主题尽管历史悠久，但自从文艺复兴和宗教革命以来，受到了现代物理学、化学和生物学等实践成就的挑战，也受到大量强调自省的宗教和精神传统（如新教）的竞争说法的挑战。因此出现了这样一个关于哲学生活的问题：既然应用科学有着显而易见的实用力量，信仰团体在为生活赋予意义方面也有同样明显的力量，要回答“我能知道什么？我应当做什么？我可以期望什么？”等大问题，我们为什么还要特地去阐述“自己的思考”呢？

下面选出的从苏格拉底到尼采这十二位哲学家的传略，旨在如福柯所说，通过撰写一部“始于哲学生活问题的历史”来探讨这些问题。我不打算详述某位哲学家的一生，而是简要叙述多位哲学家的生活，并以他们的逸闻趣事加以充实。书中简要概括了不同哲学家的理论，尽管其细微差异和复杂性至今还常常困扰着哲学家们。和普鲁塔克的《希腊罗马名人传》等古代传记一样，我进行了严格的遴选，以便能概括人物的要点。融贯全书的目标是描绘人生历程，而非总结教条和道德准则。

作为一名训练有素的历史学家，我认可现代的证据标准，事实对我而言很重要。但特别是对于那些古代哲学家而言，我也必须承认关于他们的神话，因为这些传说长期以来构成了西方哲学传统的一部分。许多古代哲学家的生活难以置信，这本身也是一种文化事实：它有助于解释精神上的佼佼者是如何能产生经久不衰的魅力的（有时是憎恨），他们的功绩（就像早期基督教圣徒的功绩一样）常常超越了人类可能经验的苍白无力。

这部历史始于苏格拉底和柏拉图是恰如其分的，因为正是柏拉图在苏格拉底的对话中首先使哲学一词流传开来。苏格拉底去世后一个世纪，首次出现了大量身份明确的“哲学家”，纪念他们的半身像和全身像也在包括雅典在内的希腊语各地竖立起来。但古代学者们在事后回顾时将哲学家一词延展到了更早的希腊先贤那里。

有人说第一位哲学家是毕达哥拉斯（Pythagoras，公元前580—前500），根据苏格拉底学派，这是因为他认为除了上帝以外没有人是明智的。亚里士多德（Aristotle）在《形而上学》（*Metaphysics*）中走得更远，将哲学家一词用于从泰勒斯到阿那克萨戈拉（Anaxagoras，公元前500—前429）等众多前苏格拉底的理论家。基于苏格拉底学派的理由，这是因为这些思想家对万物背后的基本原理惊叹不已，“为了逃离无知而从事哲学探究”。

如何撰写哲学生活问题的历史，关键取决于人们为这个有时被忽视了的传统赋予了何种目标。对本书而言，我挑选的是那些追随苏格拉底步伐的人，他们冀望实现苏格拉底宣称的目标：“过一名哲学家的生活，审视自我与他人。”

对苏格拉底以及其他许多（尽管不是全部）致力于效仿苏格拉底的人而言，这一目标某种意义上就是努力去回答那句箴言“认识你自己”。（比如说，亚里士多德认为这条诫令是苏格拉底毕生事业的关键动机。）

当然，德尔菲神庙箴言的确切含义及其要求的内容并非不言自明，正如我们从柏拉图的《斐德罗篇》（*Phaedrus*）中得知，苏格拉底吐露说，“我仍不能认识我自己，而在我了解自己之前，试图考察其他事物对我来说是荒谬可笑的。”

此外，即使在古代，自我审视也只是哲学故事的线索之一。从一开始，哲学生活问题就涉及我们今天所说的“科学”与“宗教”间的复杂关系。柏拉图是这样，奥古斯丁也是这样：对柏拉图来说，这两者表现为数理逻辑与神启之间的关系；对奥古斯丁而言，则表现为对智慧的无尽追求与对为数不多固定教条的宣扬之间的关系。

下面的一系列传记并不全面，我略去了伊壁鸠鲁、芝诺、斯宾诺莎和休谟以及20世纪的维特根斯坦、海德格尔、萨特、福柯等哲学家。但我相信选出的这十二位古今哲学家具有广泛的代表性。尽管我将一些并不被多数当代哲学家看重的人物也包含在内（比如第欧根尼、蒙田、爱默生），但书中也囊括了几位正统哲学家，特别是亚里士多德、笛卡尔、康德。康德一生的工作有助于促使哲学不再像古典时期那样强调行为示范，转而强调严格的研究。因此，对于作为一种生活方式的哲学与目前世界各地学术机构中存在的主流哲学学科间的关系，这些传记提出了一些更为重要的问题。

爱默生在文集《代表人物》（*Representative Men*）中，一开始就声称人们“天生信仰伟人”——但在近两百年后，我们发现这种信仰似乎并非天生，而什么使某人“伟大”也远非不言自明。当一代之后的尼采设想走近一种哲学生活，以“看看人们是否能够按照它来生活”时，他心里想的大概是像苏格拉底这样的典范人物——同时也是神话人物。然而，在身后留下笔记和书信，从而为我们提供了大量表里不一和古怪习性的详细证据（这些证据会使询问“是否有人能效仿他们去生活”显得很可笑），这是尼采等现代哲学家的命运。尼采本人对基督教道德进行了批判，也使任何一个严肃对待它的人发现很难（如果不是不可能的话）认为任何一种行为模式是有益于所有人因而值得效仿的。

当然，道德教化的著作依然很流行，美国也不例外。一些灵性和宗教手册向当代读者承诺会提供让他们过上好生活的宝贵教导，但本书无法给出这样的许诺。总体而言，这十二篇传略提出的问题比它们能够回答的更多：

如果我们和柏拉图一样，将哲学定义为无止境地追求智慧，那么追求智慧究竟有何益处？

理性与信仰、哲学与宗教的关系是什么？寻求智慧如何与精密的严格研究以及“科学”发生关联？

追求哲学应当是私人行为还是公共行为？哲学对于治国、外交、在民主社会指导公民行为有何意义？

最重要的是，“自我”究竟是什么，以至于如此多的哲学家想要知道？前赴后继的哲学家们是如何考察这一问题的？作为其结果，我们关于自我的观念在历史上是如何演变的？实际上，自我认识是否可行？如果可行，在什么程度上是可行的？尽管进行了数年痛苦的自我审视，尼采还是声称“我们必定是对自己的陌生人，必定会误解自己”。

如果我们去追求，我们是否能找到？

因此，本书简略记载了一些古今哲学家的生活：苏格拉底、柏拉图、第欧根尼、亚里士多德、塞涅卡、奥古斯丁、蒙田、笛卡尔、卢梭、康德、爱默生、尼采。他们都是男性，因为20世纪前哲学主要是一种专属男性的职业。这一事实很大程度上界定了哲学家的生活：固执地保持独立，常常避不见世，有时甚至过着独居的无性生活。尽管有这些普遍特征，哲学家们的生活仍然相当不同。有些哲学家在当时影响力很大，另一些则相当边缘化；有些哲学家备受尊崇，另一些则是众矢之的。

尽管有所差异，所有这些哲学家都极为重视追求智慧。每一位都致力于按照自己精心选择的规则和信念去生活。这些规则和信念部分地体现为他们的自我审视，同时也表现在他们的言行之中。因此，他们每个人的生活都能给我们一些关于追求自我认识及其局限性的教诲。整体而言，他们能告诉我们哲学的本质——以及作为一种生活方式的哲学的本质——是如何随时间而变迁的。

苏格拉底

SOCRATES

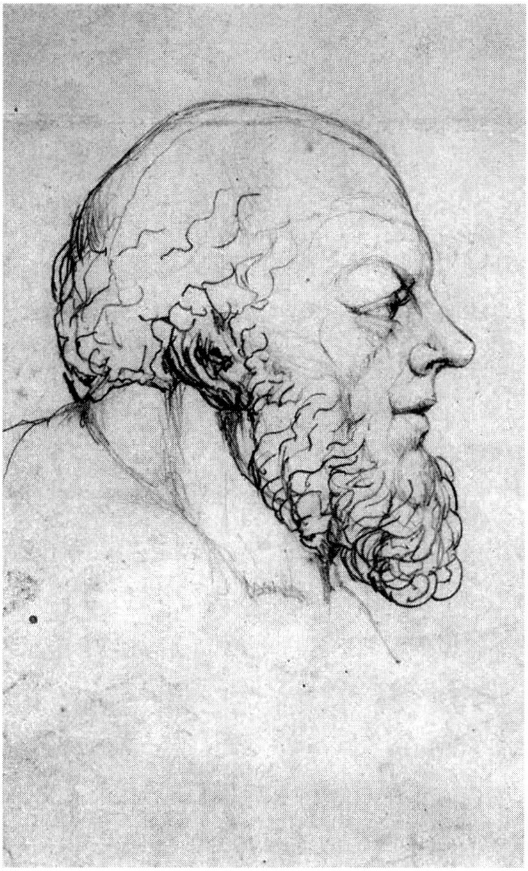

苏格拉底侧影。铅笔画，1820年由英国诗人、画家、秘法家威廉·布莱克（William Blake，公元1757—1827）绘制。布莱克临终时说道："我曾是苏格拉底，我一定与他交谈过。我也一定与耶稣交谈过。我能模糊地忆起与他们俩在一起时的情景。"

（Yale Center for British Art, Paul Mellon Collection, USA/The Bridgeman Art Library International）

公元前5世纪中期，雅典城邦的权力和影响力都达到巅峰状态。雅典领导希腊各城邦联盟相继在马拉松（Marathon，公元前490）、萨拉米斯（Salamis，公元前480）和普拉提亚（Plataea，公元前479）战役中战胜波斯帝国后，建立起统一的民主政体，并和平地将政治权力施与所有公民——本土出生的男性居民，创建了开明法治的典范。与此同时，它还对诸多海洋殖民地和希腊附属城邦确立了广泛的统治权。得益于贸易和波斯帝国的进贡，雅典蓬勃发展，建立起地中海东部最令人生畏的军事机器：一支辅以骑兵和步兵的盛装海军。作为希腊语世界的实际领袖，雅典在教育方面也引领着希腊人，吸引了整个地区的教师。

伟大的瑞士历史学家雅各布·布克哈特（Jacob Burckhardt）写道，雅典人“认为自己是僧侣民族，阿波罗在大饥荒时期曾将代表所有希腊人和野蛮人立誓的权利赋予了他们”，“传统上阿提卡（Attica）就被誉为文明的发源地，在一定程度上可以傲视所有其他民族和其他的希腊人。根据这种看法，是雅典人首先教会了人类如何播种作物和利用泉水，他们不仅首先学会了种植橄榄树和无花果树，还发明了法律和正义”。

他们事实上发明了“哲学”。

作为第一个以哲学家而闻名的人，苏格拉底约在公元前469年生于雅典。尽管他成长于这座伟大城邦的黄金时期，但古代文献一致认为关于他的血统或教养没有任何闪光之处，其父亲苏浮罗尼思克思（Sophroniscus）是石匠，母亲法依娜里特（Phaenarete）是助产妇。苏格拉底生于阿罗皮思（Alopece）地区，生来就是雅典公民。他的外在生活非常普通，据说，他的家庭既不富有也不贫穷。

但他的内在体验极不寻常。苏格拉底能听到其他所有人听不到的声音。有些时候，这声音命令他停止正在做的事，并改变行为的过程。据柏拉图所说（我们关于第一位哲学家了解到的所有内容都主要来源于柏拉图），苏格拉底认为这个声音独属于他一人，它似乎来自一种超自然的守护神，只引导他一个人。这个声音引发了惊奇和不安，使苏格拉底与其他人格格不入。还是孩子时，他就感到孤立和与众不同，独自一人处于以集体意识为荣的人群中。这种集体意识真切地表现为习俗仪式和传统的宗教信仰，其顶峰是一系列体现了民主新理念（集体自治的一种新形式）的政治制度。

每个雅典公民都被要求为祖国而战。这些年中，发动战争几乎始终是人们关注的焦点，因为雅典要竭力维持对斯巴达的地区优势：作为防备严密的陆上力量，斯巴达是雅典在希腊语世界唯一真正的对手。尽管并不富裕，苏格拉底仍有足够的财富为自己配备铠甲，当上了一名重甲步兵。公元前432年，苏格拉底参加了波提狄亚（Potidea）攻城战，表现出超人般的毅力——这是几乎所有关于他的古代历史中都有所记载的少数几个显著特征之一。

这些年中，雅典在政治上意见不一。其中一派支持将政治权利和义务施与每个公民，无论他们多么贫穷。这个公开宣扬民主的党派由伯里克利（Pericles，公元前495—前429）领导，他是城邦选出的总指挥，公元前440—前430年间是雅典不容置疑的领袖。伯里克利也是一位演讲家，天才地设计了由普通公民实施城邦自治的基本原理。一些较富有的雅典人对此表示反对（富人往往如此），他们想要行使不受约束的权力，贬低普通雅典人的智力，有时还称赞希腊其他城邦（如斯巴达）的专制制度。

在这些关于民主的划时代争论中，苏格拉底站在何种立场不得而知——考虑到雅典期望公民积极参与城邦的政治生活，这一点是很奇怪的。有人说，苏格拉底年轻时常常光顾伯里克利的圈子，伯里克利对专制可没有好感。还有一些不确切的证据表明，苏格拉底于公元前420年左右迎娶的妻子赞西佩（Xanthippe）或许是位贵族。关于苏格拉底的一个同父异母的弟弟也有一些不太可靠的故事，说他可能是公元前403年三十僭主失败时雅典的执政官或统治者之一。

据第欧根尼·拉尔修所说，“他的生活方式是如此有条理，以至于雅典爆发瘟疫时（公元前430年，伯罗奔尼撒战争开始时），有好几次他是唯一没有被感染的人。”很明显这是在夸张——尽管很多人确实因此死了，也正是这场瘟疫夺去了伯里克利的生命。无论如何，苏格拉底因生活简朴而自豪，并“常常说最喜欢的食物是需要最少调味品的，最喜欢的饮料是最不会让他渴望其他饮料的。当他欲望最少时，他感觉最接近神。”

承担了成年公民的义务之后不久，苏格拉底开始表现出古怪的一面。他无视习俗，拒绝继承父亲的石匠职业，不去学习雕刻石头谋生，而沉浸于研究如何过上可以设想的最好生活。他对于“大理石雕刻匠煞费苦心地将大理石块雕得惟妙惟肖，却毫不担心自己会变成石头而不是人”深感惊异。

关于苏格拉底为何或是何时开始承担起这一奇特的新使命，古代的权威文献意见不一。“哲学”一词与苏格拉底及其生活方式的联系很大程度上归功于柏拉图这位苏格拉底最有名的追随者。“哲学家”（或柏拉图定义的Philosophos）是希腊词“philo”（爱……的人）和“sophos”（智慧）的结合，用以形容一个渴望智慧的人，追求真理的人——一个像苏格拉底那样的人。柏拉图将苏格拉底与其他圣贤或智者（sophists）明确区分开来。（在柏拉图看来[他并非没有偏见]，智者既不真正明智，也没有真诚地追求智慧。他们是夸夸其谈的骗子，主要擅长迂回的辩论。作为对比，在柏拉图之前，智者被广泛推崇为专家和具有智慧的人。传说中的阿提卡立法者梭伦就是一名智者[在这个词语原始的褒义内涵上]。希腊七贤中的另一位、米利都的泰勒斯也是如此。）

苏格拉底行将成年时，雅典城内满是来自希腊语世界各地的教师。雅典最有影响力的民主领袖伯里克利倡导新知识，据说他曾与那个时代最杰出的智者有过交往，其中包括阿那克萨戈拉。作为自然理论家，阿那克萨戈拉作过收费演讲，提出了关于宇宙结构原理的理论。他大胆地声称太阳是一块巨大而炽热的石头，令一些雅典人深为震撼。还有一些教师，如演讲家高尔吉亚（Gorgias，公元前485—前380）则通过这一方式来谋生：每个月趁公众在标志着雅典民主的露天集会碰面时，向他们展示如何通过巧妙的言辞来塑造公民的意见。

据柏拉图所说，正是出于对阿那克萨戈拉和高尔吉亚这类教师的不满，苏格拉底走上了自己的道路，并独立地提出了关于最好生活方式的问题。但亚里士多德声称苏格拉底主要是受到德尔菲的阿波罗神庙中箴言的启发："认识你自己。"

"认识你自己"也许是与德尔菲神庙有关的最有名的格言（"凡事勿过度"[Nothing too much]是另一条）。公元前5世纪，这条命令首次出现于希腊文献中，其中最有名的是埃斯库罗斯（Aeschylus）的戏剧《被缚的普罗米修斯》（*Prometheus Bound*）。普罗米修斯违背宙斯的意愿，从天神处盗取了火并赐予人类。尽管遭到惩罚，普罗米修斯仍顽固不化，激怒了海神俄刻阿诺斯（Oceanus），告诫他要"认识你自己，使你年轻的行事方式保持顺从"——服从宙斯的意志。也就是说，要知道你的界限。

不论是什么激励了苏格拉底——也不论他如何解释德尔菲箴言"认识你自己"——很明显他开始在实践中展开了一种新的研究模式。它的公开性及其隐含的平等性是不同寻常的。苏格拉底并没有选择其他智者偏爱的更为正式的场合，这些智者家里一般都有庭院，足以举办讲座。苏格拉底在整座城邦内四处漫游，走访挤满了顾客的市场，与所有感兴趣的人交谈，无论老幼贵贱。如果有旁观者聚拢过来，他们也被邀请加入，与他或者其他人就可以想象的最好生活方式进行论辩。

苏格拉底开始从事这种离经叛道的新职业之后一段时间，他自幼的朋友（也是一位民主的忠实拥护者）凯勒丰（Chaerephon）去了一次阿波罗神庙。在这一时期，城邦和个人常常会去接受神的指示，一般是关于贞洁的规则和宗教仪式问题，有时也与法律有关。据柏拉图所说，在德尔菲神庙，凯勒丰和普通人一样，向皮提亚（Pythia，据说阿波罗神通过这位女祭司向人们传道）请教。

有两种请教德尔菲神谕的方式。一种是书面答复，要用一头牲畜作为祭品。但简单的“是”或“不是”则无须破费。答案是“是”还是“不是”由抽签决定：取决于皮提亚随机地从一个瓮中取出一枚白豆还是黑豆。凯勒丰可能太穷了，不能献上牲畜，皮提亚拿出一枚豆子作为回答：

有人比苏格拉底更具有智慧吗?

没有。

据柏拉图在《申辩篇》中所说，苏格拉底对这则神谕消息的反应和任何一名虔诚的希腊人一样。神从不撒谎。但苏格拉底并不认为自己具有智慧。那么神谕是什么意思呢?

从此之后，苏格拉底毕生都奉献给了追问——一种可歌可泣的追求，旨在揭示来自神的讯息。据柏拉图所说，他不再“从事任何一点儿公众事务”。这一决定是值得注意的，因为当时的主流观念（伯里克利对此进行了最明确的表达）认为，放弃公共事务将使公民成为“无益之人”。

苏格拉底越是长时间地努力认识自我，就变得越困惑。比如，他内心的声音究竟有何含义？作为一种不可抗拒的体验，这听得到的诫令背后究竟有无道理可言？苏格拉底事实上有没有实现一种好的生活方式？如果有的话，他是怎么可能获得这种能力的?

不论他的生活方式是否有益于这座城邦——关于这一点他的朋友和敌人意见不一——传说苏格拉底常常突然陷入出神状态。他的一个朋友在柏拉图的《会饮篇》(*Symposium*)中说："他有时走着走着就停下脚步，不管碰巧站在哪里。"同一篇对话中，柏拉图描述了另一位朋友更令人吃惊的回忆，当时两人一同在波提狄亚战役中服役：

> 有一天清晨，太阳还没升起，苏格拉底心里想着某个问题，就站在那里沉思，想不出答案来绝不罢休。他就一直这样站着，到了中午的时候，士兵们看他这样都感到很惊讶，相互传话说，苏格拉底从天亮起就站在那里沉思。到了傍晚，有几个伊奥尼亚人吃过晚饭，把他们的铺席搬了出来，睡在露天里，想看他是否站着过夜，那个时候当然是夏天，睡在外面要凉快些。果然，他在那里一直站到天亮，直到太阳升起。他对着太阳做了祷告，然后就走开了。

苏格拉底的孤傲尽人皆知，用柏拉图的比喻来说，他像是一只"牛虻"——习惯性地使人感到恼怒。他表现得沉着自信（或许是因为受到神圣使命感的庇佑），有时表现出过分的自我怀疑，一再宣称自己缺乏智慧。面对批评，他供认不讳的谦卑似乎有些令人反感甚至虚伪：苏格拉底难道不是像那些雅典贵族一样，表现出斯巴达式的严格自制以显示自己优于乌合之众吗？

这或许是苏格拉底性格中最令人困扰的一面。他越是努力通过揭露所谓专家的无知以及宣称自己缺乏知识来证明神是正确的，像凯勒丰这样的追随者们就越是敬仰他，将他推崇为世界上最智慧的人。

苏格拉底摒弃了本阶层的物质诱惑，他对世俗之物的不屑众所周知："他看到市场上摆着出售的林林总总的物品时，常常自言自语说'有多少我不需要的东西啊！'"他经常锻炼，但看上去很邋遢。苏格拉底表示对游历世界毫无兴趣，自己离开城邦只是为了履行军事义务。他的学习方式是质疑其他雅典居民持有的信念并加以详考，而不是默想各种天体或钻研故纸堆："据说欧里庇得斯

（Euripides）曾给他看赫拉克利特的著作，并询问他的意见，他回答说‘我理解了的部分非常好，我敢说，我不理解的部分也是如此。但要深入到它的底层，你需要一名提洛的潜水员才行。’”

据柏拉图说，苏格拉底仍希望学会怎么才能过上可以设想的最好生活，于是开始询问所有知识领域中有一定声誉的人。工匠对其工艺能略知一二，甚至还能培养自己的孩子继承他们的手艺。但多数工匠对于正义、虔诚或勇气说不出长短来。苏格拉底和多数雅典人一样，认为这些美德对于过上好生活是至关重要的。他在不断寻找的过程中逐渐形成一种观念：工匠并不比苏格拉底本人具有更多的智慧，诗人、政治家、演讲家或其他被询问的人也是如此。

事实上，所有这些人似乎比苏格拉底还要无知。但和他不一样，多数人并不感到不安，他们安于现状；虚荣心强，毫不谦虚；除非被“牛虻”激怒，对自己所知甚少这一点表现出傲慢的无知。

虚假的信心是通往真正智慧的一个主要障碍。因此苏格拉底现在开始着手摧毁这种信心，他既没有著书立说（苏格拉底明显什么也没写），也没有成立一所正规的学校（他从未做过这样的事），而是持续不断地询问自我和其他人，不论他们处于何种等级或是地位。

这样的行为当然不会使苏格拉底受人欢迎，“人们经常因为他激烈的论点而对他拳打脚踢，甚至撕扯他的头发……他常常遭到鄙视和嘲弄，但他耐心地忍受这一切。”

与此同时，他那不怕当众盘问有势力的人的习惯为他赢得了越来越多的追随者，并助他成为雅典最有名望的人之一。他逝世不久后树立的半身像（苏格拉底是获此殊荣的第一位希腊圣贤）表现了一个秃顶老人的形象，大腹便便，双眼外鼓，厚嘴唇向外凸出。据柏拉图说，他的朋友们把他比作西勒诺斯（Silenus，丑陋年老的树神，一般认为与非凡的智慧有关）。许多世纪后，尼采在讲述关于哲学家丑陋外观的传闻时，幸灾乐祸地说起相面术士琐皮罗斯（Zopyrus）对苏格拉底的评价：“一个善于看相的异邦人路过雅典，当面对苏格拉底说，他兴许是个怪物。苏格拉底只是答道，

'还是你了解我，阁下！'"

关于苏格拉底的这类逸事开始流传。第欧根尼·拉尔修讲述了一些标志性的事件，比如：有一天，一位年轻人来向苏格拉底道歉，他说："我是一个穷人，没有别的东西可以给你，只有把我自己奉献给你。"苏格拉底回答说："不，难道你没有看到你送给了我最好的礼物吗？"苏格拉底第一次遇到色诺芬（后来和柏拉图一起成为苏格拉底最有影响力的追随者）时，正在雅典市中心的一条窄街上散步，他用手杖挡住色诺芬的去路，问这名年轻人："在哪里可以买到食物？"得到回答后，他又问了另一个问题："那么在哪里人能变得善良可敬呢？"色诺芬傻眼了。苏格拉底说："那就跟着我学习吧。"

普鲁塔克（约公元46—119）的一篇文章中记载了一则更发人深省的故事：

> 阿里斯底波（Aristippus）在奥林匹亚遇到伊斯克玛古斯（Ischomachus）时，问他苏格拉底用哪种对话方式成功地影响了年轻人。阿里斯底波搜集到了苏格拉底的一些古怪谈话后，深受触动，以至于身体都被摧垮了，变得面黄肌瘦。他最终去了雅典，用来自源头的水流浇熄了燃烧着的热望，向苏格拉底学习他的语言和哲学，这一切都是为了认识人的恶习，从而摆脱它们。

到公元前423年时，苏格拉底的名气已经很大，以至于雅典最有名的剧作家之一阿里斯托芬（Aristophanes）在喜剧《云》（*The Clouds*）中对他进行了嘲讽。利用剧作家进行诗意创作的特权，他将当时许多智者教师的特征浓缩到了苏格拉底这个人物身上。

尽管苏格拉底实际上并未组建学校，但阿里斯托芬把他描述成一个导师，管理着一个与世隔绝的智囊团。剧中，一个名为斯瑞西阿得斯（Strepsiades）的狡猾农民送儿子斐狄庇得斯（Phidippides）学习"这位主教最精妙的废话"，希望他能获得足够的修辞技巧来帮助父亲躲避债主。他的儿子在苏格拉底的照料下脱颖而出，并将瞎扯的天赋用来对付父亲，斯瑞西阿得斯一怒之下放火烧了学校。

在舞台上，苏格拉底首次亮相是在一个篮子里，凝视着天空，与凡人对话时就像奥林匹亚神对待明显较低等的生命那样——表现出高高在上的蔑视。他宣扬的是神圣的奥秘、条分缕析的论据以及一种表面看来不能保证有实际效果的奇特反省。谦虚不是他的显著特征，他举止怪异，“走起路来昂首阔步，就像一只大公鹅，眼珠不住转动，打着赤脚，隐忍一切，持有的观点却骄傲庄严”。他用尖锐的问题刺痛学生，探测和试验他们的个性。他的学校化为灰烬，这一事件似乎表现出对空谈家和寄生虫的一种粗暴的公正。

公元前423年，当时《云》刚完成创作，雅典联盟与斯巴达联盟间的伯罗奔尼撒战争（公元前431—前404）进入第八个年头。这一年，苏格拉底似乎再次作为步兵参加了战争。这次是远征第力安（Delium），雅典在这里遭到重大失利。据说苏格拉底在撤退时表现出堪称典范的勇气，帮助雅典一方将敌方骑兵阻退在海湾。

第力安战败之前刚刚爆发过一场瘟疫，它在战争前几年摧毁了城邦。这次战败击垮了雅典的士气，对城邦军事战略和战术的怀疑在公民大会（定期举行公共会议，由选出的将军牵头，广受欢迎的演讲家主持）上沸反盈天。

尽管柏拉图指出苏格拉底否认自己有教学的能力，也明确拒绝接受学生的学费，但富有的年轻人仍簇拥在他身边。他们奉献出友谊和钱财，希望苏格拉底能和其他杰出的教师一样教他们赢得公众影响力并实施政治权力。在他们的支持下，苏格拉底可以自由地追求自己的使命，无须顾虑物质生活。

他最有名的同伴囊括了雅典精英的代表人物，分属于不同的政治阵营。弟子中有信奉民主的将军尼西亚斯（Nicias）和拉刻西斯（Laches），也有斯巴达式的寡头执政者查米德斯（Charmides）和克里提阿斯（Critias）。所有弟子中最有名的是阿尔喀比亚德（Alcibiades），此人八面玲珑，难以进行政治化的归类。

古代权威文献强调阿尔喀比亚德那纯粹的青年之美。他出身于非常富有的家庭，财富多得足以装备一艘三列桨战舰（由大量桨手划动，是雅典舰队的主要作战力量）。据说他父亲去世后，伯里克利本人也成为他的监护人之一，“很快就有大量出身高贵的人开始聚在他周围，成天跟着他转”。政治生涯在向他招手：毕竟，他是为民主领袖（或煽动家）量身定制的那种贵族——潇洒、帅气、聪明，而且反应很快。

至少在波提狄亚一起作战时，苏格拉底就认识了阿尔喀比亚德，当时阿尔喀比亚德18岁，苏格拉底约40岁。但按照当时的标准，这名男孩正是老人产生性兴趣的标准对象（希腊或拉丁语中没有与现代“同性恋”一词对应的词，性关系根据年龄、社会地位、性别、扮演主动抑或被动的角色来判断）。据普鲁塔克（他认可了柏拉图的说法）所说，“苏格拉底非常爱他，说明这名男孩具有天然的美德。”

哲学家现在面临着一项艰巨乃至不可能的挑战：将最具潜力的弟子从渴求权力转变为热爱智慧。

在这项事业中，苏格拉底的“盟友”是阿尔喀比亚德对他的欲望。令旁观者惊讶的是，美少年对丑老头百看不厌，但苏格拉底真与他睡觉时，阿尔喀比亚德对老师那超人般的自制失望了：“我与苏格拉底睡觉时，起来的时候什么也没发生，我就算是与父亲或兄长睡觉也不过就像这样。”

这段话来自《会饮篇》，成了柏拉图式爱恋的经典形象。据柏拉图和当时的其他一些材料来看，苏格拉底非常典型地致力于控制不知餍足的肉欲，并将其引向精神对象。苏格拉底如何着手实施这一转变是《阿尔喀比亚德篇》（*Alcibiades*）的主题，这篇对话由一位古代匿名作者记载下来并列入柏拉图文集中，直到19世纪一直被广泛视为柏拉图思想的入门读物。

和柏拉图现存的大部分关于苏格拉底的对话一样，《阿尔喀比亚德篇》主要包括一系列简短的问题和回答，一般由苏格拉底提问开始——这里问的是年轻人有没有能力实现他赤裸裸的野心："你想使你的声誉和影响力遍及全人类。"

苏格拉底在对话中展开了对阿尔喀比亚德的追问，旨在让他意识到自己的既定目标。他真的确信自己比其他人"更好"吗？他如何理解自己的优势？他表现得比其他人更公正吗？他更具智慧吗？

随着谈话的进行，这名神气活现的年轻人变得越来越困惑："我一定落入了极为古怪的境况！你问我问题时，我首先想到一件事，然后又想到别的事了。"

如果阿尔喀比亚德如此困惑，他怎么能想象让自己的影响力"遍及全人类"呢？"难道你没有意识到，我们行为的失误正是出于这种无知，以为我们知道实际上并不知道的东西吗？"阿尔喀比亚德拒绝接受这种推理的暗示时，苏格拉底让他"相信我，相信德尔菲神庙的箴言'认识你自己'"。

阿尔喀比亚德仍有疑虑，问苏格拉底究竟必须认识自己的什么。"我们应当认识自己，这个命令是说我们应当认识自己的灵魂。"

接下来的说教非常抽象呆板，大部分现代学者怀疑柏拉图本人不会这么写（更不用说苏格拉底有没有可能真这么说了）。根据这段文字，这位哲学家问题的关键是获得关于psyche（这个希腊词常译为"灵魂"，也是英语单词"心理学"[psychology]的希腊词根）的真正认识。在荷马（Homer）那里，灵魂是死亡后离开身体之物，它也许是呼吸，也许是生命本身。在《阿尔喀比亚德篇》中，苏格拉底走得更远，声称灵魂是非物质的、不朽的——人的灵魂就像是一位内在的神。阿尔喀比亚德需要培育发展的东西在苏格拉底那里已经得到充分体现：因为他已经认识了自己真实的灵魂，现在能够过上一种完全正义、节制和经过理性考察的生活。

《阿尔喀比亚德篇》行将结束时，苏格拉底对他珍视的学生说："我永远不会放弃你，现在不会，永远不会。"但随后又加上了这么一句不祥的话："除非雅典人让你变得堕落而丑陋。"最后几行对话预示着阿尔喀比亚德及其老师的真实命运："我很想相信你会坚持下去，但我害怕——不是因为我不相信你的本性，而是因为我知道这座城邦有多么强大——我害怕它会把你我都击垮。”

普鲁塔克讲述了接下来的故事，苏格拉底第一次使阿尔喀比亚德因羞愧而变得顺从。“他恐惧地蹲了下来，像一只战败的公鸡，翅膀耷拉着”，他相信苏格拉底通过照顾年轻人、使他们免于堕落来完成自己的使命，这种方式真正贯彻了众神的意愿。他开始鄙视自己，仰慕苏格拉底，珍视苏格拉底的善良，并因为他的美德而自感谦卑，“迷恋于哲学，对‘其他恋人的态度变得冷酷而不顺从’”，其中也包括安特米欧（Anthemion，多年后指控苏格拉底不虔诚和腐蚀青年）的儿子阿尼图斯（Anytus）。

为赢得阿尔喀比亚德的灵魂而进行的战争现在开始变得严肃起来。

普鲁塔克在《希腊罗马名人传》中说道，苏格拉底勇敢地“面对一切障碍，尽管对手人数很多，且都是一些有权势的人”。但随着时间的推移，阿尔喀比亚德在献身哲学上变得犹疑不定。有时他会为了满足快乐的欲望而躲开苏格拉底，表现得“就像是一个逃跑的奴隶”。但据普鲁塔克所说，“苏格拉底一次次将他从彻底的混乱和放肆中拉回来，用论证的力量纠正他，为了让他养成谦恭和节制的德行，经常指出他还有许多严重的缺点，距离至善至美的境界还有很遥远的路途要走。”

但苏格拉底最终还是敌不过阿尔喀比亚德的政治顾问们许诺给他的光荣前景：“为了迎合他获得赞誉的野心，腐蚀者们过早地让他在这方面竭尽全力”，在普鲁塔克带有警示色彩的故事版本中，阿尔喀比亚德摆脱了苏格拉底和他的影响，成为彻底的“反哲学家”——一个无原则可言的邪恶典范：残忍、虚伪，随时准备说出任何他认为听众想听的话，伪装成他认为可能会赢得公众支持的角色：“改变之快就是变色龙也瞠乎其后。”

有这样一个学生，难怪柏拉图有时说苏格拉底怀疑自己不能教给任何人任何东西。尽管柏拉图和普鲁塔克在叙述中都直接将阿尔喀比亚德的恶行归咎于雅典民主制度以及年轻人不受约束的权力意志，但我们也必须对苏格拉底的判断提出质疑：是他先去招惹了这名看来很有前途的学生，后来又未能成功地改造他，使他去追求真正的智慧。

随后几年，阿尔喀比亚德带着复仇的心态进入政治界。他利用广泛的关系网（他的朋友都位高权重）和溜须拍马的天赋，很快成为雅典最有权力的领袖之一。这段时期，雅典与斯巴达的战争还在拖延，没有定局（也是在这些年中，阿里斯托芬在舞台上嘲笑苏格拉底）。公元前419年，阿尔喀比亚德被选为雅典军队指挥官（伯里克利曾担任同一职务，对雅典实施了有效的统治）后，巧妙地在伯罗奔尼撒半岛制造混乱。作为一位精明能干的军事家，身体上的勇敢也进一步增强了他的名声和影响力。

“雅典贵族”对他虎视眈眈，普鲁塔克写道，他们“对他傲慢和违法的行为表现出厌憎和恐惧交织的情绪，他的无比残暴令他们大为震惊”。但普通人却对“他的慷慨解囊、他赞助的合唱队、他为这座城邦带来的无与伦比的表演、他祖先的名声、他的口才、他英俊的相貌和身材、他的作战经历和英勇善战”印象深刻。

公元前415年，阿尔喀比亚德觉察到雅典对于控制西西里岛觊觎已久，他压制了反对者的疑虑，说服雅典公民大会派遣一支大型舰队征服西西里岛。据修昔底德（Thucydides）亲眼所见并由普鲁塔克加以叙述的，后来发生的事在无情的现实政治史上可以说是前所未有的。

随雅典舰队启航去往西西里岛后，阿尔喀比亚德被召回雅典接受审判，罪名是不虔敬——敌对者声称他和他的支持者们毁坏了城邦的方碑：一座赫耳墨斯（Hermes）的神圣雕像，据说能保护雅典及其居民。阿尔喀比亚德置诏命于不顾，投靠斯巴达一方，并向他们出卖了雅典在西西里岛的战略。可以理解的是，他无法让斯巴达的头目相信自己的诚意，在了解到他们即将处死他后，阿尔喀比亚德又于公元前412年逃亡到波斯。他在此地远程操纵，支持雅典的寡头政权革命（因为他们允诺向波斯和他本人提供政治好处）。由于相隔遥远，无法煽动起雅典的寡头革命，他又去帮助雅典在萨摩斯（Samos）的舰队。水手们正对军事指挥一筹莫展，遂选他担任指挥官。公元前410年，他领导的舰队获胜，终于被允许回到雅典，关于不虔敬的指控也随之撤销。当然，雅典对他的忠诚仍深怀疑虑。由于被不公正地指责应为雅典的一系列军事失利负责，阿尔喀比亚德再次流亡到小亚细亚，公元前404年，在斯巴达和雅典的敌对者的安排下，被一名波斯总督暗杀。

届时，雅典已经向斯巴达投降，三十僭主掌握了实权。在克里提阿斯（阿尔喀比亚德曾经的盟友、苏格拉底的另一位杰出朋友，长期拥护斯巴达式的政治制度）的领导下，三十僭主很快废除了民主，杀害了大量被视为政敌的雅典公民。

据色诺芬所说，苏格拉底试图置身事外，他对朋友们说："一个被任命为政治领袖的人，却使公民比以往人数更少，品格更坏，而他并不以为耻，也不认为自己是一个不好的政治领袖，这真可以说是异乎寻常的。"三十僭主很快就禁止苏格拉底在公共场合讲话。然而，他们还试图将他牵扯进新政权的政策中，要求他帮助抓获一名被判处死刑的公民。据柏拉图所说，苏格拉底拒绝了。

尽管苏格拉底在后来的恐怖统治下幸免于难（或许是由于他与克里提阿斯的友谊），他的朋友们却遭遇了不同的命运。查米德斯后来加入了三十僭主，而数年前曾去请教过德尔菲神谕的凯勒丰则由于对民主的同情而被迫流亡。公元前404年末，雅典内战爆发，公元前403年春，克里提阿斯死于混战之中。六个月后，雅典恢复民主制度并颁布政治特赦令，为苏格拉底人生的最后一幕搭好了舞台。

公元前399年，诗人迈雷托士（Meletus）在另外两名公民（莱孔[Lycon]和阿尼图斯，阿尔喀比亚德曾因痴迷哲学而抛弃后者）的支持下，贴出一纸控诉。它指控"苏格拉底有罪，因为他不信人所共敬的诸神而自己引进别的新神，还因为他腐蚀青年。我们要求判他死刑"。

尽管有特赦令，同情斯巴达的人们内心深处仍对苏格拉底心怀反感。人人都知道苏格拉底与阿尔喀比亚德和克里提阿斯一直有来往。任何人想到戏剧《云》受他启发创作的角色时，都会认定他是一名异教徒（如果说不是叛徒的话）。他迥异的生活方式威胁到了这个很大程度上仍围绕宗教仪式进行管理的社会。

关于后来的审判留存了两份记载，一是色诺芬的，一是柏拉图的。尽管专业演讲家常会为主顾准备演讲词，但柏拉图和色诺芬一致认为，苏格拉底是当场即兴演讲的。他们也都指出他语带蔑视，有时还以一种“傲慢的口吻”讲话。

被指控为不虔敬时——这类控诉在当时的雅典常被用来针对政敌——苏格拉底用德尔菲神谕加以驳斥。他解释说他的生活方式正是源于以最诚挚的努力去认真执行神意：“神意是什么？他的谜语是什么？我很清楚我没有什么智慧，那么他说我是最具有智慧的是什么意思？神当然不会说谎，他这么做是不合理的。”苏格拉底认为，他对智慧的追求证明了自己对阿波罗命令的虔敬。

下一项指控说他引进新的神灵，这比较难以反驳。苏格拉底不得不承认他与一种独一无二的守护神（他称之为他的精灵[daimon]）有所交流：“这在我还是一个孩子时就开始了。它是一种声音，开口说话时总是让我不去做我正打算去做的事，但它从未鼓励我做过任何事。”大多数希腊人认为每个人身边都有一位独特的精灵在出没，这一无形且常常保持静默的形象代表着个人的独特命运（比如，愉快是指一个人拥有一个好的精灵——因此希腊语中愉快一词为eudaimonia）。通过将内在的声音说成是一个精灵，苏格拉底试图避免对他崇拜新神（实际上是一位自我中心的神灵）的指控。

回答腐蚀青年的指控时（人们不由得会想到阿尔喀比亚德和克里提阿斯），苏格拉底不再温文尔雅，而将矛头对准主要的控告者——诗人迈雷托士。色诺芬记下了一连串的嘲讽：“你还认识谁比我更不受制于身体的欲望吗？你还认识更自由的人吗？你果真认为有人比我更正直吗？自从我开始理解语言，我从未停止过研究和学习力所能及的一切好东西，说我是智慧的难道没有道理吗？”

这相当于提出了反控。通过遵守德尔菲神谕过一种哲学生活（这种哲学生活迥异于迈雷托士或阿尼图斯，或任何一名陪审员，或他从前那些名声不好的朋友，包括阿尔喀比亚德和克里提阿斯所过的传统生活），苏格拉底才成为完美道德的典范。这些指控他不正义的人本身才是不正义的。受审的人应该是他们。

在雅典民主政治下，审判时陪审团由大量公民组成。苏格拉底案件中总共大概有501人（奇数以免投票均等）。原告和被告依次发言，演讲结束后，陪审团以石子投票公布判决。

最后，陪审团以微弱的票额差判苏格拉底有罪。

按照雅典习俗，被判有罪的被告应提出一种自认为公正的刑罚。据柏拉图所说，苏格拉底的傲慢现在达到了顶点。他拒绝任何惩罚，还提出雅典应当用公共财产为他提供住所和饮食。他希望自己被尊为最好的人——到此时他仍目中无人地宣称自己本来就是如此。

可以理解，陪审团被他无礼的行为所激怒，投票（这次票额差要大得多）判处这位哲学家死刑。

苏格拉底被押送到监狱中。临刑的日子越来越近，他最亲密的朋友们都聚在周围，包括斐多（Phaedo）、埃斯基涅（Aeschines）、安提斯泰尼（Antisthenes）、阿波罗多洛（Apollodorus）、克里托（Crito）、克利托布洛（Critoboulos）、柏拉图。尽管其中有些人提出可以帮他逃出去——流亡一段时期在雅典很常见，以后一般会恢复名誉，重返雅典——但苏格拉底坚决不考虑这个通常的权宜之计，相反坚持要求遵守雅典法律条文，接受陪审团的死亡处决，声称（据柏拉图所说）任何人都应当遵守其国家的法律，并“默默忍受它命令你承受的一切”。

在最后的日子里，有人说苏格拉底写诗记下了他的一些梦想。柏拉图说他保持着一种超乎自然的冷静，部分是因为皈依了灵魂本质的最终目标，他坚信这种目标是不朽的，并提出了如何才能最好地维护它。色诺芬和柏拉图都对他的沉着冷静表示震惊。他似乎在迎接死亡。

在那些眼看着苏格拉底喝下毒芹汁的朋友看来，苏格拉底的殉道成为他一生辉煌的顶点。他面对死亡的平静似乎证明了他的完善：他在最后的时刻完全保持了自我的宁静。他去世后，崇拜者们成立了一个非正式的团体，竭力保存关于他的记忆。

一些自称为苏格拉底门徒的人开始穿着破旧的衣服，在公共场合闲聊。他们盘问同胞，质疑他们关于如何过上最好生活的信仰，以此制造偶像。当时一名目击者嘲笑说，他们中有些人“学斯巴达人的样，任由头发长得很长，忍饥挨饿，拒绝洗漱，‘变得苏格拉底化’，还手持手杖”。

其他弟子（特别是柏拉图）则将导师的榜样转变为文字。在苏格拉底对话（对话文学中现存数量最大的）中，柏拉图开创了流传至今的两大传统。

一是系统的推理，柏拉图将其与苏格拉底及“哲学”实践联系在一起。随着哲学学科的不断发展，对理性的强调普遍被视为是最重要的，并由于客观分析和逻辑论证而进一步增强，与此同时，该学科对诗意的虚构和未经检验的想象保持高度的警惕：形象必须严格服从于明确定义的观念。

二是模范化的传记——通过图像、逸事、警句，选择性甚至常常创造性地美化原型人物的生活，旨在提供激励或警示。在一封被认为是柏拉图写的长信中，他提醒读者记住，他的苏格拉底对话既不代表柏拉图的个人观点，也不是苏格拉底本人实际持有的观点，它们实际上不代表任何一个真实的人的生活，而是“一个理想化的、更新了的苏格拉底”。作为一种历史悠久但常被忽视的写作类型，模范传记传达出人们设想的理念，旨在将杰出人物理想化。在柏拉图的苏格拉底这里，读者看到了一个值得效仿的理想生活形象——某个人过着一种被神化了的生活，坚定不移地投身于正义行动和正确推理。

柏拉图在客观推理和模范化传记方面都是无可匹敌的大师。但并不是只有他一个人。苏格拉底去世后，他的许多其他同伴和门徒——

安提斯泰尼、斐多、阿里斯底波、埃斯基涅、色诺芬等人记述了大师的语录、生活逸事和片段，形成了一种新风格，即亚里士多德所说的“苏格拉底式的对话录”（Sokratikoi logoi，Socratic conversations）。尽管只有柏拉图和色诺芬的著作保存至今，但其他作者的一些作品片段也描述了这第一位哲学家的日常生活：在晚宴上的表现，为阿尔喀比亚德提供建议，证明他对欲望的自制力，争论最好的生活方式，在审判中为自己辩护，以及赴死前的准备。

苏格拉底对话录标志着西方传记的第一次重要尝试。尽管柏拉图的对话在引人争议的行为中呈现出一副智者的迷人形象，但正如亚里士多德所注意到的，这种风格本身是一种诗歌——一种戏剧性的想象而非经过证实的事件编年史。实际上，苏格拉底的生活被转变为一个神话——而这成为所有古代哲学家传记的标准，直到文艺复兴时期及在那之后出现了现代哲学学者，并创建了纪实档案，才使这种神化变得不再可能。（蒙田可以说是第一个现代“哲学家”，他知道古代的模范生活值得质疑和审查，这是因为他无比真诚地去模仿它们，却证明了这些生活方式是不可能效仿的。）

无论如何，最早的苏格拉底主义者在描述他们的英雄时并不一致。不同作者笔下呈现的苏格拉底具有不同的特征。色诺芬的“苏格拉底”聪明善良，但也有点霸道和爱吹牛。柏拉图的“苏格拉底”更为谦虚，也更富有探究精神，几乎着了魔般地想要知道人们为何喜欢这种生活方式和行为模式而非另外一种。但即使这样，苏格拉底探究的方式在柏拉图的不同对话中也很是不同。有些对话中，“苏格拉底”固执地追问清晰的定义，而不维护任何明确的学说，但在其他对话中（包括有名的《理想国》）的某些地方又似乎充满自信地提出了关于现实、人性和政治正义的不同假说（尽管戏剧化的文本使我们不清楚柏拉图或“苏格拉底”是真的如此有信心，还是假装自信以安抚那些不耐烦的对话者。）

对现存的柏拉图等人关于苏格拉底的对话进行比较研究后，一位现代学者认为可以列举出苏格拉底的一些共同特征。这些特征由不止一位作者描述过，包括品性坚韧，精力充沛，热衷推理——擅长为信仰提出理由，对区分知识和意见很感兴趣，欣赏爱欲和热烈的友谊，视之为共同追求智慧的动力。

不幸的是，苏格拉底对话录的作者们在关于苏格拉底的其他所有事上都意见不一。

安提斯泰尼的“苏格拉底”对快乐持敌对态度，但阿里斯底波撰写的片段中，他则纵情于欢乐。欧克里德斯（Eucleides）的“苏格拉底”认为同一样东西可以有很多不同的名称，但在安提斯泰尼的书中，他声称一样东西只能有一种逻各斯。柏拉图的“苏格拉底”常用相似的例子来澄清观点，而欧克里德斯的“苏格拉底”则对类推法持批判态度。有些讽刺的是，这么多相互矛盾的证据使得关于苏格拉底的现代学术研究成了“没有定论的臆测乐园”。

在这种情况下，在柏拉图的书中寻找“历史上的苏格拉底”无异于在托尔斯泰的《战争与和平》中寻找历史上的拿破仑。不过，如果你想试试（令人印象深刻的是，很多现代学者无法抵制这一诱惑），最好是从柏拉图的《申辩篇》开始。

这或许是柏拉图关于苏格拉底对话的第一篇，无疑也是唯一必须编出有500多人见证的大事的一篇。它是否准确展现了真实发生的事在某种意义上无关紧要：柏拉图的《申辩篇》是苏格拉底神话中最迷人也最具影响力的。

柏拉图《申辩篇》中的苏格拉底是最纯粹的哲学家：他自知缺乏智慧，是一位寻求自我认识的追求者。一旦知道阿波罗关于凯勒丰问题的答案，就感到必须分析它的含义。他谦卑地意识到自己缺乏关于“最重要的事”（如何生活得好，如何变得快乐，死亡为我们准备了什么）的知识。作为真正的无知者，他没有提出任何特定命题。然而，由于自知无知，他却如阿波罗所宣称的，悖谬性地成为雅典最具智慧的人。尽管他没有教导过任何系统的学说和教条，但他通过无情地审视自我和他人而度过了美好的一生。他对雅典市民普遍认同的信念持怀疑态度，因此避开一切公共事务，相反只致力于在志同道合的朋友圈中“照料自己”。尽管他或许对自己关于“最重要的事”的理解也有所怀疑，但会坚定地拒绝做任何有理由视为不正当或错误的事——哪怕别人做了不正当的行为，想要对其进行报复时也是如此。

他的对手们怀疑苏格拉底讲话时常语带“反讽”（eirôneia），他们使用了这个词的原始内涵，主要表示一种贬义的蓄意欺骗。但柏拉图《申辩篇》中的苏格拉底明显不是一位讽刺家：“在我一生当中，我参与任何公共活动时都与我在私人生活中独处时是一样的。”他与阿尔喀比亚德这类变色龙正好相反：他拒绝奉承陪审团，绝不对自己的信仰遮遮掩掩或是隐瞒欺骗。“先生，尽管我不会说那些花言巧语的漂亮话，但从我这里你会听到全部真相。”如果他“忽视了大多数人操心劳碌的东西：财富、家庭事务、一般人或公共演讲家口中的地位”，那是因为他坚持认为只有自己思考的东西才是真实的，也只做自己认为是正确的事——“用行动而非语言”证明自己的信念。

和苏格拉底的其他传记一样，这本书要求我们评估他的完整性（integrity），从而对其品性做出评价，而这需要我们判断他的生活是否与他宣称的信念一致。英语中的“integrity”和它的古代同源词一样，有着广泛的内涵，包括完整、完全、健康、没有缺陷，等等。某些情况下它还具有物理的含义，比如工程师会说某种可靠的物理结构具有坚实性（integrity）。在另外一些情况下，这个英文单词只是用来唤起道德上的善。

柏拉图《申辩篇》中的苏格拉底满足“integrity”的上述所有含义。他体格强健，道德上完美无瑕，总是能使行为与经过理性考察后持有的信念保持一致。在审判中，他不仅把自己表现为一个完美道德的典范，还表现为一个理性统一的模范。

苏格拉底性格中的这个方面非常重要，因为它有助于我们将苏格拉底与其他完美道德的模范区分开来。在划时代的研究《大哲学家》（*The Great Philosophers*）中，雅斯贝尔斯（Karl Jaspers）以苏格拉底、佛陀、孔子和耶稣这四位“典范人物”作为开端。这四人的生活都展示了某种道德说教（后来被编为典籍，并成为理性的信仰体系），从而为不同的哲学反思传统提供了某种激励。但只有苏格拉底教导说“人遭遇的最大不幸就是痛恨理性的交谈”。也只有苏格拉底要求他的追随者抛弃传统的确定性，努力争取言行的理性统一。

实现这一目标内在地要求人们获得关于自我的准确认识，自觉持有关于过最好生活的一致而理性的信念，还要求他们的行为与这些信念一致。满足所有这些要求对于任何一个过着不断审视其内在信念的生活的人（苏格拉底在《申辩篇》中就是如此）而言都异常艰难。

毕竟，一个人要不断质疑自己在想什么，他就必须做好准备能坦率地谈论自己的信念，并能在考察之后修改它们。由于这里所说的信念与一个人的生活行为有关，因此，如果有人修改了他的核心信念，他就必须也愿意改变自己的生活方式。此外，要能够不做任何自己相信是错误或不正当的事，需要某种程度的自制——坚持不懈地关注自己的思考习惯和行为模式——这非常难以坚持，如果不是不可能的话。如果哲学家想要将自己的冲动和印象、习惯和信仰整合为某种一致的生活方式，他就必须提高自己一致推理以及坚定行动的能力，为此需要净化灵魂中那些不请自来的不健康的肉体激情和欲望。

尽管公开承认自己的无知，尽管他变得智慧的努力没有产生确定的结果，但柏拉图《申辩篇》中的苏格拉底体现了一种至高无上的信念：他宁可从容赴死也不放弃信仰。他泰然自若地牺牲自己，愿意用生命来证明自己对那超凡目标的坚定不移的追求，即对智慧无止境的追求。

只要看看苏格拉底去世后大量出版的对话录，就可以肯定苏格拉底是一位令人印象深刻甚至令人敬畏的道德模范。但我们永远不会知道苏格拉底本人是否一直像《申辩篇》中描述的那样好。柏拉图对话中这位严于律己的英雄后来激励了无数读者，鼓励他们刻苦努力，志存高远，通过模仿苏格拉底，竭力将哲学体现为可以设想的最好生活方式，为了自己的信仰哪怕牺牲生命也心甘情愿。

人们真能过上与这位理想化的人物相一致的生活吗？柏拉图《申辩篇》中这第一位哲学家的形象是不是太好了，以至于不可能是真的？

这不是一个纯粹的理论问题，除非你去尝试，你将永远不可能知道答案。我们必须去尝试（去做阿尔喀比亚德没有做到的）——即使我们失败了，即使尝试之后我们只不过证明了柏拉图《申辩篇》中苏格拉底体现的理性统一在实践中对我们并不可行。

实际上，这正是柏拉图描绘的第一位哲学家的形象向我们提出的特殊挑战——两千多年后，尼采肯定了这种奢侈的、或许是自我毁灭的野心：“除了不惜伟大的生命，在伟大而不可为的事情上撞得粉身碎骨，我不知道生命还有什么更好的目标。”

柏拉图

PLATO

柏拉图大理石半身像，由不知名艺术家制作，希腊原作的罗马复制品。古代雅典人建立了公共纪念碑纪念柏拉图，每年都吟诗歌唱庆贺他的诞辰：“在这一天，诸神将柏拉图赐予人类”。

（Vatican Museums and Galleries, Vatican City, Italy/Alinari/The Bridgeman Art Library International）

有一个人单枪匹马地创建了一些形象和理念，以此界定了所谓的“哲学”生活方式。这个人就是柏拉图，他主要通过撰写一系列对话完成了这一壮举，其中许多对话戏剧化地表现了苏格拉底的生活及其独特经历的悖谬之处。如柏拉图所表现的，这位哲学家的一生始于系统化地违背已被接受的意见（西塞罗称之为paradoxa，希腊同源词的拉丁译文）。由此带来的不确定性促使他在与人对话时，艰难地、有时是一无所获地想要获得关于正义、法律、灵魂、宇宙以及知识本性的更可靠知识。柏拉图以高超的技艺将苏格拉底难以为常人理解的使命转化为一种史诗般的历险，为后人留下了一系列文本。自公元前4世纪出现第一批抄本以来，人们一直在断断续续地热心研读并仔细分析这些文本。

约公元前424年，柏拉图在雅典出生，约80年后在此地逝世。与他在文学作品中表现的挚友苏格拉底不同，柏拉图生于雅典最重要的家族之一。他的父亲是雅典首席法官阿里斯托勒斯（Aristocles）的后裔，母亲据说是伟大的雅典立法者梭伦（Solon）之后。

根据关于柏拉图生活的最早文献，一天晚上，年轻英俊的贵族阿里斯通试图强迫珀里克提俄涅（Perictione），但她没有屈从。阿里斯通恢复了自制，珀里克提俄涅也保住了声誉。那天晚上，珀里克提俄涅独自一人时，梦见阿波罗神前来相会（据说哲人毕达哥拉斯也是这样诞生的）。9个月后，童贞女诞下一名男孩。“他原来被以祖父的名字命名为阿里斯托勒斯，后来改为柏拉图，也许是因为他身材厚实，或因为前额宽阔（在希腊语中，Platus一词意指宽阔、宽广）”，也许（真正原因）是因为他“丰富开阔的”品性。

根据传统的解释，这个奇迹发生在阿波罗诞生和伯里克利去世的同一天——这一巧合将这名新生儿与奥林匹斯诸神以及雅典黄金时代最伟大的政治家联系在一起。公元6世纪下半叶前后的一部柏拉图传记总结了传统传记中的事迹，指出“柏拉图是一个神圣的、高尚的人。我们从他自己所说的话和关于他的一些梦中，可以看出他是神圣的”。

作者在同一本传记中指出，柏拉图的母亲不久就将新生儿“带往伊米托斯山（Hymettus），想将儿子献祭给牧神阿波罗和山林女神（Nymphs）。她把孩子放在地上，回来后发现他唇上沾满了蜂蜜：这是蜜蜂飞来涂上的，正如诗人所说，这是一个预兆，预示着从他嘴里说出来的话将会‘比蜂蜜还甜’”。

他被按照严格的饮食制度抚育长大：“摆在他面前的食物没有肉类，都是素食。”还在孩童时期，他就“谦恭有礼，人们从未见他开怀笑过”。

柏拉图接受体操训练，据说曾在伊斯特米亚运动会（Isthmian Games，希腊四大运动会之一）参加过摔跤比赛。他在狄奥尼修斯（Dionysius，一位雅典演讲家，公元前443年曾带领一支希腊探险队在意大利半岛上的图利[Thurii]开拓殖民地）的学校中学会了书写。柏拉图还会绘画和写诗，并养成了对戏剧的品味。

和这个大家族中的其他重要成员一样，柏拉图对公元前5世纪所谓的阿提卡启蒙中涌现的教师和教导十分入迷。据第欧根尼·拉尔修所说，这名年轻人第一次被以弗所的赫拉克利特（公元前540—前480）吸引，后者的风格玄妙深奥，犹如神谕：“人不可能两次踏入同一条河流，因为流水更替，不断从你身旁经过。”“人生犹如摆弄棋子的儿戏，王权执掌在孩童手中。”“人的守护神是他的命运。”“我一直在询问我自己。”这些晦涩难懂的格言为赫拉克利特赢得了“晦暗”的绰号。

考虑到柏拉图的家族关系，他遇到苏格拉底只是一个时间问题。柏拉图的叔叔查米德斯和表舅克里提阿斯都将苏格拉底奉为偶像：“据说苏格拉底曾梦见一只天鹅栖在他膝上，发出一声响亮悦耳的鸣叫之后，突然张开翅膀飞走了。第二天有人介绍柏拉图跟他学习，苏格拉底在他身上看到了自己梦中的天鹅。”

据第欧根尼·拉尔修所说，苏格拉底梦见天鹅那天，柏拉图正打算参加一场剧本创作的竞赛。他即将走入比赛的剧场时，看到苏格拉底一如往常地在辩论，话题是他自己和对话者能确定地知道什么以及不知道什么。柏拉图停下脚步聆听，没有走开。他被所见所闻大为折服，决定烧掉剧本，说道：“哦，来这里吧，火神！柏拉图现在需要你！”从此以后，他成为苏格拉底的学生，献身于“对神圣智慧的渴望”（柏拉图显然是第一个如此定义哲学的人）。

柏拉图在《第七封信》（*Seventh Letter*，被视为柏拉图写得最翔实的信，也可以认为是现存最早的西方自传）中叙述了关于哲学的发现，还描述了他年轻时的另一项热情——政治。他写道：“我年轻时和其他人一样有这种野心：希望一成年就参与公共生活。”在这方面，柏拉图年轻时的目标与试图超然于政治斗争的苏格拉底截然不同。

这些年对雅典来说可谓乱世之秋。尚在进行的伯罗奔尼撒战争将雅典以及更广泛的希腊世界弄得四分五裂。斯巴达打了一连串胜仗后，在狄西里亚（Deceleia）建立了一座能看见雅典卫城的要塞，要求雅典所有公民都来轮流站岗。

以柏拉图家族的高贵和富有，他很可能隶属于骑师阶层，理应置有马匹，在骑兵部队中服役。这种公民性质军队的责任在于抵御斯巴达从狄西里亚发起的突袭。先是公元前406年在阿吉纽西（Arginusae），然后又于公元前405年在阿哥斯波塔米（Aegospotami），雅典在斯巴达围攻雅典（斯巴达后来对雅典进行了封锁，造成大量市民死于饥荒）之前集结军队进行了背水一战。

公元前404年，雅典向斯巴达投降，为三十僭主的短暂统治扫清了道路。按照斯巴达人制定的和平条款，要求三千名富有的雅典人选出三十人来管理政府，制定符合“祖制”（即寡头政治而非民主政治）的新法律。这三十名领袖中包括克里提阿斯和查米德斯，两人都同情斯巴达及其独裁的政治体制。

柏拉图事后在《第七封信》中回顾了“当时的政治情况如何给了我这样的机会，当时我们拥有的制度”——民主制

> 遭到人们（如克里提阿斯和查米德斯）的广泛反对，这个政府被推翻，新成立了一个五十一人的政府，十一人在城里，十人在庇莱厄斯（Piraeus）分别管理市场和处理城邦的日常事务，其余三十人掌握权力，作为整个城邦的最高统治者。其中恰巧有些人是我的朋友和亲戚，他们邀请我参加他们的政府，认为我适宜从政……我当时相信他们会引导城邦从不正义的生活走向正义的生活。

他很快就从这样的希望中幡然醒悟。恐怖统治随之而来，极端的寡头统治者们在克里提阿斯的领导下，不遗余力地清洗政权中的温和派，同时也扫清了城邦中的民主派。大量公民惨遭杀害。由于有部分公民发起武装反抗，三十僭主邀请斯巴达军队驻守卫城——这是一个致命的错误，使军政府看起来不够爱国。公元前403年5月，反叛者和执政者在比雷埃夫斯（Piraeus）进行了最后的战争，民主派击败了寡头统治者，并杀了克里提阿斯。六个月后，在斯巴达的暗中支持下，雅典恢复了民主——以及稳定。

柏拉图在信中描述这些事时，没有明确提到任何恐怖或内战，而只用“不道德的行为”来指代。他强调他当时还比较年轻，似乎在为一开始对政治的热情开脱。他说自己很快就明白了“以前的制度是多么可贵”。最重要的是，柏拉图对军政府试图把苏格拉底牵

扯进他们的政治活动中表示愤怒，他写道：“我为这不公正的统治感到震惊，决心远离它们”，但没有提到任何流血事件。

年轻时对专制的短暂兴趣消失后，柏拉图说他仍然“感到有参加公共政治活动的愿望，尽管不那么强烈了”。克里提阿斯落败后，重新恢复的民主政权宣布大赦内战期间所犯的罪行。但公元前399年，距三十僭主的恐怖统治五年之后，柏拉图亲眼见证了更严重的不公正现象：民主陪审团判决他的哲学英雄苏格拉底以死刑。

因此，柏拉图开始了一种内在的放逐。尽管仍对政治感兴趣，仍希望建立更好的政治制度，但他“克制行动，等待合适的时机”，基于雅典目前发生的事件，他得出了两个激进的结论：（1）“所有现存的城邦无一例外都治理得不好，它们的法律制度除非进行奇迹般的修正并伴有好运气，否则是难以治理的”；（2）“除非真正热爱智慧的人掌握政权，或者出于某种神迹，政治家成了真正的哲学家，否则人类就不会有好日子过。”

不久后（也许是公元前397年），柏拉图离开了雅典。正如伟大的德国学者保罗·弗里德伦代尔（Paul Friedländer）所说：“他出发去寻找最好的城邦，在此过程中发现了形式的世界（the world of Forms）。”

第一站是麦加拉（Megara），这座城市距雅典不远，位于伯罗奔尼撒半岛的峡部，是哲人欧克里德斯的故乡。欧克里德斯是苏格拉底的朋友，支持巴门尼德的理论。和苏格拉底一样，欧克里德斯通过问一系列问题来进行辩证的论证。和巴门尼德一样，欧克里德斯也持有“万物为一”的观点。存在的事物多种多样，形式和运动千变万化，但这些都只是一个永恒实体（存在）的外观——柏拉图后来的对话中将反复探讨这一话题，包括《巴门尼德篇》（*Parmenides*）、《智者篇》（*Sophist*）、《泰阿泰德篇》（*Thaetatus*，最后一篇中将出现欧克里德斯）。

古代的传记作家把柏拉图表现为后世的奥德修斯（Odysseus）。他继续开始自己的旅程，航行到了希腊在非洲最大的殖民地昔兰尼

（Cyrene），向数学家西奥多罗斯（Theodorus）学习；又去埃及学习几何，向"那些阐释神意的人"学习；去腓尼基（Phoenicia）见了波斯人，并学了琐罗亚斯德（Zoroaster）的教义；最后到了西西里岛的埃特纳火山（Mount Etna），"为了看陨石坑"。

柏拉图在《第七封信》中丝毫没有提到去昔兰尼、埃及或腓尼基的事，但详细叙述了在"大希腊"（Magna Graecia）度过的时光，他拜访了希腊人沿南意大利海岸线建立的殖民地。其中的克罗托（Croto）殖民地当时是毕达哥拉斯成立的内部社团的故乡，该社团是古希腊最古老最神秘的智慧教派之一。毕达哥拉斯及其追随者活跃于公元前6世纪上半叶，宣称只有数真实存在，一切自然现象都服从于数学解释。社团成员聚在一起不仅仅因为他们坚持数的优先性和其他一些核心教义——灵魂不朽、灵魂在各种动物之间转世、同一生命的永恒轮回——还因为复杂的宗教仪式和共同的饮食制度（有人说他们是严格的素食者）。尽管毕达哥拉斯学派建成了这种排外的团体，但他们在公元前510年控制了克罗托政府。当代评论家常常将该城市随后几年内的军事成功归功于该教派强制实行的清修生活模式。

毕达哥拉斯学派思想中的某些方面强化了柏拉图已经从苏格拉底那里学到的东西，比如《毕达哥拉斯金言》（*The Golden Verses of Pythagoras*）中记载了这样的忠告："让理性这一神圣的天赋成为你最高的指引。"同一篇文章中，毕达哥拉斯学派还告诫新成员要在每天结束时自我审查："我哪里做错了？我做了什么？我忽略了哪些职责？"——一种与苏格拉底追求自我认识相一致的精神修行。（柏拉图在《斐德罗篇》中表明，苏格拉底同样入迷于审问自己灵魂的本质，比如，他会问一些这样的问题："我进入了神圣的领域吗？还是说我是一种野蛮的野兽？"）

柏拉图可能不熟悉毕达哥拉斯学派生活方式的其他方面。该社团因为在教堂中执行的祭祀仪式及严格的葬礼而闻名于世。在成为成熟社员之前，新成员要将财产上交公有，并花上数年时间在公共的“听证会”上沉默地聆听大师（由窗帘遮住）的讲话。五年后，如果新成员通过考试，就可以成为“秘传成员”——最终得以一睹大师真容的圈内成员。

尽管毕达哥拉斯教义的内容理应秘而不宣，但古典文献保留了一些典型说法，其中有一条是柏拉图特别赞赏的：“朋友可以分享一切。”但毕达哥拉斯学派留存的其他谚语和格言则比较难懂：不要吃豆子。不要超出平衡。不要捡从桌子上掉落的面包屑。最正义的是牺牲，最智慧的是数。不要吃白公鸡。雷声是用来吓唬那些地狱中的人的。不要吃圣鱼。大海是克洛诺斯（Cronus）的眼泪。不要把面包撕开，因为面包使朋友聚在一起。最美的图形是圆和球体。不要把蜡烛对着墙放。不要拿恒星唬人。

社团这种迷信的生活方式自然引起了圈外人的怀疑，特别是当一部分掌握政权的毕达哥拉斯主义者开始在意大利南部城市推行贵族政策时。公元前5世纪，教派会场遭到袭击和烧毁，一些老成员逃往希腊避难。尽管遭此大屠杀，毕达哥拉斯学派在意大利南部几个城市的政治表现仍很突出，其中包括塔兰托市（Tarentum），柏拉图约在公元前388年拜访过此地。

他在那里或许见过菲洛劳斯（Philolaus，约公元前460—前380），第一位著书的毕达哥拉斯主义者。柏拉图一定还见了阿契塔（Archytas，约公元前400—前350），毕达哥拉斯主义发展史上的关键人物，这些年在大希腊的政治中发挥了积极作用。

据第欧根尼·拉尔修所说，阿契塔“第一个利用数学原理将力学系统化”。他不仅是一名杰出的科学家，还掌握了塔兰托的政权，在这里七次被选为将领，在意大利南部和西西里岛发挥了重要的领导作用。

阿契塔的形象与苏格拉底截然不同，他既不宣称自己无知，也不回避政治。阿契塔并不四处游荡去教学，而将封闭的学生圈子转变为一个思想和政治权力的基地——柏拉图的政治和理论观点在这一时期似乎呈现出一些毕达哥拉斯的色彩。

柏拉图在后来的对话中，让苏格拉底支持毕达哥拉斯学派的一些典型学说，如轮回、转世、灵魂的非物质性和不朽性以及在哲学友人之间实践的一种共产主义。在柏拉图《理想国》中构想的苏格拉底和阿契塔看来，数学学习是哲学训练的关键内容，能使心灵从不断变化的可见王国转到永恒形式的不可见王国中。通过这种数学训练，灵魂将了解正义的形式（Form，或理念[Idea]，希腊语为edios），并能支配正义。

在塔兰托度过一段时日后，柏拉图航行到西西里岛造访了锡拉丘兹（Syracuse）。该城邦当时由狄奥尼修斯（Dionysius，公元前430—前367）管理。这位君主不容许任何人限制他的权力，他或许是这个时代最能干的军事战略家，当然也是希腊最勇敢的将领之一。狄奥尼修斯治下的帝国涵括了西西里岛大部分领地和意大利南部的一些地方，他以锡拉丘兹为政治基地，并与斯巴达密切联系，发动了一系列远征，意图从迦太基（Carthage，腓尼基的一个强大殖民地，位于今天的突尼斯海岸）处夺取西西里岛西部的控制权。锡拉丘兹在狄奥尼修斯的专制统治下繁荣发展，这一时期对希腊语世界的影响仅次于东边的雅典和斯巴达。

在一封信中，柏拉图叙述了自己对锡拉丘兹的奢华和放纵深感失望，那里的人“一日参加两次宴会方才满足，夜晚也决不独眠”。他还讲述了初次遇见狄翁（Dion，公元前408—前353）的事，这名年轻人的命运将与他紧密关联。

狄翁来自西西里岛最富有的家族之一，继承的财产在整个希腊语世界都排得上号。尽管才21岁，但他与锡拉丘兹的统治者狄奥尼修斯关系很好。后者娶了他的妹妹阿里士多马姬（Aristomache），对他本人的聪明才智也甚是重视。狄翁曾在狄奥尼修斯麾下与迦太基打过几次仗，很可能在这几次作战中证明了自己的军事能力。此外，一些古代文献暗示，他已经与毕达哥拉斯派建立了联系。

与柏拉图的会面改变了狄翁的一生。柏拉图在《第七封信》中写道：“我把我关于人类理想的学说告诉他，鼓励他努力实践……

他学什么都很快，特别是我和他谈话时教给他的那些，他比我遇到的其他年轻人更加迅速、更加热情地接受了它，并且决心毕生过一种与大多数意大利和西西里人不同的生活，把美德看得比享乐和奢侈更重要。”

狄翁迫切想要进行全新的转变，贸然说服狄奥尼修斯也见见柏拉图。普鲁塔克记叙说，“交谈的主要话题总是围绕着人类的美德。柏拉图的论点是，所有人当中暴君拥有的美德最少，然后话题转向了正义。他坚称正义的生活是快乐的，而不正义的生活充满了痛苦。”

狄奥尼修斯终于被这些话激怒了，他大发脾气：“你说起话来就像个老糊涂。”

柏拉图反驳说：“你就像个暴君。”

那么柏拉图为什么来到西西里岛？

柏拉图回答说，为了寻找一位有德行的人。

这位暴君接着说道，你这是白费功夫。

有种说法说狄奥尼修斯逮捕了柏拉图，然后把他当作奴隶卖了。至于后来发生了什么，古代文献众口不一。有人说是塔兰托的阿契塔保住了柏拉图的自由，还有人说是苏格拉底学派哲学家阿里斯底波的弟子安尼克里（Anniceris）同意出钱放他自由，这才救了柏拉图。

然而，希腊文献中也保存了一些关于狄奥尼修斯、狄翁、柏拉图的不同传说。比如，据第欧根尼·拉尔修所说，狄奥尼修斯曾赠送了一大笔钱给柏拉图，使他能够购买三本很罕见的毕达哥拉斯著作，这个故事记载在一个名为奥内多（Onetor）的人撰写的一篇题为“聪明人能否挣到钱”的文章（现已遗失）中。第欧根尼·拉尔修在另外一处指出，狄翁这些年也将自己的一部分财产分给了柏拉图，柏拉图正是用这笔钱为学园打下了基础。这些逸事关系到一个哲学学派，该学派对物质财富避之不及，认为它是虚幻之物，并谴责迷恋金钱乃是最大的恶行。这些逸事还意味着柏拉图和他的老师苏格拉底不同，人们可能将他视为表里不一的人。

公元前387年，柏拉图返回雅典，结束了游历。此后不久成立了学园（Academy），并开始在这所公共的学堂和体育场内授课。柏拉图还在附近购置了一小块地产，以便开设一些小型的私人讲座。

柏拉图开设学园时，麦加拉的欧克里德斯、昔兰尼的阿里斯底波、雅典的伊索克拉底（Isocrates of Athens）等另外几位苏格拉底主义者也成立了学校，师生可以在学校中自由交谈，共同过一种哲学的生活。其中，伊索克拉底是著名的演讲稿撰写者，并向学生收费讲授演讲术。与欧克里德斯、阿里斯底波一样，他也致力于践行苏格拉底那无休止的追问。在所有这些学校中，有望成就者如果想全身心地投入研究和学习生活，就必须拥有足够的自由时间和物质资源。

柏拉图的学园从一开始就与众不同。他效仿苏格拉底，不向学生收费，靠他们自愿捐助（如果狄翁等富人果真对学园给予了经济支持，他们很可能也捐赠了大量资源，使贫困的学生也能免费学习）。有些古代文献表明，学园中有少量女性入学，这与柏拉图在《理想国》中的著名篇章中描述的关于女性教育的激进的平等主义是一致的。尽管学园并非秘密的内部社团，但它和毕达哥拉斯的学校一样，也是一个团体，朋友们聚在一起，践行“共享一切”的原则，其中最重要的是分享对智慧的爱。

《第七封信》详细描述了学园如何评价有潜力的学生。“真正热爱智慧的人”具有“一种神圣的品质，他们天生就亲近智慧，切近地了解追求它的价值”。天赋异禀还不够，有抱负的学生必须恰当地引导它。“无论从事何种职业，都不会停止实践哲学和奉行这样的生活习惯，使自己成为聪明的、有很强记忆力的学生，能够独立进行清醒的推理。”

除了校长柏拉图外，学园成员明确分为两类：老师和学生。其中老师有欧多克斯（Eudoxus）、赫利肯（Helikon）、泰阿泰德（Theatatus）等著名数学家和天文学家。由于现代学者确信柏拉图学园是数学公理的诞生地，那么，学园中的学习课程有可能类似于柏拉图《理想国》中的管理者规定的课程：算术、平面几何、立体几何、天文学、和声学。

学生如果指望获取一些关于如何赢得朋友、影响他人的简单技巧，注定要失望。实际上，据亚里士多德后来的追随者亚里士多塞诺斯（Aristoxenus）所说，

> 大多数听众听柏拉图演讲《论善》常常会这样。亚里士多德总是会讲这个故事，你看，他们来到这里，以为从中能获得一些好东西：比如说，财富、健康或权力——简而言之，一些显而易见的幸福之源。但事实证明，演讲内容涉及数学、数、几何、天文学，以及最终，包括作为善的“一”，那么我猜，这在他们看来非常不可思议。结果有些人对整件事表示蔑视，还有一些人则进行了严厉的批判。

正如柏拉图在《理想国》中解释的，学习数学时，通过掌握代表着抽象和无形的内容（这是真实的关键一面，可以独立于不断变化的情感体验而加以概念化），有助于净化那执着于可见世界的灵魂。借由掌握这种纯粹探索的方式，灵魂得以提升，并被引导着去寻找关于正义和善等抽象和无形的真理。最高的课程是辩证法——与他人一起运用理性的艺术，通过持续不断的争论来检验个人的信念，共同致力于达成对真理的认识，一种最大限度地独立于特定视角或研究者特质的世界观。在柏拉图看来，这种知识的获得要求人们渴望认识某物的形式或类型（希腊词eidos的拉丁译文为species）。柏拉图在《理想国》中描述向真正知识攀登时，用了一个现在很有名的形象来说明怎样到达顶峰：一名哲学家从阴暗的洞穴中逃出去看到太阳，与之相关的启示是，正义独立于任何具体的特定灵魂或城邦而存在。

不过，这一形象的含义仍不明确，因为柏拉图的苏格拉底明确说过他只有关于某物的意见而没有知识。在后来一段提到洞穴形象的文

字中，他让虚构的苏格拉底坚称“有某种可以看到的东西”，但“它是否果真像看到的那样”则不能仅仅通过理性推理加以证明。

根据柏拉图在《第七封信》中所说，为了确保获得真正的知识必须满足的条件是很严格的，也许是不可能实现的：“第一，（关于某物的）名称；第二，描述；第三，形象；第四，关于对象的知识；第五是对象本身，可知的真实存在。”因此，揭示“真实存在”变得极为艰难：师生间要不断地进行对话，以测验每个成员的灵魂，在此之后，才可能揭示真实存在。那些想看到真实存在的人首先必须表现出他们在生活方式及精神方面具有良好的品质。“只有老师和学生不带偏见地进行善意的问答，对所有这些内容（名称、描述、形象、知识）都进行了反复的切磋和检验之后，只有到了这个时候，人类对理性和知识的追求才臻于顶峰，从而照亮一切对象的本质。”

根据《第七封信》，柏拉图所说的这种照亮无法以言语充分表达。在辩证的概念思维之外，还有一种只能借助灵魂的转变或转化方能实现的启示：“我肯定没有写过关于这个主题的书，今后也不打算这样做，因为这种学说是无法像其他学问一样见之于文字的。倒不如说，要熟悉它就要师生间长期进行切磋琢磨，念念不忘这一主题，然后终有一天，它就像突然迸发的火花在灵魂中生成，并立即成为不证自明的东西。”

这样的灵光一现或许是柏拉图课程的巅峰时刻——他的文字深刻地影响了后来的许多神秘主义者——但大多数学生的时间还是花在了学习如何定义事物上（并且常常在好奇的旁观者面前）。在伊庇克拉底（Epicrates）现存的喜剧片段中，我们能有幸一瞥学园内的生活：

> 在泛雅典娜节上，我看到了柏拉图学园体育场内的一些男孩，并耳闻目睹了他们的一些不可名状的怪事。这些男孩正在对自然界进行定义和区别，试图区分动物习性、树的性质以及蔬菜的种类。他们在人群当中摆上一只南瓜，并考究它是什么

> 品种……一开始他们全都默默地站着，不时弯下腰去考察一段时间。然后，当他们仍在弯着腰考察时，突然有一个男孩说它是一种圆形蔬菜，另一个说它是一种草，还有一个则说它是一种树。在场的一位西西里岛医生听到这些讨论不禁勃然大怒……但柏拉图丝毫不为所动，亲切地告诉他们再从头试着定义它的种类。他们就继续开始定义。

学园的课程本身当然并非目标。辩证考查只是一种臻于至善的途径。为达到这一目标，柏拉图不仅讲授理论，也在实践中以身作则地教育学生。据当时的描述，柏拉图学园中地位较高的成员在着装上刻意模仿苏格拉底，他们衣着简朴，身披斗篷，执着手杖，言谈举止间庄重肃穆，有时会模仿柏拉图那微微弯腰的姿势，或是他沉思冥想时双眉耸立的皱眉姿态。

但最重要的还是就观念加以辩论，因为柏拉图乐于与哲学友人一起自由地追求智慧。柏拉图学园中最著名的学生亚里士多德回忆说，他曾经亲眼见到柏拉图和一些最杰出的学习同伴进行激烈的争论。在这方面，柏拉图学园与毕达哥拉斯社团截然不同，因为柏拉图坚决践行苏格拉底的格言："人遭遇的最大不幸就是痛恨理性的交谈。"

除了以身作则外，这些年中柏拉图还撰写了大量著作，几乎全部都致力于描写典范性的哲学对话。这些著作显然是课程的一部分，因为柏拉图似乎曾向朋友和追随者们大声诵读他的对话。学园图书馆中也存放了大量书籍。根据色拉西洛斯（Thrasyllus，定居于亚历山大的占星家和柏拉图主义者）在1世纪时建立的柏拉图真作目录，柏拉图著作包括13封信和35篇对话。其中大部分（共20篇）是苏格拉底对话录，记载了这位最为柏拉图所敬重的英雄的戏剧化对话。

除了信件以外，柏拉图在其他著作中从不以自己的名义说话，也不提出自己的意见。在有些对话中，人物（包括苏格拉底）会就伦理、实在的本质、真正知识的特征等论题提出特定的观点，并进行激烈的辩护。但大多数对话中，仔细阅读后你会发现并未给出确定无疑的结论。柏拉图文集中的这些地方令人捉摸不透，使古代读者对于柏拉图主要是想引起普遍的怀疑，还是想传达一些权威学说（比如，关于形式的真实性、灵魂不朽、哲人王的理想政治制度）意见不一。最好的生活是源于无止境地追求智慧，还是与公认的真理一致，他们对这一点也意见不一。

柏拉图著作显然读者众多，甚至他尚在人世时就已然如此。在柏拉图遗失对话的部分幸存片段中，亚里士多德描述了一位来自科林斯的农民，他读过柏拉图的对话《高尔吉亚篇》后深受触动，“立即放弃了农场和葡萄，将自己的灵魂抵押给了柏拉图，一心‘种植’柏拉图的观点。”

《高尔吉亚篇》很好地体现了柏拉图的文学风格，也表明了政治利益始终是他关注的核心。尽管学者们对不同对话完成的准确日期意见不一，但《高尔吉亚篇》有可能写于柏拉图从意大利南部返回并成立学园之后不久。和其他对话一样，《高尔吉亚篇》整体而言是戏剧化的，特别是在处理一些在其他对话中阐述得更充分的论题、论据和观点时。本篇围绕着五位多少有历史依据的虚构人物展开：苏格拉底、凯勒丰（请教德尔菲神谕是否有人比苏格拉底更有智慧的弟子）、阿卡奈的卡利克勒（Callicles of Acharnae，一名年轻贵族，被描述为寡头执政者的伙伴，乐此不疲地奉承他内心深处很是鄙视的大众，以此爬上高位），阿克拉加斯的波卢斯（Polus of Acragas，西西里岛的修辞专家）、莱昂蒂尼的高尔吉亚（Gorgias of Leontini，公元前485—前380，也来自西西里岛，是他这一代最有影响的演讲家，公元前427年造访雅典，可能收了犬儒学派的第欧根尼为学生，据说活了一百多岁）。

柏拉图在有些对话中谨慎地选取了一个戏剧化的日期，但这篇并没有这样。具体地点在哪里同样也很含糊，尽管我们能明确是在雅典。文中告诉我们，雅典是一个民主政体，表面上由公民大会的人民统治，像高尔吉亚这样的演讲家则声称，能够帮助卡利克勒这样的贵族说服参加例会的民众，从而获得政治权力。文章还告诉我们落入这一政权的苏格拉底所面临的命运。柏拉图在书中让苏格拉底说道："在这座城邦内，任何事都可能发生在任何人身上。"

当苏格拉底和凯勒丰到场时，高尔吉亚刚在公众场合展示完他那高超的修辞技艺，针对听众的问题即席发表了一系列演讲。于是他们在人群面前展开了一场对话，人群中不时爆发出一阵掌声。作为读者，我们也加入了台下的观众行列，不自觉地被要求对双方观点的合理性作出评价。

他们讨论了一系列具体问题：演讲家必须知道对与错、正义与不正义的差别吗？是作恶更好，还是承受他人作恶带来的伤害更好？是不受约束地舞弄权势并享受乐趣更好，还是依据对于正确和正义的理解，过一种有所规定和约束的生活更好？关于人类对"我是谁"这一问题的理解，我们必须知道什么？如果一个人想要变得善良、正义、成功，他应当知道什么？

谈话过程中，苏格拉底反复诘问高尔吉亚、波卢斯和卡利克勒，他们对非道德主义的激烈辩护深刻地影响了许多个世纪之后的尼采。

我们所看到的不仅仅是言语上的交锋。通过质问高尔吉亚、波卢斯和卡利克勒，苏格拉底将每一位演讲家都放在了检验台上。旁观者可以观察演讲家的行为是否与他所声称的信仰相一致，据此判断他是什么样的人。面临这种质问，高尔吉亚、波卢斯和卡利克勒不得不左支右绌，前后矛盾。

《高尔吉亚篇》中，这三位演讲家的生活与其信念并不一致，这种关乎存在的不一致甚至比他们声称的观点的不一致更为重要。与之相对比，苏格拉底则一如《申辩篇》中那样，表现为统一性的典范："我想最好是我的七弦琴跑调了……大多数人不同意我的看法，反对我，这比只有我一个人因为跑调而自相矛盾要好。"

由于坚称只相信合理的信念，像苏格拉底这样真正热爱智慧的人最能前后一致地支配自己的生活。由于生活与信念一致，他也特别适合对其他人实施正义的统治，以此帮助这个城邦："我认为我是从事真正的政治技艺的少数雅典人之一，但我不说自己是唯一的一个。”

《高尔吉亚篇》是柏拉图最伟大、篇幅最长的篇章之一。唯一比之更长的《理想国》也与《法篇》（*Laws*）和《高尔吉亚篇》一样，主要关注的也是政治。柏拉图即使在雅典从事教学和写作，苦苦思索关于灵魂的无形性质及掌握形式的正确方式时，仍对希腊政治的命运念念不忘，据一篇归于奥林皮奥多洛斯（Olympiodoros）的柏拉图传记所说：“所有人都觉得他非常关注公民问题。”

在《理想国》中，柏拉图暗示可以将灵魂类比为城邦。城邦的正义取决于政权的形式，灵魂也是如此。他推测，在最好的城邦中，统治着士兵和其他体力劳动者的将是最好的人——那些已经熟悉了世界形式的哲人王。同样，在最好的灵魂中，规范着激情和肉体需求的也应是它最好的组成部分——理性。此外，柏拉图暗示说，最好的灵魂最有可能在最好的城邦中蓬勃生长，因为在最好的人的统治下，每位公民灵魂中最好的组成部分也得以增强。就像一位英明的君主，最好的灵魂明确、一贯、勇敢、坚定不移地献身于善，它将竭力弄清自己真正的爱好、特有的天赋和勇气，从而了解如何使自身恰如其分地融入事物的政治秩序中。

按柏拉图所说，与之相对比的是，在民主政体下，激情和肉体需求却总是肆无忌惮。在这样的环境中，要确保自身的生存，智慧的爱好者必须创建自己的共同体——一群与会聚在柏拉图学园中不无相似的哲学家。志同道合者们在这个圈子中过着一种思考和学习的隐居生活，以哲学家本人为榜样，共同寻求智慧。如果柏拉图的学生“不能管理一座城邦，那么他希望他们至少能管理好自己”。

柏拉图本人在很大程度上回避城邦的政治生活，似乎直接参与他这个时代最为自由开放的社会贬低了作为一名真正哲学家的尊严。据第欧根尼·拉尔修所说，公元前366年，柏拉图曾为卡布里亚（Chabrias）提供过辩护。卡布里亚是一名雅典将军，在阿罗普斯（Oropus）与底比斯（Theban）军队作战失利后，被押至公民大会。“就在他准备和卡布里亚一起去雅典卫城时，传讯员克洛彼卢

(Crobylus)碰到他说，‘什么，你来这儿是打算替被告做辩护？你不知道等着你的是苏格拉底的毒芹汁吗’？对此柏拉图回答：‘就像我会为了祖国服役而面临危险一样，我现在一样会为了对朋友的义务而遭遇危险。’”

尽管柏拉图很少直接参与雅典公共事务，但柏拉图学园和它效仿的毕达哥拉斯团体一样，对整个希腊语世界产生了大量间接的政治影响。由于《高尔吉亚篇》等著作的广泛传播，柏拉图被视为著名的政治家，人们认为他拥有公正地管理城邦的专业知识，有时他还被视为立法者，从非洲的昔兰尼、伯罗奔尼撒半岛的迈加洛波利斯(Megalopolis)和伊利斯(Elis)、小亚细亚的阿塔内斯(Atarneus)和阿索斯(Assos)、马其顿(Macedonia)，到希腊北方城邦，世界各地都向学园发出为其制定新法律的邀请。对此，柏拉图派遣了许多同事前往，包括阿里斯托尼姆(Aristonymus)、福尔米翁(Phormion)、欧弗莱俄斯(Euphraios)、克里斯科(Koriskos)和伊拉斯托(Erastos)。据说柏拉图的弟子有时会鼓励专制君主引入更为温和合法的政权形式，还有一些时候，柏拉图敦促他的弟子向专制君主学习行使权力的技艺，借此补充“关于形式的知识”。在马其顿时，据说柏拉图的使者曾敦促国王“研究几何和哲学”。

在雅典，柏拉图的学生中在政治上表现最突出的是福西昂(Phocion，公元前402—前318)，他年轻时就进入学园，后来得到卡布里亚将军的庇护，并在柏拉图的弟子色诺克拉底(Xenocrates)门下继续学习。

福西昂为人刚正不阿，据普鲁塔克说，“几乎没有一个雅典人见过他笑或流泪”。他和苏格拉底一样对天气漠不关心，服役时既不穿斗篷也不穿凉鞋，“除非天气冷得苦不堪言……在这以后，他的士兵常常取笑他这个习惯，他们说，如果福西昂穿上斗篷，说明严冬就要来了”。他是一名勇敢能干的军官，也是一个谨慎的、有时甚至有些懦弱的政客。在菲利普和亚历山大的统治下，马其顿的势力不断上升。面临这种压力，福西昂与菲利普谈判，默许了马其顿让雅典人投降的要求，并最终允许马其顿驻军比雷埃夫斯（Piraeus）港口。

尽管民众曾45次选他担任总指挥，但福西昂敌视民主，认为这是一种低级的政治形式。公元前322年，他发动改变雅典宪法，只让富有的公民享有公民权。上层阶级称他是“好人”，但公元前318年雅典恢复民主时，人民实施了血腥的报复。他们把福西昂羁押在车上，让他在公民大会中嘲笑他的暴民中穿行，判他喝下毒芹汁，然后命人将他的尸体抛出城外。

尽管如此，如果与柏拉图最臭名昭著的保护人——锡拉丘兹的迪翁相比，福西昂的命运就相形失色了。在冷酷无情地献身于他心目中的柏拉图政治理念方面，迪翁可以说是无与伦比的。

公元前387年柏拉图拜访锡拉丘兹后，迪翁娶了城邦国王狄奥尼修斯的一个女儿，从而同时成为这位君主的妻舅和女婿。应狄奥尼修斯之命，迪翁担任了锡拉丘兹的舰队司令，很可能还担任了斯巴达的大使，并被斯巴达授予罕见的公民荣誉。二十多年来，他忠诚地服务于这位政治上的主人狄奥尼修斯。

这些年中，迪翁常去雅典，并为自己“曾经花了很长时间在学园学习如何克服愤怒、嫉妒和敌对精神”而感到骄傲。他很可能吸收了《高尔吉亚篇》中这一有悖常理的观点：只有哲学家才是真正的政治家。和福西昂一样，他明确地将哲学作为一种生活方式加以实践：戒除了他这个阶层常见的恶行，表现出夸张的正直。他的行为惹恼了对手，但只要狄奥尼修斯能听进他的话，他在锡拉丘兹的敌人就拿他无可奈何。

公元前367年，狄奥尼修斯在统治锡拉丘兹近40年、使其变得繁荣强盛后逝世了，权力落入儿子小狄奥尼修斯手中。这位年轻人还不足20岁，很自然地转向父亲最信任的顾问们（特别是迪翁）寻求帮助。

这正是师从柏拉图的迪翁期待已久的时刻。他立即写信给柏拉图，催促他前往西西里岛培养锡拉丘兹的新统治者。

迪翁写道：“这是一个极好的机会，这种境况能够出现简直是上天的恩赐，我们还能期待有比这更好的机会吗？”

柏拉图在《第七封信》中回忆说，他的这位老朋友和弟子还“提到意大利和西西里已经处在一个政府统治之下，提到他在这个政府中所处的有影响的地位，而小狄奥尼修斯还很年轻，对哲学和文化表现出强烈的兴趣，还有，他自己的侄子和其他亲戚也会很容易被说服接受我一直在宣传的学说和生活方式，这些人同样也可以有效地帮助我们赢得小狄奥尼修斯。因此，现在正是我们充满信心地期望同一个人既是哲学家又是大城邦统治者的时刻了”。

柏拉图在《理想国》中设想了由“哲人王”统治城邦的可能性，但他也想到，一位真正的哲学家最幸福的时刻是在沉思形式的时候，如果统治城邦，他将不得不被迫统治别人，沦落到人类事务的“洞穴”中——这是一个危险的领域，善与恶、正义与不正义的表象在其中相互争夺着领地。然而，事实上柏拉图并不需要有人强迫他（尽管他确实口是心非地暗示迪翁“某种程度上强迫我去那里”）。

在《第七封信》中，柏拉图坦白说他因为自己想躲避这个非同寻常的机会而感到羞愧，“恐怕自己表现得像是一个纯粹的理论家，不愿接触任何实际事务。”他解释说，但是最后让他下定决心的是“如果想要实现我在法律和政治方面的理想，现在确实是一个很好的试验机会。我只需要成功地说服一个人，就能获得我梦寐以求的一切良善”。

他下的赌注不能更大了：“如果在（小狄奥尼修斯）的政府中实现了哲学与权力的真正结盟，这将是给希腊和野蛮人做出的一个杰出示范。”

因此柏拉图航行去了锡拉丘兹。

他到达那里后发现朝廷内的阴谋斗争云谲波诡。竞争对手不相信迪翁的动机，嫉妒他对这位意志不坚的年轻君主的影响力。为了制约迪翁对朝廷的影响，对手们将一名叫作菲利斯托斯（Philistus）的老兵和政客从流放地召回锡拉丘兹。其中有一派致力于维护专制特权，他们指控迪翁打着建立更为温和的新政体的旗号实施谋反。

柏拉图以他一贯的方式展开工作：让这名年轻人学习几何。有一段时间，宫廷随从们有样学样，无数马屁精在脏地上画几何图形，搞得空中满是扬起的灰尘。

与此同时，眼看着这个鬼迷心窍的孩子将帝国的财富肆意挥霍在学习几何上，菲利斯托斯开始行动了。这位朝臣暗示迪翁利用柏拉图来操纵小狄奥尼修斯。年轻的君主听信了他的谗言，开始怀疑迪翁的真实意图。随着一封发往城邦宿敌迦太基的信件不慎被截获，迪翁的命运也就确定了：他被指控为叛国，驱逐出锡拉丘兹。小狄奥尼修斯唯一的让步是允许他保留资产和房产，在流亡期间能过得较为舒适。

年轻的专制君主仍让柏拉图当他的导师。他让人监视柏拉图，却也对他表示奉承。

教育的场景会让我们想起苏格拉底遇到阿尔喀比亚德，争取这位统治者灵魂的战斗现在正式开始了。柏拉图坚持一贯的教学方法，不仅教年轻人数学，还试图说服他认识到自己的无知。菲利斯托斯和他的盟友促使小狄奥尼修斯相信，柏拉图无情的追问是对这位伟大帝国的强大统治者的侮辱。

由于小狄奥尼修斯希望被视为爱智慧的人，看来似乎还在继续学习——但只是断断续续的。他拒绝以柏拉图规定的严格方式生活。但柏拉图仍一直致力于转变这位暴君："寄望于（小狄奥尼修斯）或许想要过哲学的生活。"

这位伟大的老师别无选择，因为小狄奥尼修斯不让他离开。几个月后，柏拉图才获允返回雅典，他与君主达成了一项协议：只要允许迪翁也返回锡拉丘兹，那么如果要求他回来，他也会同意的。

有四封写给小狄奥尼修斯的信被色拉西洛斯收在了柏拉图文集中，每一封都着重谈到了钱的问题。一封信中，作者拒绝接受小狄奥尼修斯赠予的一件以黄金制造的礼物（"这份礼物对你是极大的不敬"）。另一封信中，作者担忧人们或许会认为他"是为了钱"才这么做的。还有一封信中，作者详细叙述了他打算如何使用小狄奥尼修斯给他的钱——母亲去世后为她建一座坟墓，并为四个侄女的女儿们提供嫁妆。

最后一封信中，柏拉图恳求小狄奥尼修斯考虑后代的评价，作者断言说："智慧和强权相依相伴，这是自然规律，它们相互吸引，永远寻求统一。"他继续说道，请想象一下后代说起小狄奥尼修斯和柏拉图时，将他们与伯里克利和阿那克萨戈拉、克罗伊斯（Croesus）和梭伦（传说中权力与智慧相联姻的例子）相提并论。"我说这一切是为了告诉你，当我们死后，人们仍会谈起我们，我们必须考虑他们的意见。"即便这封信和其他所有写给小狄奥尼修斯的信都是伪造的（事实很可能是这样），但它们被保存在真作目录中，这一事实说明，后代的柏拉图主义者感到有必要解释（或辩解）柏拉图与这位暴君之间关系的性质。

公元前362年左右，小狄奥尼修斯要求柏拉图兑现诺言，如果叫他回锡拉丘兹，他就会回来。

迪翁仍在流亡途中。然而，根据《第七封信》，柏拉图的老朋友"不断敦促我不要违背召唤"，因为迪翁暗中希望柏拉图能说服这位专制君主召他回来。柏拉图现在已经65岁，不想再遭遇旅途的艰辛。但他说，他仍希望自己能帮到迪翁，并且对小狄奥尼修斯告诉别人"他已经掌握了我所有的思想"感到恼怒。

他正试图决定如何回应时，传来了西西里岛的消息：小狄奥尼修斯派来了一艘三列桨战舰，以便他的旅程能轻松一些，随船一同派来的还有一位毕达哥拉斯学派的代表，他带来了柏拉图的老朋友塔兰托的阿契塔写的一封信。阿契塔和其他毕达哥拉斯主义者一致认为小狄奥尼修斯在学习上取得了惊人的进步。小狄奥尼修斯本人也在另一封专门送给柏拉图的信中承诺，如果哲学家肯回锡拉丘兹，"关于迪翁的所有问题"都会解决。

根据柏拉图自己的说法，他拖延时间不做决定。他依旧无法信任小狄奥尼修斯，这时收到了更多来自塔兰托的毕达哥拉斯学派中朋友的来信，恳求他回锡拉丘兹。"此外，我认为，当一名天资聪颖的年轻人听到有一桩伟大的事业等着他去完成，于是立即满怀着对理想生活的热爱接受了它，那么也是无须感到惊讶的。”权力与知识联姻的前景仍一如既往的诱人。

尽管有所顾虑，柏拉图最终同意重返西西里岛。他到了那里才知道小狄奥尼修斯说了谎。这位暴君不仅没有打算结束迪翁的流放，还令城邦侵占了他的资产。对于哲学家制定的严格的学习课程，他也没有表现出比以往更多的兴趣。

就在《第七封信》的这个地方，作者展开了一段很长的题外话。

正是在这些著名的段落，柏拉图（如果他真是作者的话）提出了他“不诉诸文字的”学说，并抱怨小狄奥尼修斯是一个不成器的学生，不能理解他教导的关于形式的难以言传的本质，因此错误地传播了柏拉图的真正教导。

小狄奥尼修斯再一次将柏拉图软禁在屋内，看到柏拉图因为他侵占了迪翁的资产而愤怒，他提出让柏拉图获得代理权。这位暴君还承诺他将把迪翁的钱存放在雅典或伯罗奔尼撒，并同意了柏拉图的建议，让迪翁“享有这笔钱的收益，但未经柏拉图的同意不得处置本金”。

柏拉图为什么会相信小狄奥尼修斯现在所说的话是一个谜。但他是如此绝望，甚至关于形式的知识也没有实际用途了。《第七封信》的作者声称他愿意尽其所能保护迪翁和他的利益：“我告诉小狄奥尼修斯……我已经决定留下来了。”（就像他在这件事上真有选择权似的）柏拉图还坚持要求他和小狄奥尼修斯共同写一封信给迪翁，“解释我们达成的协议”（就像暴君的话真有什么意义似的）。

迪翁是否收到了这封信已经无法确定。最终——这是可以预见的——小狄奥尼修斯违背了协议。他未经告诉柏拉图，出售了迪翁所有的不动产。

与此同时，尽管柏拉图的朋友遭到了背叛，尽管自己身遭软禁，但他在公众面前仍假装若无其事。他和小狄奥尼修斯“在所有西西里岛人面前仍互称朋友”。难怪柏拉图担心人们会如何想他：根据作者自己在《第七封信》中的叙述，他的所作所为是虚伪的。

几个月后（这期间又经历了更多的不幸），柏拉图最终摆脱了暴君的控制，通过阿契塔和他在塔兰托的朋友逃走了。公元前360年春，柏拉图从锡拉丘兹航行去往伯罗奔尼撒半岛，立即在奥林匹亚与迪翁进行了商谈。因为当时正在举行四年一度的运动会，在公众眼中，这两个一直有联系的人之间的会面显然非常重要。

迪翁谋划召集军队解放锡拉丘兹。他邀请柏拉图加入，但这一次哲学家退却了。在《第七封信》中他解释说小狄奥尼修斯毕竟饶了他一命，并表达了自己对于政治暴乱和报复行为的原则性立场（尽管这些顾虑之前并没有阻止他去锡拉丘兹）。此外，他将自己塑造成为一个不太现实的中立的旁观者，似乎希望能当一名坦直的中间人，同时帮助迪翁和小狄奥尼修斯，抑止这两人最糟糕的冲动。

如果这是他的希望，那么他彻底失败了。

公元前357年，迪翁带领一支军队从西西里岛西部前往锡拉丘兹，他攻占了城邦，设法让自己被选为全权总代表。迪翁很快就遭到了赫拉克利德（Heraclides）的对抗。这位持平民论观点的对手迫使迪翁及其军队撤回莱翁蒂尼（Leontini）。公元前355年，在施展了更多的阴谋，做出更多恢复城邦自由的承诺之后，迪翁及其部下被召往锡拉丘兹，驱逐小狄奥尼修斯的军队。胜利后，迪翁不能容忍任何反对意见，就像被他赶下台的暴君一样背信弃义。他宣称自己是国王，并命人谋杀赫拉克利德。（正如维多利亚时期的学者乔治·格罗特[George Grote]对此情况做出的总结："他幻想自己能像对待驯服和被动的牧群那样对待锡拉丘兹人，根据他所认为的标准决定赋予他们多少自由，还要求他们对此表示满意。"）

公元前353年，在实施独裁一年多之后，迪翁遭到刺杀。他试图建立一个柏拉图理想国的笨拙尝试，使自己的城邦陷入了一场延续数年的血腥屠杀。

在《第七封信》（这是柏拉图文集中写给迪翁的朋友和亲戚的两封信之一）中，关于处理与小狄奥尼修斯的关系问题，作者煞费苦心地消除了所有关于他背叛了老朋友的信任的怀疑。他还拒绝对这两位暴君的行为承担任何责任，反而抱怨说“他们不听我的话。由于拒绝我的和解建议，他们给自己带来了现在面临的所有不幸”。

这种辩解使柏拉图很难回避卡利克勒在《高尔吉亚篇》中的判断：“哲学家实际上对城邦的法律、公共和私人商业交易中使用的语言，以及人类的快乐和欲望都缺乏经验，总而言之，对人性全无经验。所以他们一旦开始从事公共或私人活动，就会做出傻事。”

可以理解，这次经历使柏拉图深感痛苦，他在《第七封信》中说他对“西西里岛的‘冒险’”很是“厌恶”。但柏拉图原则上仍认为他关于形式的设想（正是这种对知识的渴望指引他追求在实践中做到最好，尽管最后失败了）不受这一失败的影响，也不会被经验事实不可避免的兴衰浮沉所染污。用他自己的理论来说，他在西西里岛的冒险并不能反驳他在对话的某些最生动的段落中所表现的关于完美正义的设想。事实上，柏拉图对自己的指导思想坚信不疑，这或许可以解释他在最后的著作《法律篇》中那个令人震惊的声明：创建一个拥有正义法律的城邦的“理想起点”是……专制统治！在固有观念的钳制下，这位深信不疑的理想主义者很难从经验中学习。

对理想持有的傲慢信念还可以解释柏拉图和他的一些弟子所共有的顽固不化和狂妄自大。迪翁和福西昂似乎都因为哲学训练和自我审问而变得傲气十足，对自我及自己政治规划的正当性满怀毫无依据的信心。实际上，柏拉图关于灵魂与社会的类比太过简单，不能当真从字面上这样理解：“我体现了善；朕即国家。”

柏拉图并非没有意识到这一问题——他所有著作中持续不断地进行自我审视恰恰体现了这一信号。在《法律篇》中，柏拉图警告人们要抵制“自恋”的诱惑，这或许是一种不可避免的副产品：人们如果致力于推崇自我中最好的一部分，并将自己与之等同，以此进行自我掌控，就会变成这样。

然而，如果我们理解正确的话，对自我认识和自我掌控的追求是无止境的。我们的无知（尤其是关于自我的无知）是无限的。那些误认为获得了关于真实、正义和善的真正知识的人，很可能只获得了一点可怜的见解，因为形式独立于一切世俗的化身而存在，它或许超越了所有凡人的理解范围。

同样值得一提的是，《第七封信》中有一段坦率的自白。西方著作很可能是第一次出现这样的自白。在解释为何第二次返回小狄奥尼修斯的朝廷时，柏拉图写道：“我必须说出真相，如果有人因为听说了发生的这些事而鄙视我的哲学，那么我也必须忍受。”在一篇其他各个地方看起来都相当自信的辩解文中，这里表现得相当谦卑。

柏拉图晚年过着与世隔绝的沉思生活，很大程度上远离了政治，显然将大部分思想精力放在了对形式的本质进行理论化上。但坚持不懈地在志趣相投的团体中进行研究，促使他创建了雅典最持久的公共机构——柏拉图学园。直到公元前87年罗马将军苏拉（Sulla）洗劫雅典，学园成员四散逃离，学园共维系了三百余年。

除学园外，最能反映柏拉图哲学的是他的著作：他对实践中辩证法的诗意（有时是喜剧性的、有时是悲剧性的）表达。通过这些对话，读者被卷入一种戏剧化的人生，致力于在反思和反复的追问中质疑自我和他人。因为最为柏拉图所钦羡的乃是一种体现在语言和行为中的生活方式：一种理性统一和道德完善的质朴生活方式——一幅精心描绘的更好自我的图像。作者不仅将这种生活方式归于自己，也常常将其归于苏格拉底。

柏拉图于公元前347年逝世。据说他去世前不久“梦见自己是一只天鹅，从这棵树飞到那棵树上。捕鸟者十分头疼，抓不住他”。苏格拉底主义者西米亚（Simmias）听说这个梦后，解释说所有人都试图领会柏拉图的含义，尽管没人能成功，但每个人都会根据自己的观点来阐释他，无论是在形而上、形而下还是其他任何意义上。

柏拉图的遗体安息在学园内，他在这里度过了尘世的最后几年，与世隔绝，潜心研究，思索灵魂的不朽性，过着一种彻底沉思性的生活，丝毫不关心身体，以至于有传言说他死于寄生虫感染而未作治疗。

据第欧根尼·拉尔修所说：“他的愿望始终是在身后留下纪

念，无论是在朋友的信中还是在自己的书里。”不消说，这个愿望实现了。雅典人民建立了半身雕像来纪念他，而他的弟子们则保存了被他们视为真实的大量对话和信件。忠实传递了两千多年后，这些柏拉图文集成为他的最终愿望和遗言，即践行苏格拉底表现的善，使灵魂因沉思善和正义的形式而得以净化，行动时信奉一种普罗米修斯式的可能性：如果崇高的哲学与明智地执行自由的政治权力相结合，最终将不仅能解决“我们国家的”、也能解决“全人类的”“麻烦”。

正如古典文献指出的，这是一种宣福礼式的理想。一位近古时期的传记作者总结说，人们可以

> 从他死后发生的事推断出他的神圣。曾有一名妇女去请示神谕，是否应当将柏拉图的纪念碑与神像放在一起，上帝回答说：“你们做得很好，尊敬柏拉图这位神圣智慧的教师。作为回报，你们将得到众神的关爱，柏拉图也位列众神之中。”另一则神谕说将有两名婴孩出世，一是阿波罗之子阿斯克勒庇俄斯（Asclepius），一是阿里斯托勒斯之子柏拉图。雅典市民庆贺他的生辰时，会吟唱这首歌：
>
> “在这一天，诸神将柏拉图赐予人类。”

第欧根尼
DIOGENES

携带灯笼的第欧根尼裸体像（“我在寻找一个人”），油画习作。法国画家朱利斯·巴斯蒂昂·勒帕热（Jules Bastien-Lepage，公元1848—1884）为1873年的沙龙所绘。“疯了的苏格拉底”第欧根尼是后来文学和艺术中的流行主题。

（Musée Marmottan, Paris, France/Giraudon/The Bridgeman Art Library International）

作为苏格拉底最早的追随者之一，犬儒学派的第欧根尼是最富有争议、当然也是最引人注目的——据说，这个人大白天手持一盏点燃的灯笼在大街上游荡，“寻找一个人”。因为离奇的行为、苦修的成就以及对自由的勇敢实践，他在古希腊、罗马和阿拉伯声名远扬。无论在言语上还是行动上，他都将哲学家的生活发挥到了极致——他说，这是为了向“合唱团教练学习，他们会把音调定得略高一点，这样其他人就能唱准音调”。

我们对苏格拉底所知甚少，对第欧根尼则更是如此。他的整个一生和工作经历都只有一些传说，一张由后来的哲学家和讽刺作家（有些表示同情，还有一些则怀有敌意）反复润饰的羊皮纸，上面写满了不太可能的逸事和格言，其中有许多很是神秘。

有人说他逝世的时间与亚历山大大帝是同一天——公元前323年1月13日，享年80或90岁。这是一个不太可能的巧合：这将使他在希腊城邦锡诺普的出生时间介于公元前412年到前403年之间。他的父亲伊塞西亚（Hicesias）在锡诺普的公共事务中举足轻重：是城邦铸币厂的厂主，负责货币的发行和保值。因此第欧根尼生来就过着一种特权生活。

根据古代传记作家所写，他皈依哲学始于一桩丑闻。那段时期，黑海南部海岸的锡诺普城邦是一个繁忙喧闹的港口，位于克里米亚往北和北部美索不达米亚往南的十字路口上，部分居民是由伯里克利从雅典遣送过来的移民。锡诺普是希腊文化的一个区域中心，城邦中心是地方贸易的首选地点，而它的繁荣也使其成为波斯帝国野心的目标。

古代历史学家狄奥克勒斯（Diocles）写道，伊塞西亚被指控在造币上有贪污行为后，第欧根尼和父亲被迫流亡。但当时的亚里士多德主义者欧布里德（Eubulides）声称，是第欧根尼本人在铸币厂工作并破坏了造币制度，因此才被迫逃亡。另一份文献指出，父子两人都被定了罪，伊塞西亚死于狱中，第欧根尼则设法逃脱了。

经20世纪的学者们考证，公元前362年后，是有一个名为伊塞西亚的人在锡诺普铸币厂担任了一段时间的厂长，且这些年中城邦出现了大量伪造货币。古钱币专家指出，有一大批据称源于锡诺普的伪币是被凿子刻意损毁的，大概是为了使其无法充当法定货币。他们还发现，部分源于锡诺普的真币同样也遭到了破坏。一些现代历史学家由此推测，是政治对手（可能是支持波斯的一派）抓住货币问题这个把柄将伊塞西亚赶下了台。

无论如何，第欧根尼失去了家园、公民身份以及全部的财产。有人说他逃离锡诺普之后去了德尔菲，在阿波罗神殿请教了皮提亚。他问道，他要怎么做才能恢复声誉？

她回答说“破坏货币”（Deface the currency）。

第欧根尼对神谕的反应与一个时代以前的苏格拉底同样虔诚。阿波罗从不说谎。但既然第欧根尼（或他的父亲）刚被指控为破坏了锡诺普的货币（他出逃或许正是因为这一罪行），那么这则神谕是什么意思？

为了寻求启示，第欧根尼又来到雅典。他的信念很可能在这一时期初步形成，其不幸的遭遇或许标志着神圣使命的开端。他因为“破坏货币”而被驱逐故土，现在也许正致力于使伪善的道德价值停止流布，从而“破坏（社会的）流行观点”（Deface the currency of society）。据第欧根尼·拉尔修的传记记载，“他真的破坏了社会的流行观点，只看重符合自然之物，对习俗看重的东西则不屑一顾。他声称自己热爱自由胜过一切，他的生活方式与赫拉克勒斯（Heracles）的一般无二”。

第欧根尼将不得不如此转变为一种美德（这是后来的斯多亚学派赞许他的一个特征），开始为自己无国籍的流亡状态感到骄傲，宣称自己是“世界公民”或世界主义者（cosmopolitan一词很可能是他创造的）。在雅典那段时期，他先去著名的演讲家高尔吉亚那里寻求指导，加强了能言善辩的才能。这里也有很多苏格拉底的追随者，第欧根尼见了不少，其中当然有柏拉图，另外还有阿里斯底波、埃斯基涅、麦加拉的欧克里德斯，其中最重要的是被他选为导师的安提斯泰尼。

在所有这些苏格拉底主义者当中，安提斯泰尼或许是意志最强的一个，也最热切地投身于一种激进的自由生活。他声称“美德是一种行为而非言辞或学识”。和其他苏格拉底主义者不同，他拒绝教学。当人们问安提斯泰尼哲学有什么用时，他回答说：“与我自己交谈的能力。”在他的带动下，第欧根尼开始模仿他。有一次，安提斯泰尼挥舞着手杖让他走远一点，第欧根尼说：“你打吧，只要我认为你能向我教诲些什么，你会发现没有什么木头坚硬到足以让我离开你。”从那以后，第欧根尼开始模仿安提斯泰尼那辛辣的机智和严谨的生活方式。

第欧根尼立誓献身哲学不久后的一个晚上，雅典人大肆庆祝一个节日，他们在公共宴会上饮酒狂欢，而第欧根尼正试图在一个角落里睡觉。据普鲁塔克叙述，这个来自锡诺普的陌生人“陷入了某种极为困扰和沮丧的思考”，开始比较自己俭朴生活的痛苦与他耳闻目睹其他雅典人享受的诱人欢乐，“然而，过了一会儿，据说有一只老鼠爬过来，忙着搬弄他掉下的面包屑，于是他又恢复了精神，仿佛在指责自己的懦弱似的自言自语，‘你在说什么，第欧根尼？你掉下一些残渣就能让这个家伙饱餐一顿，而你，作为一个出身高贵、教养良好的人，只是因为不能醉倒在那里，躺在华丽柔软的卧榻上，你就痛哭哀号你的命运？’”他想，如果一只老鼠可以满足于这么少的东西，为什么人不行？

这些事发生时第欧根尼已经不年轻了——他至少有三十岁，也许更老。尽管一直习惯于奢华的生活，但他现在秉承苏格拉底的理念，过着纯粹的苦修生活。

他有意成为一名流浪汉，除了一只背包和一个可以用来睡觉的折叠斗篷以外身无长物。和苏格拉底不同，他没有妻子，似乎也没有任何家人留在锡诺普。他不受家事牵绊，也没有丝毫强烈的情感，四处游荡，停留最久的地方是雅典或科林斯。在这些地方他不住在屋内，而在一个和浴盆一样大的黏土酒罐中生活。为了让自己习惯吃苦，他夏天在滚烫的沙子里打滚，冬天又抱着冰雪覆盖的雕像。他尽可能自然地生活。有一次看到一个男孩用手心掬水喝，他拿出一直放在背包中带着的杯子，大声说："我真傻，一直背着多余的行李！"

他外表看起来衣冠不整，标志性的物件是他的手杖。人们把他叫作"狗"（希腊语的Kuon，或英语中的犬儒[cynic]）。有一次，人们问他为什么被称为狗时，他回答说："我对那些不论给我什么东西的人摇尾献媚，对不肯给我东西的人大声叫唤，对流氓恶棍则紧闭牙关。"他没有任何收入，靠救济为生。模仿他生活方式的乞讨者被说成是像狗一样的人或是"犬儒"，他们包括说教的街头艺人，靠人们的怜悯幸存于世的街头流浪汉，受到某些成员（这些人选择了一种社会秩序，并在言行上加以模仿）拥护的严肃小丑。

第欧根尼著作的数量——事实上，他究竟有没有写过任何东西——在古代是有争议的。有位作者将13篇对话归于他，包括《共和国》、《颇达卢》（Pordalos，标题源于希腊词"屁"）和七篇悲剧，其中包括《俄狄浦斯》。和其他许多这类著作一样，这一篇很可能也是伪作。（因为第欧根尼在其他很多地方中都表明俄狄浦斯是一个傲慢无知的人，底比斯城应当判他乱伦。）

据菲洛德穆（Philodemus，公元前110—前35）所说，第欧根尼在这些著作中提出了一些不虔敬的想法。他认为没有什么天然是善、美或正义的，并为自相残杀、乱伦、乱交（甚至是同奴隶）、杀父等行为做辩护。菲洛德穆指出，由于文集的内容是如此声名狼藉，这些著作本身可能被刻意禁止过，摘要也常常作过删改。经手者很可能是那些可敬的斯多亚主义者，他们想将第欧根尼视为与苏格拉底一样的先驱和榜样。

因此，第欧根尼成为相互矛盾的传说的产物，随着关于他美德和恶习的争论越来越多，有关他的神话也开始传播开来。第欧根尼成为讽刺作家以及希腊罗马艺术家最喜爱的人物，形象频频出现在大理石、青铜、赤陶、壁画、小雕像、马赛克图案、钱币和奖章中。这些丰富的材料表明他的事例（无论多么具有神话色彩）产生了广泛的影响。

大部分古代文献一致认为第欧根尼和苏格拉底不一样，他没有到处去找演讲家和智者并质疑他们的信念。另一个与苏格拉底不一样的地方是，他没有组织一群哲学友人，提供公共讲座或培养私人门徒。他对公共事务或政治权力没有一丁点兴趣，相反，他是一个孤僻的人，除了极为罕见地造访一些大体育场，和来自希腊语世界的人们一起蜂拥去参加奥林匹克、匹西亚、尼米亚和伊斯特米亚运动会以外，基本孤身一人，“他习惯于在人群中研究人们的追求和野心，这些人来到外地的原因以及他们感到为之骄傲的事物”。当好奇的旁观者聚集在他周围，他毫无畏惧的言论和不知羞耻的滑稽动作使他看起来像一个小丑，他还承诺“凡是遵循他的治疗方法的人将从愚蠢、邪恶和放纵中解脱出来”。

他重视自由甚于一切，弃绝了不必要的欲望和物质财富，以身作则示范了一种原始的独立生活。与此同时，或许怀着同样的目标，第欧根尼常常嘲笑那些他认为是不必要的规则和习俗。在这两个方面，犬儒学派都为后来的哲学家（从古希腊的芝诺到18世纪法国的卢梭）提供了一种行为模式。

他的行为有时看来似乎是不必要地惹人厌恶。他认为当众手淫是很自然的事：“他习惯于在公共场合做所有事情，常常发表言论说，‘如果吃早餐没有什么不正常的话，那么在市场里吃早餐也没有什么不正常的。’他行为粗鄙，觉得‘这就像通过揉肚子消除饥饿一样轻松。’”

运动会时，如果观众中有人“不断地把骨头扔给他，就像扔给一只狗那样，”他就会“耍着狗的把戏，往他们身上吐口水”。有一次去伊斯特米亚运动会时，第欧根尼就美德和如何抵制愉悦的诱惑进行了演讲。他讲话时，一大群人围了过来。讲完后，他“不再说话，蹲在地上，开始做一个不雅的动作”。人群因为他将要当众拉屎大为激怒，他们说他疯了，很快四散走开，留下他一个人在原地。

有一次，一个仰慕者把第欧根尼带到一所华丽的房子里，“警告他不得吐痰，”这位犬儒主义者“清了清喉咙”，“向这个人脸上吐了一口痰”。他说，他找不到“更低贱的容器了”。

第欧根尼在航行去埃伊纳岛（Aegina）时曾被海盗劫持，据亚历山大的斐洛（Philo of Alexandria，公元前20年—公元50年）所说，他以令人钦佩的态度承受了这场灾难。

> 他被俘虏时……他们给他的食物极少，甚至连必要的分量都不够。他没有被周遭的环境压垮，也不惧怕身陷其手的主人的野蛮，反而还说“猪或羊即将被卖掉时，人们会小心地喂给它们丰富的食物，以便让它们长出更多的肉，但对于所有动物中最杰出的人类，却只给他们提供糟糕的食品，还常常少得可怜，把他们饿得瘦骨嶙峋，不如以前值钱，这真是最愚蠢的事”。后来，当他获得了足够的食物，即将和其他俘虏一同被卖掉时，他第一个坐下来，以极大的喜悦和勇气享用早餐，还将早餐分给旁边的人。看到其中有个人不仅表现得很悲伤，还处于极度沮丧的状态，他说，“你无法不痛苦是吗？从我这里想拿什么就拿走什么吧。”

当海盗在克里特岛把他作为奴隶出售时，拍卖商问他擅长什么。第欧根尼回答说，“‘统治人。’然后他以毫不做作的漠然和冷静，开始进行滑稽的演说”，把拍卖变成了一场闹剧。

斯多亚派哲学家爱比克泰德（Epictetus，约公元55—135）在《对话录》（*Discourses*）中将第欧根尼描述为真正的国王，因为他对自己实施了完美无缺的控制。他将犬儒学派的生活呈现为一种谴责和挑战：“关于你的一切事当中，你必须彻底改变现在的做法，必须停止责怪上帝或人，必须彻底消灭欲望，必须厌恶道德目标领域内的事，并且只厌恶这些事，必须不再感到生气、愤怒、嫉妒和遗憾。”

第欧根尼一生当中不仅自制、自足、毫不羞愧，在说话时也无所畏惧——这一点在他与亚历山大大帝交谈时表现得格外明显。

相传他们在公元前336年秋相遇。当时，第欧根尼至少有七十岁了，而亚历山大才二十岁。几个月前，亚历山大的父亲，马其顿的国王菲利普（Philip of Macedonia）遭到暗杀，亚历山大承袭了王位。不久后，马其顿军队护送这位年轻的国王去科林斯，亚历山大在此地接替父亲当上了科林斯联盟（League of Corinth）的领袖（或盟主），他召开了一个希腊城邦代表大会。这次会议无视由演讲家德摩斯梯尼（Demosthenes）领导的雅典代表团的反对意见，批准了亚历山大要求盟军远征波斯的提案。据普鲁塔克所说，会议结束后，“许多政治家和哲学家跑去（向亚历山大）表示庆贺”。

但是，一个著名的人物没有出现：极度讨厌奉承的第欧根尼消失得无影无踪。

第欧根尼当时住在城邦郊区，躺在标志性的浴盆里，操心着自己的事，丝毫不关心年轻君主的来访。亚历山大的好奇心被激了起来，他决定亲自专程去拜访这位拒绝屈从他的老人。

国王和随从到达时，第欧根尼只围着一条缠腰带，正沐浴在阳光下，“当他看见有许多人靠近时，支肘略抬了抬身，注视着亚历山大。国王问候了他，问自己是否能为他做点什么。哲学家回答说，‘是的，站到一边去，你挡住我的太阳了。’”

亚历山大结束了与第欧根尼的会面，离开了这里。他的随行人员开始取笑这位犬儒主义者，国王回答说：“随你怎么说，但如果我不是亚历山大的话，我愿意做第欧根尼。”

据一位亚历山大的现代传记作者（或后来的大量传说）评价，“这表明了一种高明的洞见。两人（无疑也从对方身上看出了这一点）有着同样的固执和拒人千里之外的毫不妥协。只是第欧根尼退出了世界，亚历山大则一心想征服它：他们代表着同一现象的主动和被动形态。并不奇怪，在这种情况下，他们的会面本应是非常令人不快的”。

根据阿拉伯传统中流传下来的趣闻，这两人持续保持着某种联系。“亚历山大（有一次）在他睡着时来拜访他，用脚踢他，然后对他说：‘起来，我已经征服了你的城邦。’”

“第欧根尼回答说，‘征服城邦不是国王的过错，但踢人真是蠢驴所为。’”

又有一次，亚历山大的信使邀请第欧根尼来见国王，但哲学家拒绝了，让信使告诉国王，“那阻止你来见我的东西，正是阻止我去见你的东西”。

信使能想象到国王的回答：“那么是什么阻止我，又是什么在阻止你？”

“你太强大而不需要我——我则太自足而不需要你。”

如果说在文学作品中亚历山大是第欧根尼的政治陪衬，那么柏拉图则是他的哲学敌人。据说他认为柏拉图的讲座是浪费时间，并嘲笑那种要求学生谨慎地定义关键术语的辩证法教学。有一次，“柏拉图把人定义为双足无羽的动物，得到了普遍的认同。第欧根尼便拔光了一只家禽的羽毛，把它拎到教室说，‘这就是柏拉图说的人。’结果该定义又增加了一条，‘有宽指甲’”。

还有一次，柏拉图正在谈论形式，并采用了名词“桌子性”（tablehood）和“杯子性”（cuphood）。第欧根尼说，“桌子和杯子我能看到，但柏拉图呀，你的桌子性和杯子性，我可一点都看不到”。

有一次，柏拉图看到第欧根尼正在洗一棵莴苣，对他说：“你有没有向狄奥尼修斯（西西里岛的专制君主，柏拉图曾不止一次试图教导他）献殷勤？你去了的话现在就不会在这里洗莴苣了。”第欧根尼回答说：“如果你洗了莴苣，就用不着向狄奥尼修斯献殷勤了。”

其含义很明确：是第欧根尼而非柏拉图代表着最纯粹的哲学生活。和犬儒学派不同，柏拉图被自己的聪明所诱惑，虚荣地追求肤浅的科学知识，并且受惠于有权有钱的朋友。也就是说，柏拉图缺乏统一性，第欧根尼才是真正追随苏格拉底步伐的人。

第欧根尼认为柏拉图伪善，柏拉图则视第欧根尼为“疯了的苏格拉底”——以柏拉图的标准看来，他无疑是。在某种意义上，犬儒学派不像苏格拉底，而像卡利克勒，柏拉图在对话《高尔吉亚篇》（第欧根尼的第一位老师）中将后者描述为一个不顾道德准则的自我主义者。第欧根尼和柏拉图的卡利克勒一样，声称他将只遵循自然之道行事，不论看起来多么不体面。卡利克勒这位超道德主义者在所有事上都追求自由，不会因为辩证论证——他和第欧根尼一样，对其大加嘲讽——的力量而默不作声，只会因羞耻感而噤声不言。苏格拉底让卡利克勒宽恕一名与老人发生同性恋的男孩的行为时，最终使他产生了这种羞耻感。这位思想自由的演讲家在面临残忍的行为或谋杀时毫不畏惧，但他不由得对这一想法产生畏惧：“苏格拉底，难道你对于把讨论引向这个话题不感到羞耻吗？”甚至对这个事事追求自由的人（如柏拉图所描述的）来说，某些行为也是难以接受的——天性和习俗在这里都无关紧要。

不清楚第欧根尼是否会因为这样的事而羞耻。不同逸事中的证据是相互矛盾的。一方面，这位犬儒主义者在希腊历史学家保留下来的一系列格言中用修辞手法表达了自己的这种羞耻心：“看到一名年轻男子行为举止女人气十足，第欧根尼说：‘你对自己的意图与自然对你的意图不符，对此你不感到羞愧吗？因为自然将你造就为一名男子，你却让自己表现得像是一个女人。’看到一个傻瓜在给一把索尔特里琴调弦，他说，‘你能让这块木头发出和谐的声响，却不能使你的灵魂与生活协调一致，难道你不觉得羞愧吗？’

对于那些辩解说自己不适合学习哲学的人，他说，‘如果你不在意是否生活得好，你还活着干什么？’”

这样的告诫有点一本正经——后来的斯多亚主义者常常具有这一特征——这与第欧根尼在其他地方支持的放纵行为形成了鲜明对照甚至是明显矛盾。当我们听说他当众手淫，并维护乱伦和同类相残等行为时，我们不由得会好奇，这位哲学家是否会认为有任何事是本能地令人厌恶、不自然或邪恶的。

如果我们打算认真对待（谁说不是这样？）他最令人不安的讽刺话语和噱头之举，那么第欧根尼代表了能够想象的对日常礼仪规范的最激进挑战，哪怕他让我们对他成功地过着自己的简单生活大为惊讶。他体现了一种激进的理念，一种赤裸的存在，不被财产拖累，不受任何血缘关系、爱和感情的牵绊，不畏禁忌，不怕永恒惩罚的恫吓，从而能够自由地实现彻底的独立，实现不受惠于任何人的自我支配。

罗马的智者西塞罗发现这一前景十分可怕：“因为这种行为丝毫不顾及他人，而没有这一点，一切正确和诚实的事都会荡然无存。”圣奥古斯丁尽管明显对解释为何犬儒学派的生活不能实现十分入迷，但最终也放弃了。

因为奥古斯丁不得不承认，第欧根尼是一种精神的化身，一个沙漠圣徒一般的人，为了追求超越的理想，以最高程度的自制过着物质的生活。第欧根尼无疑体现了一种完美的禁欲主义，但他也形成了违背礼仪限制的习惯。奥古斯丁在《上帝之城》中写到犬儒学派有时当众手淫的行为时，就像几个世纪以前的斯多亚主义者那样，不得不怀疑第欧根尼实际上是否做过这样的事。

奥古斯丁写道，“我倾向于认为：

> 我相信第欧根尼，以及其他有类似行径而受到谴责的人，只是在众人面前假做出性行为的动作，人们实际上并不知道他们在斗篷之下做了些什么。我不相信在众目睽睽之下的性行为

> 能获得快感……至今仍有犬儒学派的哲学家……但没有一个人敢像第欧根尼那样做。任何人胆敢这样做，一定会受到对此表示厌恶的人们的热烈欢迎，不一定是用冰雹般的石头，但肯定会有阵雨般的唾沫。毫无疑问，人的本性会对他的情欲感到羞耻，而且应当感到羞耻。

对奥古斯丁和《高尔吉亚篇》中的柏拉图而言，一切都要回溯到羞耻、欲望，以及对欲望感到羞耻，似乎性欲是最危险、最具破坏性的肉体欲望，是人必须不惜一切代价学会控制和压抑的东西。

但对于大多数普通的希腊人而言，这个故事的道德寓意似乎很模糊。在科林斯和雅典，远在基督诞生前，他们就已经把第欧根尼作为崇拜对象，对这位犬儒主义者罕见的无礼、他引人注目的不合群——似乎赤裸裸地满足性欲是自由生活的完美表现——都安之若素。人们用爱而非石头或唾液向这位犬儒主义者致敬。有一次，一个男孩打碎了他的陶土浴盆，让这位圣徒无从蔽身，雅典人很是愤怒，把这男孩一顿好打，然后给第欧根尼带来了一个新浴盆。

这位哲学家的大受欢迎是反常的。不同于苏格拉底，第欧根尼从未受到审判，不同于亚里士多德，他从未被迫恐惧地逃亡雅典。人们认为他不构成任何威胁，或许是因为多数人并不把他当回事。相反，他被视为一个快乐的恶作剧者，仿佛他是一个无害的小丑或神圣的傻瓜。

他安然活到年老。有一种说法说他是吃了生章鱼后去世的，另一种说法说他是在试图把章鱼分给狗时，被狗咬死的。还有一种说法说他只是屏住呼吸——因此是在纯粹的意愿行为下去世的。

在锡诺普、科林斯和雅典，人们建造了雕像以纪念他。锡诺普的碑文上写道："即使青铜也会随时光而衰颓，但你的声名，第欧根尼，终将恒久流传。因为你独自一人教育我们凡人如何自足，如何过上最好、最简单的生活。"

我们从狄奥·克里索斯通（Dio Chrysostom）的生活经历可以看

出，第欧根尼逝世很久后，关于他的故事开始发挥影响。狄奥被公认为是一个好人，一个有苦修倾向的犬儒演讲家，曾被邀请为罗马皇帝图拉真（Trajan）作过四次演讲。在第四次演讲中，狄奥详细地描述了第欧根尼与亚历山大大帝的谈话，以便向图拉真表明，彻底自制的生活本身就能使一个人支配他人。第欧根尼或许从未见过亚历山大大帝——而狄奥·克里索斯通的确是图拉真（这位君主因智慧、克制和重视正义而广受欢迎）的朋友和知己。

因此第欧根尼的传说流传至今。尽管（或者说因为）这些神话有着戏剧化的色彩、不太可能的细节以及可怕的丑闻，但它们始终具有一种潜力，能够激发甚至转变那些愿意严肃对待它们的人的行为——从狄奥·克里索斯通到近两千年后的福柯。

亚里士多德

ARISTOTLE

亚里士多德正教导亚历山大大帝，由一位不知名的波斯艺术家绘在羊皮纸上，出现在公元13世纪伊本·巴克提休（Ibn Bakhtishu）的《动物之用》（*Manafi al-Hayawan*）一书中。作为8世纪的著名物理学家和伊斯兰的一流动物学家，伊本·巴克提休也是亚里士多德著作的权威。

（British Library, London, UK/British Library Board. All rights reserved/The Bridgeman Art Library International）

关于亚里士多德的名声有一件奇怪的事实：从古代晚期到文艺复兴早期，他被广泛尊为“有识者之师”，“人类智慧的极限与典范”，或干脆“那位哲学家”（Ille Philosophus），然而，在他逝世后的头两个世纪中，只有极少数哲学家视其为值得交谈的对话者。

问题似乎出在所谓的品行上。对差不多与之同时代的哲学家伊壁鸠鲁而言，亚里士多德既非“杰出人物的典范”，也不是一个“不受激情干扰，没有重大道德缺陷污点”（用两名现代权威人士的话来说）的模范研究者，而是一个老谋深算的政客和学究，不配与作为生活方式的哲学联系在一起。公元前322年亚里士多德逝世，在此之后的几百年中，雅典和整个希腊语世界对他的品行表示了深刻的怀疑。这些怀疑不仅历时弥久，还流传甚广。事实上，它们有助于解释为何在公元前1世纪（学者们终于建立了他的文集，亚里士多德身后的名声也由此而尘埃落定）之前人们几乎彻底忽视了他的著作，否则这将很令人费解。

除了显然真实的遗嘱以及据说是由他撰写的信中的几个片段外，亚里士多德现存的著作几乎没有提供其生活的线索。他最初发表的所有著作（包括一些早期的对话）中，只有少量摘录由于后来作家的引用得以保留，其余的都已逸失。可靠的传记材料十分稀缺，我们几乎想像德国哲学家海德格尔在1924年关于亚里士多德的著名讲座中那样，对此主题避而不谈，只说："这个人出生，工作，然后死去。"

一般认为亚里士多德经典文集由罗得岛的安德罗尼柯（Andronicus of Rhodes）创建。这位学者从大量手稿和草稿可能还有课堂讲稿中进行摘录，将亚里士多德幸存下来的著作整理为大体连贯的说明。装订成册的现代书籍多达2000多页，约为现存柏拉图文集的两倍。其内容是百科全书式的，有40多篇独立的章节，论述形而上学、神学、物理学、天文学、气象学、动物学、植物学、心理学、伦理学、政治学、修辞学、诗学，等等。

从这些论著中看不到一个有血有肉的人，其风格缺乏修饰且常常含混不明，不带任何个人情感。正如18世纪英国诗人托马斯·格雷（Thomas Gray）的打趣：阅读亚里士多德"就像在嚼干草"。

这并未阻止安德罗尼柯为亚里士多德做这件事（任何一名合格的古代编者都会为任何一个真正的哲学家这样做）：他以一篇具有启迪意义的传记为文集作了一篇序，并着意重印了亚里士多德遗嘱的内容。尽管安德罗尼柯的那篇传记遗失了，但后来的亚里士多德文集编纂者都以其为模板，因此现代学者能从中世纪对亚里士多德生活的各种理想化描述中，追查出一个共同的理想化的源头：这篇传记出现于公元500年左右，当时雅典的亚里士多德学派使用的标准亚里士多德著作中，曾采用这篇传记为序。

大约在公元前384年，亚里士多德生于希腊城邦的斯塔吉拉（Stagira）。作为一个无足轻重的自治城邦，斯塔吉拉一直是爱奥尼亚移民的殖民地，在公元5世纪的大部分时间内与雅典结盟。古代权威资料一致认为，亚里士多德血统尊贵：母亲费斯提斯（Phaestis）拥有可观的财富，是最早来到这里的殖民者的后裔，父亲尼各马可（Nicomachus）是一名成功的医生，隶属于阿斯克勒庇亚德（Asclepiadae）僧侣家族。阿斯克勒庇亚德是一种古代宗派，掌握着疗愈的神圣秘密，只在父子之间世代相传，通过物理观察和尸体解剖来训练技艺——亚里士多德或许从父亲那里学到了这种技能。

斯塔吉拉位于马其顿边境附近，是一个古老的内陆王国，其北部是野蛮部落，南部是讲希腊语的城镇，以古希腊最北端的海岸线为边界。亚里士多德的父亲有一段时期曾是马其顿国王阿敏塔斯三世（Amyntas III，统治时期为公元前393—前370/369）的御医和心腹，这位讲希腊语的君主巩固了对该地区高原和平原的控制，为其继任者菲利普二世（Philip II，统治时期公元前360—前336）将国土拓展到海岸线边上奠定了基础。但是，亚里士多德的父母在他年纪轻轻时就去世了，有些文献指出，他后来由叔叔普罗克森努斯（Proxenus）在斯塔吉拉抚养长大，后者原来是小亚细亚阿塔内斯的公民。

中世纪的传记传统倾向于赞美亚里士多德，早期的描述则往往带有诽谤性。一些古代的传记宣称亚里士多德是一个"浪荡子和贪吃鬼"，还说他"倒卖药品"。还有一些文献说，亚里士多德最开始追逐政治权力的兴趣远甚于追求知识，而他对此的辩解理由是"一个缺乏政治时事经验的人发现一切都与自己作对"，"他十分厌恶当时一直在搞党派纷争的大部分政客"。还有一些早期文献声称，度过了无所事事的青年时代后，他不得不返回斯塔吉拉，继承父亲的行医生涯（或许还有他的药房）。大约三十岁时来到雅典，直到无法以政治家或医生为业谋生之后，这才转向了哲学。

但是，斯穆尔纳的赫尔米普斯（Hermippus of Smyrna，公元前200）讲述了一个极为不同的故事，他的传记是现存的第一个（可惜只剩下片段了）倾向于赞美亚里士多德的描述。据赫尔米普斯所说，亚里士多德去了德尔菲（和之前的苏格拉底、第欧根尼一样），在17岁时遵循神谕的指示前往雅典，致力于成为一名哲学家。

据赫尔米普斯所说，亚里士多德首先跟随柏拉图。晚古时期的其他传记则说是苏格拉底让他开始追求智慧的——从时间上来说这是不可能的，或许是因为人们将那位已于公元前399年殉道的人与他的一个学生伊索克拉底（Isocrates，公元前436—前338，公元前4世纪时在雅典仍很活跃）混淆了。

当时只有柏拉图学园可以与伊索克拉底学派相匹敌，两者都声称“哲学”是他们选择的生活方式，并将培养好品性作为寻求智慧的共同目标。他们的著作在讨论如何能最好地展现与教导所谓的“哲学”时，透露出一种含蓄的差异：柏拉图偏向于围绕数学、几何、辩证法开设课程，伊索克拉底则通过研习修辞和模仿老师本人正直的行为来训练学生“言辞得体，思考正确”。

有一点看来很明确：如果确如赫尔米普斯所说，约公元前367年时亚里士多德到了雅典，那么他不可能在这一时期接受了柏拉图任何连续性的指导，因为柏拉图这些年正忙于将锡拉丘兹的君主小狄奥尼修斯培养成一个哲学家。

作为一个移民，亚里士多德法律上是雅典的外来居民，他从未成为一个公民。因此，他既不能参加城市的政治生活，在城内也没有自己的财产。几乎所有传闻和间接证据都表明亚里士多德拥有大量私有财产。由于家产丰厚，他可以不受限制地购买大量纸莎草——手稿卷纸，并搜集建成了希腊语世界最大、最好的私人图书馆。

亚里士多德开始在学园活跃时，柏拉图可能已经完成了西西里岛的冒险。冒险失败之后，或许也是对此失败的回应，柏拉图修改了自己在早期对话中提出的哲学生活图景。早期的《申辩篇》将苏格拉底描述为目中无人的殉道者，晚期的著作如《泰阿泰德篇》中，苏格拉底则呈现出一种新的虚构形象：一名数学隐士，有着方法上的自觉，致力于将一种相对严格的新的理论概念作为可能的最好生活。

尽管亚里士多德加入学园的部分原因或许是受到一种高度道德化的生活方式（柏拉图在大量苏格拉底对话中对此作了戏剧化的描述）的激励，但当他最终碰到柏拉图时，从事的却不仅仅是道德的事业。作为一个与世隔绝的学者（因为友谊联结在一起）团体，学园主要致力于研究数学、天文学、医学、不同观点和概念间的逻辑关系。

虽然亚里士多德理应像任何一名有志于哲学的人那样掌握这些研究内容，但他出于各种原因从一开始就不同于其他同学。在读写尚不普及的社会中，亚里士多德是一个狂热的藏书家；在一座数学研究受到尊崇的学园中，他对毕达哥拉斯的假设（即一切真实存在都是数）持批判态度；在一个修辞法常被嘲笑的社团中，他对说服的艺术表现出一种学术的兴趣。

根据许多古代文献，柏拉图把亚里士多德称为“努斯”（nous，希腊文的“精神”），有时把他唤作“阅读者”，暗指他对书本的不知餍足。有些文献认为这些昵称是亲切的，还有一些则认为它们含有轻视的意味，表明柏拉图认为亚里士多德有些肤浅，为了自身的好处而不加鉴别地吞噬了太多书籍。

在幸存下来的最早对话片段中，亚里士多德忠实地传达了柏拉图的观点，即只有专注于永恒真理的哲学家才能传播公平正义的律法：“稳定的律法和正确高尚的行为只为哲学家所拥有，因为只有他关注着自然和神灵而生活。就像一名好舵手，他将生活之舟系缚于永恒不变的东西，在那里放下锚，过着自主的生活。”（有趣的是，在亚里士多德使用的这个关于航海的类比中，哲学家已经找到了一个避风港——和柏拉图结束了锡拉丘兹的经历之后，在学园中找到这样一个避风港不无类似。）

亚里士多德在学园中陪伴了柏拉图约二十年。古代文献指出，这些年中他在学园作了关于修辞法的公共演讲。对于修辞法，他的评价比柏拉图更为正面，但又不像伊索克拉底那样不吝赞美。

亚里士多德在学园中的大多数导师和同学都专攻一门，如天文学、关于形式的研究，等等，他却博采众长。他希望掌握人类以往思考过的一切，以此为材料，建立一个包容万象的新思想体系，这成了他一生的关注焦点。

他哲学生活的另一个重大目标，即推进柏拉图将权力与知识结合在一起的实践，随着时间的推移才逐渐显现。亚里士多德部分地以一种更为巧妙的现实主义缓和了柏拉图政治哲学中激进的理想主义。他对修辞法的欣赏正是这一目标的一个方面——但更重要的是他对有效运用政治权力的细节的欣赏（一种实用主义，亚里士多德将之与他所谓的“实践智慧”[phronesis，希腊词，视情况可译成“慎重”、“常识”、“政治判断”，有时也可简单地译为“智慧”]的重要美德联系起来），这一点在他的政治理论中十分明显。

考虑到亚里士多德的天赋和对哲学的广泛兴趣，他在柏拉图学园中地位很高是不足为奇的。尽管是外来居民，但他甚至有望成为老师的继承人。但柏拉图于公元前347年逝世后，并不是亚里士多德而是柏拉图的侄子斯珀西波斯（Speusippus）成了学校的新校长。

在这前后，亚里士多德和色诺克拉底（公元前396/395—前314/313，柏拉图另一个也很重要的朋友）一同起航远行，到了小亚细亚的密西亚（Mysia），获邀为赫米亚斯（Hermias）提供哲学指导和慰藉，后者是一个在希腊沿海城邦阿塔内斯（亚里士多德的叔叔普罗克森努斯就出生于此）行使着绝对权力的君主。

一些古代的历史学家说赫米亚斯曾是一名奴隶，还有一些说他是个阉人。他出身卑贱，据说曾在当地的银行干过货币兑换，后来入宫侍奉阿塔内斯的暴君伊布鲁斯（Eubulus），有力地击退了当时波斯一再发起的攻击。有些文献还声称赫米亚斯曾去雅典在柏拉图学园中待了一段时间，或许还听过柏拉图的演讲，与亚里士多德关系很好。

伊布鲁斯去世后，赫米亚斯成为无可争议的继任者（只是尚不清楚他是如何以及何时当上的）。随后几年中，他拓展了国土疆域，沿亚洲海岸建立起一个讲希腊语的小型帝国。受柏拉图政治理想的激励，他想把自己转变为某种哲人王，并与柏拉图本人保持一致。

在一封据说是柏拉图写给他以往的两名学生和赫米亚斯的信中，柏拉图敦促这三个人将各自的才华结合在一起。他指出，专制君主有空闲的钱和武器，而他以往的学生则富有“对思想崇高的爱”。赫米亚斯寻求智慧，而伊拉斯塔斯（Erastus）和克瑞斯卡斯（Coriscus）若想学习“如何免遭卑鄙和邪恶侵害”的隐秘艺术，就需要有必要的政治经验。柏拉图建议，通过紧密地结合在一起，“结成友谊的纽带”，三人就可以一起尽最大可能地“实践哲学”。

随着色诺克拉底和亚里士多德的到来，哲学三人组扩展为五人组。据狄蒂姆（Didymus，亚历山大里亚的作家，曾评论过狄摩西尼[Demosthenes]的第四篇《反腓力辞》）所说，赫米亚斯“与克瑞斯卡斯、伊拉斯塔斯、亚里士多德和色诺克拉底交上了朋友……他听他们的……给他们礼物……并真的将专制体制转变为一种较为温和的统治；因此他也开始统治远至阿索斯的所有邻国，然后，由于十分喜欢这些哲学家，他将阿索斯城赐予他们。所有人当中，他最认可亚里士多德，并与他十分亲密”。（如果这一记载是真的，它将意味着，亚里士多德及其柏拉图主义的哲学同伴们成功地与赫米亚斯建立起了一个可靠的联盟，这一点与柏拉图形成了鲜明的对比，后者在赢得小狄奥尼修斯的信任方面是相当失败的。）

这一切都发生在整个希腊语世界动荡不安的背景之下，其最直接的原因是奥林索斯（Olynthus）的陷落。奥林索斯位于哈尔基季基（Chalcidice），是迄今为止最大也最重要的希腊自治中心。马其顿的菲利普一直觊觎着奥林索斯，自亚里士多德离开后，不断地扩张帝国的疆域。

菲利普在哈尔基季基进行的军事行动使奥林索斯公民大为恐慌，他们向雅典的公民寻求帮助。尽管城邦最有影响的演讲家德摩斯梯尼试图在雅典为奥林索斯人争取支持，雅典只象征性地派出了一些军事援助。继漫长的攻城战之后，公元前347年奥林索斯向菲利普投降。

菲利普胜利后十分残忍——这是他的习惯，公元前350年这位君主攻克了亚里士多德的家乡斯塔吉拉时，也表现出同样的方式——他将城邦夷为平地，将居民贩卖为奴。哈尔基季基的战役结束之前，他共摧毁了32座讲希腊语的城邦。

自上个世纪波斯人入侵以来，希腊语世界从未遭受过如此规模的暴行。其他希腊人得知菲利普的大屠杀后极为愤慨。在雅典，德摩斯梯尼极力争取结盟对抗马其顿，他正确地认识到，希腊城邦的独立已岌岌可危，因为现在马其顿是支配着希腊语世界的政权。

与此同时，在赞助人和哲学友人赫米亚斯的保护下，亚里士多德的研究仍在有条不紊地进行着。一段时间后，他娶了阿塔内斯的一个女孩。有些评论家声称，他曾愚蠢地爱上了“赫米亚斯的情妇，并在他的同意下娶了她，快乐无比地为这名弱女子做出牺牲”。但其他文献解释说亚里士多德娶的女子是赫米亚斯的侄女及养女皮提娅（Pythias）。赫米亚斯祝福这一结合，希望哲学家与他不仅通过友谊也通过姻亲结成更紧密的关系。

约在公元前345年，亚里士多德在学园的另一个同事迪奥弗拉斯图斯（Theophrastus，公元前372—前287）说服他离开赫米亚斯朝廷，加入一个位于米蒂利尼（Mytilene）的新的哲学家聚居地，在莱斯博斯岛（Lesbos）上，离小亚细亚海岸不远。从他在几篇论动物的论文中提到的爱琴海北部的动物种群数量来看，亚里士多德在米蒂利尼时和在阿索斯一样，继续从事着繁重的动物学研究。

不到三年，亚里士多德和妻女再次搬家——这次是去马其顿。古代传记作者指出菲利普国王曾邀请亚里士多德教导他的儿子，当时十三岁的亚历山大。当然，这时候亚里士多德和亚历山大都还没有杰出的表现。然而，对任何一个沉迷于将知识与权力结合在一起的人来说（亚里士多德显然是这样一个人），这都是一个非同寻常的机会，尽管它也有一定的风险。

从未有过一个哲学家被国王邀请去塑造一个年轻人的品性（该年轻人即将统治当时最强大的国家），也从未有过一个祖籍希腊的哲学家被邀请去为其他的帝国服务。正如近代德国学者沃纳·耶格尔（Werner Jaeger）的恰当评价，“（亚里士多德）承担了这一工作，这一点比他所有的政治理论都更显著地说明了他的性格”。

几个世纪以来，关于亚里士多德与亚历山大的相遇，最广为阅读的版本是普鲁塔克的《希腊罗马名人传》：

> 现在，菲利普发现，亚历山大尽管在抵制强迫时很固执，但通过理性的说服很容易就能被引向恰当的行为，所以他总是

> 尽力加以说服，而不是命令他，而且，因为菲利普不完全信任教师们……用常规的课程能教育和指导好亚历山大（因为在他看来，教育是一件相当重要的事，如索福克勒斯[Sophocles]所说，需要“骑士之缰，掌握发展的途径；导师之舵，引导正确的方向”），他请来了最有名和最博学的哲学家亚里士多德。

大多数现代学者怀疑亚里士多德当时还没有那么有名。但菲利普大概知道亚里士多德的父亲是他自己父亲的御医和心腹。如果还需要一个额外的参考，他可以借鉴赫米亚斯，后者这时正好与菲利普结成了一种秘密合作关系，为马其顿在小亚细亚提供了一个重要而强大的盟友，作为回报，菲利普承诺在波斯袭击阿塔内斯时提供军事援助。

在赫米亚斯的祝福和菲利普提供的丰厚薪水下，亚里士多德接受了这一挑战，即通过理性论据的约束，将一名任性的年轻人塑造为一位好君主。普鲁塔克声称“亚历山大不仅从亚里士多德那里接受了伦理学和政治学教导，还学到了更为深奥隐微的教义，亚里士多德的继承者常称之为‘口头’教导或‘秘传’教导，这些是不对外公开的”。

据普鲁塔克所说，作为回报，菲利普答应亚里士多德重建斯塔吉拉，并将其恢复为宜居之地。与此同时，“菲利普将位于米埃札的宁弗斯（Nymphs at Mieza）神庙赐给了亚里士多德和亚历山大，供他们去那里学习和休闲。直到今日，人们也能指出亚里士多德曾频繁光顾的石头座椅和林荫路”。

亚里士多德开始教导亚历山大不久，灾难就降临到了他的老朋友赫米亚斯头上。公元前341年，波斯人引诱赫米亚斯去参加一次虚假的谈判。这位希腊统治者遭到扣押，被严刑逼供交代与马其顿的合约。他一言不发，最后被钉死在十字架上。根据传说，他最后的愿望是告诉他的朋友们“我没有做任何软弱的或配不上哲学的事”。亚里士多德后来以一首充满激情的颂歌纪念了这位哲学友人：

美德，人类力求之物，
生命中最高贵的目标，
为了你的美丽，噢，少女，
人们注定要面对死亡，而这在希腊是一种光荣。

然而，在希腊其他地方，关于赫米亚斯的消息引起了极为不同的反应。在雅典，德摩斯梯尼揭露并谴责了马其顿国王与阿塔内斯专制君主间的秘密结盟。马其顿引起的恐慌日益加深，被人们视为希腊自由传统的野蛮篡夺者；它在小亚细亚最重要的希腊盟友逝世，这是一件值得庆贺的事。从亚里士多德仍留在马其顿并公开颂扬赫米亚斯可以看出，身在异地的亚里士多德一定知道，他多少已经将自己在希腊语世界的未来完全抵押给了帝国的保护人。

亚里士多德这几个月中可能撰写了几篇意在启发亚历山大的对话，其中一篇关于君主政体，另一篇关于殖民地。普鲁塔克称，亚历山大从新老师那里继承了对书本的热爱，并援引了欧尼西克理都斯（Onesicritus，一位宫廷历史学家，记载了亚历山大大帝后来在亚洲的战役）讲述的一个故事作为依据："他将《伊利亚特》关于战争的论述视为参考手册，随身携带着亚里士多德校订过的版本……总将它和他的短剑一同置于枕下。"据普鲁塔克所说，亚历山大"钦佩亚里士多德，如同爱自己的父亲一样敬爱他，因为他自己曾经说过，父亲给了他生命，而亚里士多德教导他如何过美好的生活"。

公元前340年，马其顿的菲利普在离开马其顿与拜占庭作战之前，任命16岁的亚历山大当马其顿的摄政王，在国王离开期间统治王国。亚里士多德不再需要担任亚历山大的老师，可能去了哈尔基季基，据一些古代文献所说，他在那里负责管理斯塔吉拉的重建工作，为此还制订了一个建造的新方案。

有一点是明确的：亚里士多德的余生之中，无论在哪里都与马其顿的那位保护人保持着密切联系。我们在一则古代传记中看到亚里士多德“对菲利普及其妻奥林匹亚丝（Olympias）而言是如此重要，以至于他们亲自为他建了一座雕像，而这位哲学家一直是王国不可缺少的一部分，他借助哲学将自己的能力作为利益他人的工具，为王室、城邦和所有人都带来了好处。他写给这对王室夫妇的论不同主题的信件中，都体现了他给予的好处”。

这些年中，亚里士多德还与安提帕特（Antipater）发展出了更亲密的友情，后者是菲利普最信赖的伙伴之一，对亚历山大的教育很有兴趣。公元前346年和公元前338年，安提帕特曾出任马其顿在雅典的大使，亚历山大继菲利普担任国王后，他又担任帝国在欧洲的总督。亚里士多德与安提帕特的联系日久弥坚，两人显然经常通信（尽管没有人能确定这些幸存的信件是不是真的）。亚里士多德的遗嘱中有一条指派安提帕特为遗嘱执行人，从这一点可以肯定，他们的确是亲密的朋友。

菲利普冷酷无情地努力拓展马其顿帝国的疆域。他图谋通过围攻拜占庭（今天的伊斯坦布尔）控制博斯普鲁斯（Bosphorus）和赫勒斯滂（Hellespont）。由于雅典人的口粮都通过这条连接尤新海（Euxene，今天的黑海）和爱琴海的水路航运而来，菲利普的行动对城邦构成了直接的威胁。雅典的回应是遣军拜占庭，帮助城邦突破了菲利普的围攻。

菲利普将注意力转回希腊大陆，又向南方推进。公元前338年，在亚历山大的陪同下，菲利普的军队在喀罗尼亚（Chaeronea）击败了底比斯和雅典联军。菲利普缓和了以往的“焦土”政策，只是派兵驻守底比斯，并要求雅典投降，正式承认他在针对波斯的大流士的泛希腊战役中的领导地位。希腊各邦在柯林斯集合，结成了所谓的科林斯联盟，并将各城邦的军事力量交予国王自由支配。

两年后，国王被一名侍卫杀害，亚历山大成为新的国王，年方二十岁。

雅典和底比斯觉得这是一个摆脱马其顿的控制的机会，他们爆发了起义。亚历山大和他的战士迅速出兵底比斯，摧毁了卫城的军队，奸淫掠夺，无恶不作，将一切夷为平地，将大部分居民贩卖为奴——这是一个野蛮的警告，告诫与帝国作对的人将遭到这种野蛮道理的惩罚。

这场灾难的消息传到雅典后，雅典立即投降了。亚历山大表现得反复无常，在大屠杀之后又装出君主的仁慈。此后不久，几乎所有其他希腊城邦都在柯林斯再次集结，宣誓效忠亚历山大。

公元前335年，在亚历山大和安提帕特的暗中保护下，亚里士多德荣归雅典这一希腊语世界的文化中心。他立即成立了一所自己的学校。自伯里克利以来，智者和有哲学思想的演讲家们（如伊索克拉底）已经在雅典成立了很多所学校，但亚里士多德还是创建了一个新的哲学友人团体。它与柏拉图学园不无相像，并直接和往日的朋友色诺克拉底相竞争，后者在斯珀西波斯去世后已担任柏拉图学园的校长。也许正因为此，有谣言开始传播，说亚里士多德“虚荣心强”，对柏拉图以及那所精心培育他哲学兴趣20年的学园表现出“惊人的忘恩负义”。

由于亚里士多德的新学校位于吕西亚（Lycian）阿波罗神庙附近的一座体育场中，被称为“吕克昂”（Lyceum）。这里有一个走廊，一座带有柱廊的花园，“他可以在这里来回走动，与学生探讨哲学问题”。其追随者被称为逍遥学派。

亚里士多德成为学院的正式校长，“地位最高”。但和柏拉图学园一样，亚里士多德的团体中，不需要成员对他的理论观点盲目附和。有些同事（如迪奥弗拉斯图斯）本来就是老朋友，有一些年长学者教导独立的研究，此外还有一些来他们身边学习的年轻人。这所机构向公众开放，当然，大部分听众是无须为了生活而劳作的人。亚里士多德开始将一些重要人物收为学生，尽管学院中绝大多数著名成员都和亚里士多德本人一样是外来居民，而不是雅典人。

我们不清楚学园如何为其宏伟的教学计划筹钱。吕克昂和柏拉图学园一样，不向学生收费。作为一个外邦人，亚里士多德不能在雅典拥有自己的合法财产，因此他的学院只有一个不实在的头衔。但是因为亚里士多德本人比以往任何时候都富有，他也许一直有能力私人支付一些费用。老普林尼（Pliny the Elder，公元23—79）声称，亚历山大给了亚里士多德一大笔钱让他建造图书馆，还让“几千人”听从他的调度，去收集动植物种群的信息。这可能太夸张了，但毫无疑问，吕克昂无论在经济上还是政治上都依赖于马其顿的支持（与之形成鲜明的对比，色诺克拉底拒绝马其顿送给柏拉图学园的礼物，和很多雅典人一样，他反对在他看来是不合法的占领）。

亚里士多德搜集了大量私人图书、地图和学术文献，并将该档案馆交由同事和学生自由使用。档案馆后来成为古代著名的亚历山大图书馆（据说首先由亚里士多德的一个学生法勒隆的德米特里[Demetrius of Phaleron]于几十年后建立）的原型。吕克昂的学者们逐步开始整理和编目档案馆内的文献，以便出版有关的文献集（例如，希腊不同城邦宪法的汇集）——这是这类信息首次得到系统化的编纂和整理。

亚里士多德的学术手稿和讲义也得以存档，那些幸存下来的内容构成了我们今天所知的亚里士多德文集的基础。文集中讨论的主题范围表明，亚里士多德是一名训练有素的典型的研究者，不仅对修辞法以及如何评价不同论据的合理标准具有持久的兴趣，对现象界的信息也明显有着无止境的了解欲望。到他这里，他发展出了一种独立的方法来解决曾让柏拉图和苏格拉底感到困惑的问题。亚里士多德第一个将逻辑学本身确立为研究领域，也第一个以一种系统的方式对动物和植物进行区分和归类，他还是首先为不同的物理现象引入因果解释的人之一。和柏拉图不同，他拒绝接受实在最终由非物质的形式构成这一理论。相反，他选择去考察可以感知的物质和自然物——植物、动物、人、城邦、太阳、恒星——致力于获得关于实际存在的个别事物的具体知识。他相信这种实在得到了神佑，并说：“万物天然都具有某种神性”，还认为“神和自然不会创造任何不能实现某种目的的东西”。

学院的课程中，关于实证研究和逻辑的教导都占有重要地位。据说，亚里士多德晚上给吕克昂的学生讲课，上午则对大量公众进行演讲。柏拉图以辩论和“辩证法”为傲，亚里士多德（或他的古代编纂者）则倾向于以系统总结的形式给出学院的研究结果。柏拉图的对话向多种不同的理解敞开，常常给出没有定论的结果，与之不同，亚里士多德的论文一般包含有权威的结论，表现出关于真实存在之物的明显很专业的知识。正如20世纪的政治哲学家列奥·施特劳斯（Leo Strauss）所说，亚里士多德相信“智慧（不仅仅是哲学）是可以获得的。这是柏拉图与亚里士多德的区别”。

亚里士多德似乎确实认为，我们能获得关于大量事物的可靠信息。柏拉图在许多文本中暗示，要明确区分真实知识（恒定不变的形式）与瞬息万变的感官经验世界，而亚里士多德赞同一种本质上允许哲学家从经验中学习的理解方法。这有助于解释亚里士多德广泛的研究范围中包含的大量具体主题，或许还有助于解释他在实际事务上的相对精明：柏拉图不知变通的理想主义导致了他在锡拉丘兹的失败，和柏拉图不同，亚里士多德是一个实用主义者，他的政治经验教会他的一件事就是，如何与强有力的保护人结成战略联盟。

公元前330年，或许是在马其顿当权者（现在控制了德尔菲）的支持下，亚里士多德获得了官方授予的荣誉碑铭。不论对手可能会说什么，他现在都是一个被神化了的希腊英雄，和伊索克拉底、第欧根尼、德摩斯梯尼这些同时代的雅典人一样著名。2007年雅典出土了一尊古代的亚里士多德半身像，刻画了这样一副形象：“鹰钩鼻，额头突出，头发松软邋遢，眼睛和嘴都很小。”

与苏格拉底、柏拉图和第欧根尼一样，关于这位著名哲学家的故事开始流传。一些古代文献说亚里士多德说话口齿不清，小腿纤细，眼睛很小，“穿着、语气和发型都引人注目”。他们说，“第欧根尼给了他一些干无花果，亚里士多德看出如果自己不接受的话，这位犬儒主义者一定已经准备好了刻薄的俏皮话，于是收下了它们，还说第欧根尼失去了无花果，同时也失去了他的俏皮话。还有一次，他接受了无花果，把它们高高举起……并还给了第欧根尼，还大声说：‘第欧根尼真好！’”（这类传说是亚里士多德具有某种幽默感的唯一证据。）

吕克昂成立的最初几年中，亚历山大大帝和他的军队以及一小批哲学家随从在亚洲的胜利势如破竹（尽管也很血腥）。这些随从中也包括卡利斯蒂尼（Callisthenes，公元前360—前328），他是亚里士多德的侄子，也是从吕克昂毕业的一个学生。在普鲁塔克讲述的故事中，亚历山大最糟糕的冲动曾经因为亚里士多德最初灌输的对哲学的爱而暂时得到遏制。卡利斯蒂尼勇敢地通过自身的统一性增强了亚历山大对哲学的爱：他的生活方式体现出某种理性的统一，表现得如此“有序、高贵、自足”，以至于激怒了国王随从中的“其他智者和奉承者”。

不幸的是，随着亚历山大征服了越来越多的王国，并将之纳入自己日益增大的帝国，他也变得越来越反复无常和残酷，同时也越来越轻信各种与他所接受的开明教育不相一致的迷信信念。古代文献说亚历山大开始像东方的专制君主那样着装和行动，要求臣民拜倒在他面前，像崇拜神一样崇拜他——卡利斯蒂尼勇敢地（或者说不顾一切地）直接告诉国王，他的想法是错误的。

公元前330年，亚历山大成功地平息了军中某部的叛变（他们对他的领导失去了信心）。但随着军队深入亚洲，士兵们的疑虑和国王的偏执都在增长。亚历山大渐渐相信卡利斯蒂尼是故意和他作对，这位哲学家“傲慢的”举止——或者是他不断地想要批评国王日益专断的行为——“带有某种颠覆王权的意味”。因此，亚历山大扣押了亚里士多德的侄子，指控他参与了一场刺杀国王的阴谋。

人们或许料想亚里士多德在听到他侄子的事后会生气，毕竟后者致力于模仿苏格拉底原本意义上的完善道德来生活。但根据经典的传记作者，亚里士多德既没有批评亚历山大，也不急着为卡利斯蒂尼辩护。相反，普鲁塔克叙述了他批评他的侄子缺乏谨慎或“常识”，他告诉我们，在这种情况下，亚里士多德的首要美德“实践智慧”，也就等同于权宜之计，似乎在说，按照常识，卡利斯蒂尼应该找到某种方式去接受君主反复无常和日益具有破坏性的行为（如果苏格拉底在这个意义上践行了“审慎”，他大概就会逃走而不是饮下毒芹汁）。

有人说，亚历山大打算把卡利斯蒂尼关在狱中，以便将来把他带回希腊进行公开审判，这样亚里士多德就可以亲眼看到并参加其弟子受到的仪式侮辱。但在这个可能性发生之前，普鲁塔克写道，公元前327年，“卡利斯蒂尼死于过度肥胖和跳蚤肆虐”，他（在叙述时和亚里士多德一样）显然认为，卡利斯蒂尼直率地批评亚历山大的专横行为，这是对他公正的惩罚。

不到四年后，公元前323年，亚历山大在计划沿阿拉伯进行一次海上航行时突然去世，享年33岁。原因很可能是发烧。但普鲁塔克也记载了一则谣言（他怀疑这是真的），“亚里士多德让安提帕特下手，而毒药搜集完全是亚里士多德所为”。

这种谣言表明，传记还在古代时就已成为备受争议的话题。此事事关生死，对这些诽谤的回答可谓针锋相对。有些学者推测，后来的亚里士多德主义者希望亚里士多德与古代传记作者对他提出的最耸人听闻的指控撇清关系，与那位最有名的学生不名誉的行为撇清关系，因此散布了一些谣言，说亚里士多德和他最好的朋友最终在马其顿朝廷怒而谋杀了这位暴君。但这看来不太可能，因为亚里士多德在他侄子去世后仍一直依赖于亚历山大和马其顿政权的支持和保护。

无论如何，亚力山大的去世使亚里士多德暴露在公众的视野中。国王逝世的消息传到雅典，激起了人们对马其顿统治的普遍愤怒和暴力游行。亚里士多德在城邦里结下很多仇人，有柏拉图学园中已与他疏远的老朋友，也有像德摩斯梯尼这样的爱国政治家，后者从未停止抨击马其顿的篡权。亚里士多德在雅典的敌人不失时机地聚集在一起指控他。主要的控告（在古代的雅典这很普遍）是"不敬神"。支持这一罪状的证据包括亚里士多德为赫米亚斯写的颂歌，可能还有一段据说是他说的话：向神祈祷和献祭是没有用的。亚里士多德颂扬赫米亚斯的问题在于，他将这个暴君与赫拉克勒斯、阿喀琉斯、大埃阿斯（Ajax）放在一起称颂，这种并列是侮辱性的，至少对虔诚的民主主义者来说是这样。

据古代传记作家所说，在德尔菲时授予亚里士多德荣誉的碑铭被拆毁扔到井里（20世纪时，考古学家还真在德尔菲的井底发现了一块匾的碎片，写着向亚里士多德授予荣誉）。在一封幸存的亚里士多德写给安提帕特的片段中（也许是可信的），"至于那些曾经在德尔菲授予我的荣誉，如今又被从我这里剥夺了。对此我既不太关心，也不是完全漠不关心"。

但他关心自己的人身安全。因此，他采取了苏格拉底在同样情况下已明确拒绝的措施：流亡。面对民主陪审团的审讯，他从雅典逃往加尔西斯（Chalcis）。在安提帕特的统治下，这座城邦由马其顿军队安全地驻守着。他在另一封幸存的写给安提帕特的信中说"我不会允许雅典人犯两次哲学错误"。即使这段话是伪造的，它也有效地预料到，人们或许会在亚里士多德与苏格拉底之间进行不利于他的比较，并试图采取先发制人的招数。

公元前322年，亚里士多德在到达加尔西斯不满一年后逝于此地，很可能是由于自然原因（尽管早期基督教作者散布谣言说他一直为自己无法解释河流的潮涨潮落而深感苦恼，竟纵身入水，就这样淹死了）。

在遗嘱中，亚里士多德指名让安提帕特作为他的遗产执行人，对于赫比利丝（Herpyllis，继皮提娅去世后再娶的妻子，未履行结婚仪式但同居在一起），他留下了一所她选择的房屋、几名奴隶和大量银器，考虑到她或许愿意再嫁，还为她留了一笔嫁妆。他还留下了一笔钱用于在出生地斯塔吉拉树立两尊宙斯和雅典娜的雕像，仔细说明了应当如何照料皮提娅生的两名十多岁的孩子，还慷慨地为他的众多家人和朋友提供了一些福利。正如一名现代学者的评论，“亚里士多德在这份遗嘱中显示出了一种美德，你能够在拥有大量财产的君子身上看到这种美德，他们认识到了伴随财产而产生的责任”。

亚里士多德的弟子迪奥弗拉斯图斯成了吕克昂的校长，那些年中逍遥学派在雅典还有一些地位。但迪奥弗拉斯图斯于公元前287年逝世后，在伊壁鸠鲁、芝诺、皮浪学派、柏拉图学园以及犬儒学派不知廉耻的哗众取宠下，逍遥学派黯然失色。除少数例外，亚里士多德出版著作的抄本已经很难获得，他的私人论文则一直没有出版。

这导致对亚里士多德的批评肆无忌惮。其中最热心的也许是伊壁鸠鲁，他在公元前306年成立了伊壁鸠鲁花园，这座花园很快为有抱负的哲学家提供了一所可以与柏拉图学园以及吕克昂相比肩的学校，部分原因是它为人类的忧虑提出了“四种治疗”的方法：神不足惧，死不足忧，祸苦易忍，福乐易求。伊壁鸠鲁抨击亚里士多德奢华的生活方式是不适宜的，指责他是一个有学识的“好事者”和“炫耀者”——一只无用的书虫。亚里士多德的行为与伊壁鸠鲁伦理学的关键教义相冲突，很难达到伊壁鸠鲁认为的真正哲学目标：一种安宁的生活，不受没有必要的浮华和无所事事的好奇心所打扰。因此，伊壁鸠鲁指责说，如果理解正确的话，对于哲学而言，亚里士多德比“那些培养年轻人从事政治的人”更危险。

希俄斯的忒奥克里托斯（Theocritus of Chios，公元前310—前250，来自伊索克拉底学校的一个雅典人）从完全不同的角度断然表示赞同，并作了一首辛辣的悼词：“对赫米亚斯这个阉人，同时也是伊布鲁斯的奴隶，脑袋空空的亚里士多德为他撰写了一篇内容空洞的纪念文。此人因为无法无天的欲望，宁可住在混浊小河的河口，也不住在学园中。”

因此，在雅典许多最杰出的哲学家那里，这个为后代所知的“那位哲学家”可以说是声名扫地。直到安德罗尼柯创建的文集出版，亚里士多德的名声才开始恢复，甚至到了那时，对亚里士多德的重新评价也推进得相当缓慢，这个过程延续了许多个世纪。

鉴于他的批评者是如此激烈，人们一定想知道：亚里士多德果真如伊壁鸠鲁所断言的，使作为一种生活方式的哲学蒙羞了吗？他是一个未能践行自己宣称的道德的伪君子吗？

对于第二个问题，答案只可能是否。伊壁鸠鲁假设哲学只能有一个正确的目标，通过唯一一种生活方式而获得，这是典型的武断。根据亚里士多德，好生活的一个主要目标不是安宁而是运用理性或智慧，他认为这是人类身上的神性成分。与伊壁鸠鲁不同，亚里士多德认为追求知识本身就是目的，而不是获得存在上的平和与宁静的手段。此外，亚里士多德行为中那些最突出的特点——他作为学者那非凡的勤勉，广泛的兴趣，严谨的推理，他对于明确的定义和逻辑论证那不屈不挠的坚持——这一切都体现了今天许多哲学家视为重要美德的东西。

从现有的传记证据来看，亚里士多德很明显不像苏格拉底那样过着苦行生活。他也从不赞成苦行。他有一次在谈到生活中美好的东西时曾经说："大致说来，必需品是更应当拥有的，而奢侈品是更好的。"与之类似，他在《优台谟伦理学》（*Eudemian Ethics*）中写道："选择或拥有任何能促进思考的自然的好东西——好身体、财富、朋友或任何其他好东西——……都是最好的，并且也是最好的标准；任何由于不及或是过度而使我们无法陶冶[心灵]和沉思的，都是不好的。"换句话说，如果大笔财富或暴君的赞助有助于支撑一种无拘无束的实证研究和安静的思考生活，那么，也许可以公正地说这是一件好事而不是坏事。

初看起来，亚里士多德的伦理理论中主张的行为与他所过的生活似乎没有明显矛盾，但在涉及其政治理论时，情况便较为复杂了。

在《政治学》中，亚里士多德拒斥了柏拉图哲人王的观点，而支持一种表面看来更为慎重、也更注重实际的对不同政府形式的评价。亚里士多德在某段话中指出，社团的理想规模是一个独立城邦，其规模与希腊的城邦相当。正如一位现代的翻译家对亚里士多德最著名的宣言的翻译："人类天然是趋向于生活在城邦中的动物。"亚里士多德在其他论政治的文章中也指出，最可行的城邦形式是一种所谓的民主政体（polity），这是一种宪政政府，由寡头政治者和民主主义者等多种成员混合构成，使普通公民能够通过周期性的投票，选举出一个全部由有钱人构成的政府。

但在现实中，希腊城邦在亚里士多德的时代是马其顿王朝的傀儡。亚里士多德在实践中不顾他所宣扬的混合结构的小型城邦，而与一个规模空前庞大且犯下残忍侵略暴行的帝国王朝相结盟。这是亚里士多德在完全知道该政权残酷本质的情况下所做的选择：毕竟，他在搬去马其顿的前几年中，菲利普已经将他的出生地夷为平地，并将该地居民贩卖为奴。

亚里士多德在《伦理学》中教导说，行为和语言相冲突时，起决定作用的是行为而非语言："因此，我们应该用我们所做的以及我们所生活的来检验我们所说的。如果说的与做的相一致，就应当接受，如果相互冲突，就[应当]将其[仅仅]视为语言。"依据这一标准，亚里士多德在《政治学》中所说的大部分关于可能的最好政体的话，就仅仅只是语言而已。

公元前335年，亚里士多德回到雅典时，报偿似乎很简单直接：吕克昂将作为一种文化标志服务于侵略者的教化目的，作为回报，亚里士多德也得以追求其野心勃勃的经验和理论研究计划。

此后许多年，当亚历山大在东方取得节节胜利之时，亚里士多德在吕克昂过着平静的生活。但是，根据一名现代学者的推测，他死的时候并不快乐，当时身遭流放，孤身一人，远离了自己的朋友圈和学术团体。

亚里士多德运气不好，亚历山大的逝世使他很容易遭到雅典对手的攻击，雪上加霜的是，他自己也在病倒后去世了。当时，他最强大的盟友安提帕特在马其顿身陷王朝继承的混争，在雅典也需要镇压雅典人领导的针对马其顿统治的又一次起义。如果亚里士多德能活得更久一些，或许能在安提帕特的帮助和保护下，成功地返回雅典，继续在吕克昂开展研究。

无论如何，我们永远也不会知道，亚里士多德在不幸的流放途中是否重新考虑过自己的选择。正如一名同情他的现代传记作者所说，很可能“亚里士多德将自己展现给外部世界的那种绝对客观的方式已然立足于这样一种基础：即有意识地将个人行为与客观行为分离开来”。然而，依然令人震惊的是，没有证据表明亚里士多德曾做过任何反思性的说明（就像柏拉图在《第七封信》中那样），解释自己那些关键的道德和政治决定，正是这些决定确定了他的人生历程。

相反，亚里士多德含蓄地体现了理性的统一，苏格拉底曾试图通过协调行为与核心信念实现这一点。与第欧根尼完全不同，亚里士多德重要的公共成就不是他的生活方式，而是在公开演讲和著作中描述出了一个可见的世界，展现了它令人敬畏的理性统一，从而为人们提供了一种理解经验现实的系统客观的方式。

这种独特的自然主义视角在其早期著作的一段话中得到了最美的表达：

> 假如有些人一直住在地下，居住条件很好，灯光明亮，饰有雕像和绘画，一切令人愉悦的东西这里应有尽有。然而，假如他们从未到过地面上，但从传闻和谣言中听说地上有一种神圣的精神和力量，假如在某个时候，地面开了一道狭缝，他们可以从藏身之地逃出来，进入我们居住的领域。当他们突然看到地面、海洋和天空，了解到云的庄严和风的力量，看到了太阳，不仅认识到了它的庄严和美丽，还认识到了它的力量，认识到太阳正是凭借这种力量让天空耀满光明并带来白昼；然后，当夜晚为大地覆上黑幕，他们看到天空中群星熠熠生辉，月光阴晴不定，所有天体朝起暮落，遵循着亘古不变的路径。

当他们看到这些东西，一定会认为有神存在，同时也会认为这些伟大的作品是由神创造的。

这是一幅引人入胜的关于神圣秩序的图景——很容易理解西塞罗为何援引这些话——这样的段落有助于后来几个世纪中亚里士多德作品的重新发现和他名声的恢复。

随着异教哲学家波菲利（Porphyry，公元232—304）创建了一种哲学体系，协调并整合了他所认为的柏拉图和亚里士多德学说中道德和形而上学的核心内容，关键的转折点到来了。到中世纪时，柏拉图和亚里士多德统治着犹太人、基督徒、穆斯林的神学家、科学家和诗人的思想，其至高无上的权威性只有《摩西五经》、《圣经》和《古兰经》中上帝的终极权威堪与抗衡。许多个世纪以来，作为对《圣经》和柏拉图对话不可缺少的丰富补充，亚里士多德文集得到了仔细的研究，人们试图从中寻求关于自然和社会现象的权威信息，以及关于经典哲学问题的权威答案。

一个结果是带来了经院哲学，对智慧的追求被仔细阅读亚里士多德的神圣文本和详细的、且往往死气沉沉的评注所取代。

但另一个更重要的结果是，在哲学与科学（episteme）之间建立了持久的联系。当亚里士多德在《后分析篇》（*Posterior Analytics*）中说，如果一个人知道了关于某物的正确解释，并认识到这个东西不可能是别的样子，那么这个人对该事物的认识（episteme）就是不受条件限制的，他将科学认识表现为对由经验事实构成的自然界进行分析调查的成果，暗示说——请柏拉图原谅——获得这种认识既不需要灵魂进行实际的转化，也不需要神启的巅峰时刻。

亚里士多德在《形而上学》（*Metaphysics*）的第一句话中就声称："求知是所有人的本性"，我们在他的《论动物部分》（*Parts of Animals*）中读到"一切自然之物无不展示着某种神奇美妙的东西"。

在亚里士多德想要理解具体的可见世界的强烈欲望中，特别是他在现存最美的文字中所表达的，确实存在某种神奇美妙的东西。但在他对科学知识难以抑制的热情中，以及他与暴君进行权益的联盟当中，似乎也存在着某种浮士德精神。

亚里士多德自己坚持说，有时“很难确定一个人是否知道”。但就其生活和性格而言，这一点并不那么难以确定。

有学者评论说，“对于那些最古老时代人物的性格，就亚里士多德而言，我们了解的程度刚够让我们意识到：我们无法真正知道任何事情”。现存的证据片段相互矛盾，我们将永远无法确定，亚里士多德确实是“一个杰出人物的典范”，还是正好相反，如最早的批评者通过那些筛选保留下来的逸事所暗示的，是某种完全不同的人。

塞涅卡

SENECA

《塞涅卡之死》，油画，1633年由受卡拉瓦乔影响的法国画家克劳德·维尼翁（Claude Vignon，公元1593—1670）所绘。公元65年被尼禄判处死刑，哲学家自己切开了静脉——随从中有一名抄写员，准备记下他临死前的每一个想法。

（Louvre, Paris, France/Peter Willi/The Bridgeman Art Library International）

个人的统一性是什么？一个人如何才能培养并维持一贯的善良意愿？对于吕齐乌斯·安涅·塞涅卡（Lucius Annaeus Seneca）来说，这些都是迫切需要回答的问题。他是以拉丁语写作和思考的最重要的异教哲学家。但关于塞涅卡个人反复无常的证据非常多，以至于他最重要的现代传记作者将他的虚伪视为理所当然，这样才能去分析他的话语（作为一名道德家、剧作家和哲学家）与行为（特别是在担任罗马皇帝尼禄[Nero，公元37—68]主要顾问的那些年中）之间的巨大鸿沟。

有些矛盾是显而易见的。塞涅卡在著作的许多段落中赞美贫穷，自己却积攒了大量财富。他倡导一种沉思的生活，却担任尼禄最有力的顾问多年。他在最私人化的文字中将自己描述为一个很谦逊的人，并强调普通人的共同经验是哲学洞见的可贵来源，但在更公开的演讲、包括一篇献给尼禄的论仁慈的文章中，却表现为一位修辞大师，熟稔于将非法的君主表现为共同利益的完美体现。

难怪研究他生活和著作的学者对其价值的意见极为不一。罗马最勤勉的历史学家塔西佗（Tacitus）对塞内卡想当尼禄最强大的大臣不无同情。公元4世纪，有一则传说提到塞涅卡曾与保罗（Paul）见面并通信（伪信还保存着），并且，据哲罗姆（Jerome）证实，他是为数不多被早期基督教的理论家认为切合于他们自己对智慧的追求的异教思想家之一。现代历史学家比早期基督教教父们能获得的可靠证据多得多，他们详细地论证了塞涅卡是“帝国的良心”，其道德上的正直使尼禄在很长一段时期内有所收敛，从而使罗马免遭更大的暴行。

但从一开始，就有一些反对者质疑塞涅卡的真实品性。公元58年，普布利乌斯·苏里乌斯·鲁弗斯（Publius Sullius Rufus），尼禄的前任克劳狄乌斯（Claudius）治下的一名腐败官员，曾当众嘲笑塞涅卡：“凭借哪一门学问，依据哪一条哲学家的准则，他在与皇室建立友谊的四年内获得了三亿银币？”这是一笔巨额财产。罗马历史学家卡修斯（Dio Cassius）也表示认同，说道：“尽管他指责他人的奢侈，但自己有五百张橘木桌子，桌腿用象牙打制，全都一模一样，用来举办宴会。”（这个指控不太可能但很有趣，因为如果这是真的，它将揭露这位著名的斯多亚主义者沉湎美食、喜欢盛大场面的一面。）

尽管关于塞涅卡生活的材料来源远比苏格拉底、柏拉图、第欧根尼或亚里士多德的丰富，但这些证据相互之间不一致。有三位不同的罗马历史学家记述了他外在的政治生涯：塔西佗、卡修斯和苏埃托尼乌斯（Suetonius）。然而，相比于塞涅卡的内在生活，我们对他在公众场合的表现——作为一名演讲家、议员、尼禄的导师、数年内皇帝的主要决策者——仍知之甚少。这是因为历史资源（尽管有些很生动）在数量上远少于塞涅卡本人写下的雄辩文字，他以更生动的细节描述了自己如何致力于成为一个具有完美智慧的人。

此外还有一个矛盾。尽管这些书面文本有时是写给某位朋友的信，但这些信件不能被视为坦率的自传，它们也带有勉励性质，表现出高度的程式化，尽管表面看来是作者告诉别人他自己的生活事件，实际上是写给自己的告诫。

因此，塞涅卡在晚年写的124封《道德书简》中，对自己的道德征程给出了一种理想化的描述。他至少是面向三名读者写出这些想法的：他本人、明确写着的收信人和哲学友人鲁西里乌斯

（Lucilius），以及子孙后代。尽管有各种私人的细节暗示这就是作者本人的道德历程，但读者务必记住古代传记和自传中那理想化和虚构化的一面，还应留意塞涅卡本人的双重生活：一是公众视野中的外在生活，一是每天都在自己的良心法庭下经历审判的内在生活。

作者的外在生活很少进入他写给自己的书面告诫中，也许因为《道德书简》的一个主要目的是清除自己对这些外在生活的关注，以便培养出内在的自由感，超然独立于反复无常的命运，漠然于公共的声望、政治权力、私人财产的兴衰起落——一个智慧的人应当能够随自己的意愿拥有或放弃这些外在之物。

“我从不信任财富，哪怕她看来似乎能带来平静；她能给我最大的好处就是——钱、职位、影响——我把所有这些东西都放在同一个地方，她可以随时取走它们而影响不了我。我在自己与它们之间保留了一个宽广的空间。”

钱、职位和影响是吕齐乌斯·安涅·塞涅卡提出来表示看重的。大约在公元前1年，他出生于西班牙的科杜巴（Corduba），当时罗马帝国最大的省。他的父亲从意大利移民过来，塞涅卡是三个孩子中的第二个，从小说拉丁语长大。父亲老吕齐乌斯·安涅·塞涅卡是一名学者和绅士，财富足以进入罗马公民的“骑士阶层”参与帝国的管理。尽管作为学者和长期旅居罗马的人，老塞涅卡很有声望，但他未能实现成为罗马议员的抱负，遂致力于让两个年长的儿子投身政坛，在他们年纪还小时就把他们带到罗马，训练演讲和辩论。在这样的背景下——为了进入政坛而接受教育，这与柏拉图遇到苏格拉底前不无相似——塞涅卡第一次接触到一般的哲学，特别是斯多亚主义哲学。

此时正值奥古斯都（Augustus，公元前31—公元14）和提比略（Tiberius，公元14—37）统治时期，罗马不乏哲学家。哲学在城邦公共生活中的显著地位可以追溯到公元前2世纪中叶，大致与希腊半岛诸城邦（包括雅典）成为罗马的被保护领地在同一时期。公元前155年，雅典派了一位哲学家大使前往罗马，成功地说服罗马免除了对雅典的罚金。大加图（Cato the Elder）说："这些人辩才如此高明，可以获得他们要求的一切"，他劝元老院的议员们尽快解决罚金这件事，"这样这些人就能回到希腊，在他们自己的学校中教诲希腊的年轻人，而罗马的年轻人才会像过去一样服从本国的法律和政府。"

柏拉图成立学园后的最初几个世纪中，雅典仍是将学习哲学作为一种生活方式的主要场所。除了犬儒学派步第欧根尼后尘从事的非正式训练以外，另有四大主要学派在城邦兴盛开来，分别关联着不同的地区和代表人物，包括：柏拉图的学校，亚里士多德的学校（亚里士多德的著作在公元前1世纪广为人知，其学校也得以复兴）；伊壁鸠鲁的花园学校，他在此成立了第一个公然主张唯物主义的哲学流派；柱廊（或走廊）学校，基提翁的芝诺（Zeno of Citium，约公元前334—前262）在这里首先成立了被称为斯多亚学派的哲学派别。

芝诺哲学的起点是过一种以苏格拉底、第欧根尼和克拉特斯（Crates，宣称自己是犬儒主义者、芝诺的第一个老师）为榜样的苦修生活。和苏格拉底一样，芝诺宣扬严格的道德统一性，力图在实践中表现为持续行善的完美典范，以这种方式为他人提供一种"可供效仿的、与其教学高度一致的生存模式"。和柏拉图一样，芝诺撰写著作，其中有一部论述了政治制度；和亚里士多德一样，他宣扬一种关于神圣秩序的诱人景象，认为可见的自然界证明了支配着我们宇宙的是明白无疑的法则，它为正义的政治制度和恰当的生活行为提供了范式。

随后几个世纪中，在索利的克吕西波（Chrysippus of Soli，公元前280—前207）和罗德岛的帕奈提乌斯（Panaetius of Rhodes，公元前185—前109）的领导下，斯多亚学派演变成一个包容万象的哲学体系。比如，斯多亚学派认为人的感知只有满足一定的条件才能被视为是可靠的，这些条件包括清晰、可能性大、与他人的感知一致。斯多亚学派的宇宙论描述了一个确定的宇宙，沿着既定的圆周重复运行（这个概念无疑启发了尼采与之类似的“永恒轮回”概念）。由于斯多亚学派坚持一套特有的学说，他们在整个希腊化时期都与柏拉图学园格格不入，这一时期柏拉图旧派并不坚持某种关于形式的确定理论，而持有彻底的怀疑论。

尽管斯多亚学派要求学生坚持其核心教义，掌握学派特有逻辑学（关注语言结构以及各种推理形式的有效性）的基础知识，但是，作为源于苏格拉底和第欧根尼的学派，斯多亚学派关注的主要问题仍很实际。正如一名现代学者指出的，大部分卓越的斯多亚学者集中思考的是阐述“一种系统的生活规划，理想情况下，不论外部环境如何，在每一个清醒的时刻都能确保果断、沉着、尊严和社会功效”。好生活的目标是获得安宁或心灵的平静，斯多亚学派视其为真正快乐的代名词。为了达到这一目标，要求理解宇宙那神圣（和不可避免）的秩序并使自己与之一致，同时还要通过精神和身体锻炼来训练自己习惯于身体上的疼痛，对可能压倒一切的不安情绪（如愤怒、贪婪、嫉妒、悲伤，以及最重要的，对死亡的恐惧）保持淡然。坚定的拥护者们身着典型的短粗布上衣（所谓的哲学家斗篷），睡在硬板床上——即使富有的斯多亚主义者也被要求不时这样进行苦修。

有整整两个世纪（约公元前155—公元65），要培养一名真正的罗马绅士，最顶级的教育就是学习哲学。公元前1世纪，众多有抱负的罗马贵族来到雅典，拜访这里的著名哲学流派，完成进入公共生活的教育，西塞罗（公元前106—前43）只是其中之一。相比之下，在塞涅卡的时代，希腊已不再是哲学世界的中心——塞涅卡尽管和其他有教养的罗马贵族一样会说两种语言，但他从未去过雅典。到这时，雅典的一些传统学校已经关闭，讲希腊语的哲学家们迁往帝国各地。

这种哲学的散居状态改变了哲学在雅典的性质。聚集在某位精神导师周围的小规模朋友圈消失不见了。这类精神导师作为仍健在的校长，其生活方式仍以创始人为榜样。学园派和逍遥学派的一些哲学家将沉思的生活看得高于一切，这种倾向由于有抱负的哲学家们在各地组建社团而进一步增强，但后面这些哲学家由于缺乏活生生的校长，遂致力于所谓的“经院哲学”——将仔细阅读经典及其详细评论作为哲学实践的核心。

这种理论性、学究性的哲学倾向必定与罗马务实的政治文化相冲突，后者蔑视抽象的理想主义，强调公民的义务。犬儒主义者以及许多伊壁鸠鲁主义者和斯多亚主义者也坚决抵制经院哲学。一个结果是在罗马哲学家之中产生了一场激烈的争论，论题为：服务于国家（res publica）的生活与主要致力于哲学研究的闲暇（otium）生活，二者孰更有价值？另一个结果是出现了一种罗马特色的斯多亚主义，即设法将思辨的宇宙论与严格的个人行为准则以及对培养哲人王这一理念（首先由柏拉图提出）的新迷恋（考虑到罗马政治制度在塞涅卡时期的演变，这一发展并不奇怪）结合起来，尽管结合得还很不稳定。

这些年是罗马帝国的多事之秋。爱德华·吉本（Edward Gibbon）描述了“罗马人在暴君统治下的极端惨况”，并声称没有人遭受的痛苦能与罗马人在提比略、卡利古拉（Caligula）、克劳狄乌斯和尼禄这些暴君统治下受到的痛苦相比。这些皇帝都是个人崇拜的对象：卡利古拉是个疯子，尼禄是一个幼稚的虐待狂，他们没有人能控制自己不去不择手段地清除异己。塞涅卡在其最伟大的悲剧《堤厄斯忒斯》（*Thyestes*）中提到了古希腊，但完全是在影射朱里亚·克劳狄王朝：“权力继之以不幸，不幸继之以权力，灾难一波波袭击着王国。”这几十年内罗马皇帝个人专制权力的加强也有助于解释训练哲人王的柏拉图理念为何有了新的吸引力，人们认为这样一位国王具有的好品行或许能遏制他那至高无上的君主意志。

但是首先，塞涅卡对追求智慧的兴趣远比追逐政治权力更大。塞涅卡最早的重要教师之一是斯多亚主义者阿塔罗斯（Attalus，公元14—37），一位来自亚历山大的讲希腊语的哲学家，强调对清心寡欲的磨炼，并支持这一隽语（自犬儒主义者第欧根尼以来就为人所熟悉）：智者即使缺乏政治权力或物质财富，也是真正的国王。塞涅卡几年后回忆道："当我过去常听阿塔罗斯谴责生活中的罪过、错误和恶行时，我经常替人类感到悲哀，并认为阿塔罗斯是一个高贵庄严的人——超越于我们凡人之上……每当他申饬我们那种追逐快乐的生活方式，并颂扬个人的纯粹、饮食有度、心灵不受不必要的更不用说非法的快乐的束缚，我就升起节制饮食的想法……后来，当我转而履行公民的义务时，我确实保持了一些好习惯。"

与此同时，塞涅卡正在阅读昆塔斯·塞克斯蒂乌斯（Quintus Sextius，一个世纪前成立了一个哲学流派，在罗马人当中能做到这一点的他是第一个）的著作："我的上帝，人们在他那里找到了何种力量和精神！但其他所有哲学家却并不这样……他们做出规定、争论不休又没有定论"——这些僵化的书呆子，无法激励或转变人们的灵魂以更好的方式生活。塞涅卡将塞克斯蒂乌斯尊为美德的典范——他后来声称自己本质上是一名斯多亚主义者——也和他的导师一样每天进行反省式的自我审视："塞克斯蒂乌斯有这样的习惯，当一天过去，夜晚休息时，他会问灵魂这些问题：'你今天改正了哪些坏习惯？避免了哪些失误？在哪些方面做得更好？'……这样省察之后的睡眠是多么甜美啊！——灵魂在赞扬或责备自身时，是如此的安宁、深沉和无忧无虑。"

塞涅卡最后受到塞克斯蒂乌斯最重要的追随者帕皮里乌斯·法比亚努斯（Papirius Fabianus）的吸引，后者是一名罗马教师，在投身于苏格拉底和斯多亚学派的一致性理念方面表现得似乎更为坚定："人们传递出某种意向（不仅仅通过语言），这种意向会向灵魂（不仅仅向耳朵）讲话"，塞涅卡在另一个地方写道，法比亚努斯不是一个夸夸其谈的理论哲学家，而是一位"真正的、古代"意义上的哲学家，他鄙视辩证的辩论技巧，更喜欢以身作则，在实践中向学生表明他是如何控制自己的情绪的。

通过追随法比亚努斯、塞克斯蒂乌斯和阿塔罗斯的步伐，加上又掌握了修辞法，塞涅卡成为一名典型的罗马实用主义哲学家，精通于内省和演讲。“哲学既是沉思的也是积极的，”他在《道德书简》（*Moral Letters*）的一封信中说道。塞涅卡认为，如果恰当地加以考察的话，任何一种经验形式都是智慧的潜在来源。

公元25年，塞涅卡去了埃及，在那里继续从事哲学研究，对自然现象的考察范围也更加广泛，从彗星到尼罗河一年一度的涨潮，都包含在他现存的一篇名为“自然问题”（Naturales Quaestiones）的文章中。目前还不清楚他是只离开罗马几个月还是数年，但到公元31年时，他已回到罗马，并于公元35年或36年进入元老院，迎来了迟来的政治生涯。塞涅卡推迟进入政治可能是出于对追求智慧和研究自然的兴趣，也可能是在等待自己的修辞天分发展成熟。他以拉丁语发表演说，形成了简明扼要的独特风格，很受公众欢迎。

公元39年，塞涅卡成为罗马帝国或许是最有名的演说家。相传连盖乌斯皇帝（更为后人所知的名称为卡利古拉）都嫉妒塞涅卡的名声。在听了某一年塞涅卡对元老院进行的极富感染力的演讲之后，皇帝下令对他处以死刑，只是由于一名“女助理”的说服，他才改变了这一想法。她主张说，反正塞涅卡已经患了肺结核，不管怎样也会很快死去。

塞涅卡确实健康状况不佳。文艺复兴时期的一位传记作家詹诺佐・马内蒂（Giannozzo Manetti）写道：“他身体丑陋、孱弱，罹患多种疾病。尽管以坚定的精神忍受自己的病痛，仍病弱不堪。”得到卡利古拉赦免后，塞涅卡似乎大大降低了在公众面前的姿态：在一封写给鲁西里乌斯的信中，他感叹时间飞速流逝，说道：“就在不久以前”，“我开始当众承认自己失去了热望，失去了能力。”

两年后，卡利古拉死了——塞涅卡的政治生涯陡然中止。新皇帝克劳狄乌斯指责塞涅卡与卡利古拉的妹妹朱丽亚・拉维拉（Julia Lavilla）有不轨行为，这一指控明显是受新皇帝当时的妻子瓦莱瑞亚・麦瑟琳娜（Valeria Messalina）指使，她担心塞涅卡的巧舌如簧会威胁到丈夫和她自己的野心（除了被指控是塞涅卡的情人，朱丽亚・拉维拉据传不仅与卡利古拉有染，也与皇帝最喜爱的娈童有染。但既然罗马政客们经常利用关于道德沦丧的指责和谣言来打败敌人，我们无法确定24岁的朱丽亚是否曾做过其中任何一件事）。塞涅卡被宣告有罪，但由于新皇帝意欲展现仁慈而再次免于死刑，被流放到科西嘉岛。

接下来的八年中，塞涅卡过着一种不甚艰苦的悠闲生活，有一些零用钱和一个藏书室可以自由支配（和亚里士多德一样，他是一个对阅读如饥似渴的藏书家）。尽管被困在岛上，但他又可以平静地追求智慧，也可以自由地写作。

尽管塞涅卡的著作年表没有得到一致的公认，但他的所谓对话（*Dialogi*，实际上是道德论文集）中有五篇似乎诞生于这一时期：其中有三篇相关的文章讨论了愤怒，塞涅卡认为，因其难以控制，愤怒是最糟糕的激情；一篇献给母亲赫尔维亚（Helvia）的慰藉文章，其中有几段隐晦地使自己与反对帝国专制的元老院置于同一战线上；一篇含蓄地请求原谅的文章，但也伪饰成了一篇慰藉文章，献给克劳狄乌斯朝中的一位大臣波利比阿（Polybius）。

公元48年，塞涅卡的仇人瓦莱瑞亚·麦瑟琳娜被发现与盖乌斯·西柳斯（Gaius Silius，曾与她一同密谋废黜皇帝）犯有重婚罪，立即被处以死刑。一年后，克劳狄乌斯娶了侄女阿格里皮娜（Agrippina），她是卡利古拉的又一个妹妹，也是一个欲望极强的女人，特别在权力方面。皇帝现在又召回了塞涅卡，明显是应阿格里皮娜的要求。

克劳狄乌斯为何突然改变了对塞涅卡的想法？除了麦瑟琳娜的死，塔西佗在《编年史》（*Annals*）中给出了三个原因：阿格里皮娜希望将一位有名的学者重新带回人们的视野之中，借此取悦公众；她想让塞涅卡教育多米提乌斯（Domitus），也即未来的皇帝尼禄，这个刚愎自用的儿子是她在前一段婚姻中所生；她显然希望能将塞涅卡视为推进其政治野心的盟友。

这一解释表明，塞涅卡已不仅作为一位演说家和作家而享有盛誉，也具备了一名熟练政客的名声。但除了辅导尼禄以外，塞涅卡在接下来五年中实际做了什么目前还不清楚。没有确凿的证据表明他曾帮助或唆使阿格里皮娜执行各种血腥的计划，但也没有证据表明他没有这样做。阿格里皮娜认为哲学研究完全是浪费时间，禁止尼禄学习这些课程。据说塞涅卡向尼禄“隐藏了早期修辞学家的著作”，“想让尼禄尽可能久地仰慕他自己”。（如果这些故事是真的，这就意味着塞涅卡没有教尼禄修辞和哲学这两门他或许最适合教导的学科。）

有些学者猜测，塞涅卡这些年中创作了他的大部分戏剧。有八部悲剧幸存下来——唯一幸存的几部拉丁文悲剧，反映了戏剧这种形式在罗马政治文化中的地位是不太重要的。上演新的悲剧在罗马不像在雅典那样是一桩公共事务，相反，戏剧是在有钱有势人家的别墅或宫殿中进行私人朗诵或表演的。因此，一些现代学者认为，塞涅卡创作戏剧的部分意图是启迪年轻的尼禄和宫廷中的其他观众。

总体而言，这些戏剧与塞涅卡的道德论文集形成了鲜明对比。一般来说，塞涅卡不在舞台上表现美德，也不去描绘斯多亚学派的英雄。当然，剧中人物说什么无须反映剧作家的个人观点，但塞涅卡戏剧中许多人物表达的观点对他在别处表达的斯多亚主义的观点构成了相当大的挑战，以至于关于他哲学的现代说明常常对前者避而不谈。

塞涅卡重述了希腊诗人和剧作家描述的希腊神话，在悲剧中生动地描述出一个疯狂的世界，在这样的世界中，人们最痴迷的就是获得专制权力。尽管表演中间会插入一段合唱，发表一些道德告诫，要求人们驯服毁灭性的激情，但主要人物仍控制不住他们的声音和怒火，似乎理性的崩溃不可避免，而我们观众必须见证其不可避免的结果——一个无比残酷的混乱世界。

年轻的尼禄是一名有抱负的歌手和演员，对诗歌、戏剧、战车比赛、角斗和奢华的聚会富有激情。塞涅卡或许希望他的戏剧能俘获这名年轻人的想象，从而补充他的道德教育，但我们只想知道一个像尼禄这样喜爱艺术的年轻人能从塞涅卡那血淋淋的戏剧中找到什么道德。

的确，他的暴君总是遭到不幸。正如人们阅读塞涅卡的道德论文时可以看到的，怒火的释放将带来不幸。在这个意义上，可以将这些戏剧理解为警诫故事，意在警告一个权力无限的君主，如果行使权力时不受法律和良心的约束，将会遭遇何种不幸。

但在像《堤厄斯忒斯》这样的悲剧中，不太热心的、有时还前后不一致的说教与戏剧中令人震惊的残忍行为之间，存在着一种奇怪的不平衡。国王在向他憎恶的弟弟堤厄斯忒斯复仇，把他自己孩子的器官和内脏喂给他吃时，表现出了极端的（或者说娱乐性的）邪恶。

克劳狄乌斯的统治一开始很温和，后来演变成与卡利古拉或之前的提比略同样可怕的恐怖统治，他把有嫌疑的敌人关在密室中审讯或直接杀害。与此同时，阿格里皮娜让克劳狄乌斯（他与麦瑟琳娜生了一个年轻的儿子布里塔尼古斯[Britannicus]）把多米提乌斯收养为自己的儿子，然后又说服克劳狄乌斯把他与麦瑟琳娜生的女儿奥克塔维亚（Octavia）许配给多米提乌斯。婚礼在公元52年或53年举行，使多米提乌斯而非布里塔尼古斯更有权力成为克劳狄乌斯的皇位继承人。

这些年来，作为罗马最著名的诗歌和散文作家，塞涅卡享有盛名。他指导读者寻求智慧和获得安宁的道德论文集被广泛传播和阅读，他创作的悲剧也众所周知。一位现代历史学家评价说，“最终，罗马有了一位堪与希腊思想家相媲美的思想家”，“有时候，为了缓解罗马人的自卑情结，塞涅卡会不经意地说出一句贬低他人的话，指出希腊人也不完美，甚至有些幼稚，声称自己的思想独立于他这一学派的创始人”，即芝诺和克吕西波。

公元54年10月，有人偷偷地在克劳狄乌斯身边放了一些毒蘑菇——有传闻说是阿格里皮娜所为。她不失时机地让17岁的尼禄迅速当上了新皇帝，意在让人们为恐怖统治已告结束而感到安慰，同时为人们提供了一个新希望：年轻人将证明自己比那位无人哀悼的前任更为明智。

塞涅卡的地位也随之提高，成为罗马帝国最有影响力的三个人之一。他被正式任命为“皇帝的朋友”（amicus principis），一人身兼心腹、演讲撰稿人、宫廷思想家三种职能。一开始，他与尼禄的另一个重要朋友布鲁斯（Burrus，古罗马禁卫军长官，皇帝的私人武装护卫）密切合作，两人在接下来的几年内一同颁布了皇帝的新政策，并（也许更为重要）维护了他的公众形象。据塔西佗所说，塞涅卡喜欢说话坦率，厌恶谄媚，这意味着尼禄“从塞涅卡这里体验到的更多是直言相告而非唯唯诺诺”。没有人知道尼禄是否真的听进去了，但在他统治的最初几年中，尼禄确实执行了相对谨慎的公共政策。

塞涅卡和布鲁斯对尼禄的影响日益增长，使阿格里皮娜很是不悦。她试图寻找别的权力基础，转而与布里塔尼古斯结盟，宣扬他具有“纯正高贵的血统”，说他和尼禄不一样，是克劳狄乌斯这一支的直系后裔，因此更有资格成为皇帝（也是一个她更能操纵的皇帝）。尼禄知道了阿格里皮娜关于布里塔尼古斯的计划之后，显然无法遵照斯多亚学派的戒律克制自己的愤怒和恐惧，在公元55年举行的一次公共宴会上，秘密指使随从对布里塔尼古斯下毒。

塔西佗叙述道，尼禄面无表情地目睹了这个男孩的临终哀号，说不必惊慌，这可能只是一次癫痫发作。这次谋杀一举了结了他的主要对手，也击垮了阿格里皮娜的野心。

塞涅卡和布鲁斯仍若无其事地继续“展开统治，在这样的统治下，谋杀潜在的竞争对手已然成为王朝的传统”。几个月后，塞涅卡写了一篇论仁慈的文章献给皇帝尼禄，不论是他本人还是他的罗马读者，显然都不认为这有什么奇怪之处。

这对于塞涅卡来说不是一个新主题。皇帝表现出仁慈的姿态极有必要，塞涅卡已经为他作过好几篇演讲在元老院前发表，承诺施行仁政，从而将这位新皇帝与他的前任区分开来。正如塔西佗尖刻的评论，这些演讲也帮助塞涅卡“证明了他那高贵的道德准则（或对自己天赋的炫耀）”。

塞涅卡的文章始于镜子这一形象——一种常见的修辞手法，因为（正如塞涅卡在其他地方所写的）“发明镜子是为了让人们认识自己，并从中获得许多益处：首先是认识自己；其次，在某些方面，还能获得智慧”。他的论仁慈的文章，就像一面让本人显得更好看的镜子，通过描述一个好的统治者如何明智地使用其不受限制的权力，以一种富有教益的光芒照亮了这位君主（该比喻启发了文艺复兴时期宫廷文学中“君主之镜”这一体裁）。

好的统治者“被选为神的代理人在尘世中服务”，能生杀予夺，支配一切，但他也应成为自我约束的非凡典范，“最大限度地怜惜哪怕是最贫贱人的生命”。塞涅卡写道：“这是你梦寐以求的最珍贵的赞美，迄今为止其他所有君主都没有获得这种赞美——这就是清白无辜。”

在尼禄残忍地谋杀同父异母的弟弟之后，这个谄媚的劝谏令人震惊地将现实政治和道德规劝调和在一起——它强辩说年轻的君主坚持施行仁政，正是因为他有无条件的权威：“身处权力不受限制之尊位，实现了真正的自我克制和爱人如己的大爱。”

整篇文章中，塞涅卡隐晦地支持一种不附带责任的统治——自罗马共和国使君主制度（更不用说专制制度）在理论上站不住脚之后，这种观念在罗马一直是个禁忌。但实际上，吸引着塞涅卡的是这样一种前景：尼禄成为一名“真正的”国王，一个进行哲学自我约束的典范，不以法律而依靠自身确凿无疑的善来约束自己。

据塔西佗所说，在尼禄统治期间，塞内卡和布鲁斯确实曾在一段时期内遏制了“屠杀的整体趋势”。罗马“五贤帝”中的第二位皇帝图拉真（公元53—117）甚至还认为，没有一位罗马皇帝能赶上尼禄统治期间的“五个好年头”。

但塞涅卡对皇帝的效劳使他有可能被谴责为虚伪。普布利乌斯·苏里乌斯·鲁弗斯抓住了这一点。由于被指控为在克劳狄乌斯统治时期犯下贪污罪，他在审讯台上为自己做证时，突然开始攻击起“皇帝的朋友”，指责他与卡利古拉的两个妹妹（不仅是朱丽亚·拉维拉，也包括阿格里皮娜本人）都存在着危险的私通关系。他逐一列举了塞涅卡明显的言行不一，首先提到的就是最不可原谅的一条：“谴责专制，自己却是暴君的老师。”

针对苏里乌斯对他名声的攻击，塞涅卡很可能创作了一篇含蓄的辩解文，即《论幸福的生活》（*De Vita Beata*）。创作过程中，他不得不首先承认某些事实：作为替皇帝效劳的酬谢，塞涅卡获得了大量房产、土地和庄园。因为他是皇帝的重要朋友，还可以给不同的帝国臣民发放贷款，包括大不列颠（Great Britain，最近刚纳入罗马统治）首领。如塔西佗所写的，他孜孜不倦地致力于“增进巨额财富”，提供有息贷款，投资土地，是他那个时代最富有的人之一。

塞涅卡隐晦地承认了这些事实，回应的方式是缴械投降：“我并不明智……我将永远如是。不要要求我成为最好的，我只要比最坏的好一点就行。如果我每天都能减少一些恶习，纠正一些错误，我就满足了。”

此外，这位道德家在其道德论文中所说的内容“不是针对自己的——我自己深深地沉沦于各种恶习——而是对那些真正实现了伟大成就的人说的”。

塞涅卡显然无法直接为自己的言行不一致辩护，因此试图转换话题。他说，“由于柏拉图追求金钱而嘲讽柏拉图，亚里士多德接受金钱而嘲讽亚里士多德”实在是太容易了，把“阿尔喀比亚德说成是一种耻辱”则更加容易。塞涅卡暗示，因为苏格拉底或其他任何伟大的哲学家（更不用说塞涅卡本人）真诚地想要将阿尔喀比亚德、小狄奥尼修斯和亚历山大大帝转变为好的统治者而责怪他们，这是愚蠢的。当大哲学家们试图约束拥有绝对权力的君主时，对这些大哲学家的缺点吹毛求疵的批评家们最好有点是非判断，并听取作者的意见，“他高屋建瓴地预见到暴风雨”将把罗马帝国居民的生活弄得天翻地覆，“就好像被飓风攫住，颠来播去”。也就是说，如果有一位哲学家能接近强权统治者，那么，尝试去驯服他之后失败了也比永远不试着去管束他更好。

塞涅卡当然有很多事要做。布里塔尼古斯虽然死了，阿格里皮娜仍一直热衷于对儿子施加影响，“中午，尼禄正因为饮酒和盛宴而酒酣耳热时，她竟有好几次趁他酒醉接近他，伺机准备乱伦”。

塞涅卡不希望皇帝变成一个不得不妥协的“堕落君主”，一个不能指挥其忠诚部下的人，据塔西佗所说，他“想利用一个女人来抵制另一个女人的诱惑”，让一名情妇把尼禄从他母亲的求爱中解脱出来。

公元59年，22岁的君主终于下定了决心。他断定，结束母亲那不受欢迎的求爱的唯一途径，用塔西佗的话来说，就是“杀了她，问题只在于是下毒，剑杀还是其他毒手”。他谋划把她放在一艘做好机关将会沉没的船上。船沉了，但阿格里皮娜游到了安全地带，尼禄惊慌失措，召来布鲁斯和塞涅卡，问他们该怎么办。塔西佗叙述说，塞涅卡沉默了很长一段时间之后，加入尼禄和布鲁斯，和他们一同策划该如何最好地完结这场拙劣的谋杀。与此同时，皇帝决定使这件事看起来就像是他阻止了一场阴谋：是阿格里皮娜派一名凶手来刺杀他。为了看起来合情合理，她在听说自己的叛国罪泄露之后自杀了。然后他派出了三名凶手，以确保利剑刺入她的腹部。

作为尼禄的公共关系专家，塞涅卡必须使这一事态的新变化向最有利的方向发展。在塞涅卡为尼禄创作的对元老院的演讲中，尼禄指责阿格里皮娜有多种叛国行为，把克劳狄乌斯的专制归罪于她，还解释了自己是如何阻挠了她试图侵占其合法权威的计划的。他详细叙述了阿格里皮娜的沉船事件和她随后刺杀皇帝的企图。

不幸的是，正如塔西佗所说，“哪有一个傻瓜竟然会相信（沉船）只是偶然事件？或竟然会相信一个遭遇海难的女人，会只派孤零零的一个人带着一件凶器”去刺杀皇帝？“因此，舆论谴责的对象就不再是尼禄（他的残暴早已人神共愤），而是塞涅卡，因为他给尼禄起草的这种辩护词，正是对自己罪行的招供。”——事实上，他纵容了一个弑母犯。

尼禄的“五个好年头”现在结束了。皇帝继续伪装出宽宏大量的姿态，到公元62年时竟发展到这样的地步：为了给死刑减刑，竟发起了一场假冒的叛国指控。这年春天，塞涅卡长期的盟友布鲁斯在不明情况下死亡——有人说是因为健康状况不佳，还有人说死于奉尼禄之命的下毒。

布鲁斯的死使塞涅卡处于危险的孤立状态。他比以往任何时候都更容易遭到公开批评的伤害，不得不对付尼禄的一些随从愈演愈烈的抱怨，他们指责这位哲学家囤积财富超出了私人的合理限度，说他拥有的庄园和地产奢华得不像话，看起来简直就是为皇帝准备的，此外，还说如果皇帝在言行中表现出任何才华或是可敬之处，塞涅卡都将荣誉占为己有。

正是在这种情况下，塞涅卡请求尼禄允许他退出公众生活，他的演说词非同凡响（至少从塔西佗的描述来看是这样）。哲学家承认，“你赐予我的宠爱无以衡量，财产数不胜数”，他感谢了自己的好运气，但也表达了个人的焦虑。“我过去那种谦抑自足的精神到什么地方去了呢？”他为什么放弃了斯多亚主义的理念？

“我眼下只能找到一个辩解的理由，”塞涅卡继续说道，“那就是，我没有权利拒绝你的慷慨赏赐，”这是皇帝的朋友真正关心的问题，对他而言，拥有财富标志着某种传统的权威，真正的伟人理应享有大笔财产，因而拥有财富也是一种义务。

塞涅卡正式要求尼禄免除他的这一义务。他指出，“超出限度会招致嫉恨”，他的奢侈生活已成为一个“挥之不去的”负担，太多财物“让我头晕目眩”。哲学家的职位带来了大量财产，他面临着被腐蚀的风险。并且，塞涅卡承认尼禄对他有绝对的权力，可以随意处置他。因此他恳求君主帮助他，并请求“由您的代理官来接管我的产业，把它们纳入您的财产名下”，塞涅卡认为，这样做将增加皇帝的光荣。

尼禄不为所动。他傲慢地指出，自己不再像以前那样容易受到这位导师诱人说辞的影响。尼禄不同意塞涅卡声称已经从他这里获得太多的说法，说，事实恰恰相反，“有些技艺才能远不如你的人拥有的财富比你还多”。最重要的是，他严厉地质疑了这一断言，即允许塞涅卡追求一种更哲学化的生活方式将提升他自己作为统治者的声誉，并指出“如果你把你的财富交还给我，如果你离开你的皇帝，那么人们将一直挂在嘴上的不是你的谦逊，也不是你的退隐，而是我的贪婪，你对我的残酷的恐惧。并且，不论人们怎样称颂你自我克制的精神，一位智者仍是不应当从一件会损害他朋友名誉的行动中取得荣誉的”。

这不是塞涅卡最后一次试图与这位昔日门徒日益恶劣的行为拉开距离。公元64年，罗马大火之后，尼禄把全国神庙中的贵重物品洗劫一空，以便充实国库。塞涅卡不想与这一亵渎神灵的行为扯上关系，再次“恳请退隐到遥远的乡村，未获批准后，伪称自己身体有恙，并且，就好像患了肌肉萎缩病一样，没有离开卧室一步”。尼禄再一次拒绝了塞涅卡的退休请求，但收下了他的财产。

布鲁斯逝世后的三年中，皇上坚决要求塞涅卡继续假装他仍是“皇帝的朋友”，即便他已经远离公众的视线，不再就有关政策或官员晋升事宜发表任何意见。这段时期塞涅卡无法以任何正式渠道退休，只得退回到某种内在的归隐，把时间用于撰写一篇论自然问题的论文，同时还写了一系列代表他最高哲学成就的《道德书简》，以此重塑自我。

这些信表面上是写给塞涅卡的老朋友鲁西里乌斯的。鲁西里乌斯退休（与塞涅卡装病以便从事研究大概在同一时期）前已晋升为西西里岛的行政长官。他比塞涅卡小几岁，除了从事政治以外，还写诗和追求哲学。塞涅卡将精力转放在写作上之后，两人的共同兴趣使鲁西里乌斯很自然地成为塞涅卡的对话者，塞涅卡显然让鲁西里乌斯对《自然问题》做了一些贡献，或许还起草了几篇《道德书简》。

从一开始，塞涅卡就打算出版这些信。作为一种恢复名声和赢得后代尊重的方式，这些书信集就是他的遗嘱和哲学遗言。与鲁西里乌斯的友谊为他提供了一个借口，他可以以书信长诗的方式上演一场与自己的对话，这种对话完全是单方面的（我们找不到一封鲁西里乌斯写来的信）。

最早的信中，鲁西里乌斯仍是一名行政长官，塞涅卡警告他政治生活陷阱重重。据塞涅卡的描述，这位通信人质疑塞涅卡作为一名斯多亚主义者的自相矛盾之处，并考虑是否应当遵守斯多亚学派的要求以获得心灵的安宁。接下来的信件中，塞涅卡更坚决地批评了政治对追求智慧和培养善良意志的败坏——他称赞了朋友最终决定逐渐退出政治，以便将哲学作为新的生活方式的想法。

其他信关注应当追求哪种形式的哲学，如何最好地去追求它。

现代学者指出，塞涅卡采用了不一致的面具人格，他有时以某种屈尊俯就的态度教导鲁西里乌斯，有时又把自己表现成和他的通信人一样，也是一个不完美的学生。他将后一种情形归因于鲁西里乌斯的道德进步神速，令人难以置信。实际上，塞内卡似乎描述了他自己在追求智慧时发生的一些事，并将其组织为一系列构思巧妙的文章。这些信似乎是信笔写来，一开始关注的是司空见惯的日常经验，然后逐渐由特殊上升到普遍，最后教导的则是斯多亚学派关于理性的力量、自制的艺术、智者的意志力等核心观点。

塞涅卡一直在颂扬“闲暇”或“退隐”，回归适合自我考察的宁静，并敦促哲学家们避免表现出不必要的吹毛求疵的傲慢或是虚饰浮华的谦卑，以免引起君主的嫉妒。同时，这些信充满了对恶习和文化潮流（同时代的读者会很自然地由此联想到尼禄）几乎毫不掩饰的批评。例如，塞涅卡在一段话中描述自己要去一所会堂，屋内空荡荡的，只有很少几个人在讨论“如何成为一个好人”，中途路过那不勒斯的一所剧院，里面却挤满了想听音乐演出的人们（他从前的学生现在想当一名歌手，并且，尼禄确实曾经在那不勒斯剧院出现过）。塞涅卡写道：“我为人类感到羞愧。”

塞涅卡借口健康状况不佳（并不完全是假装的），称自己是“病人”。他曾保证能用哲学教育君主，遏制其作恶的冲动——但却失败了。他的君主是个暴君，这个暴君是个傻瓜，他的老师也是个傻瓜。教育者必须首先被教育。通过日复一日地思考如何变得更好、更健康、更正直坚定、更自由公正，患病的灵魂能够而且必须自我疗愈。塞涅卡不顾尼禄的反对，为自己争取到自由的时间用来反省，他撰写的《道德书简》就是这种自我审视的结果。按照当时的习俗，塞涅卡很可能向一名秘书口授这些信，也很可能在写作过程中就至少出版了其中的一部分。一位现代历史学家评价说："最后几年中，他是一个完全沉浸于写作的作家，一个完全沉浸于内在生活的思想家，一个自知时日无多的尼禄的臣民，一个面临一出要求他选择某种立场的政治剧的公民。"

塞涅卡在这些信中一再回到一致性的主题，他在一封信中写道："自然没有让我们与任何恶习沾边"，"她给我们带来的是完整与自由"。但因为误解了什么是真正的好生活，塞涅卡仍在努力清除自己的坏习惯。他本人显然无法实现自然的意图：他既不自由也不完整。塞涅卡（还）不能实现统一性，因此想要理解自己的诸多缺点究竟意味着什么。

他在这封信的前面写道："快来找我"，"但首先要赶紧找到你自己，在一切开始之前，努力与你自身保持一致。当你想看看自己是否完成了什么事时，思考一下你今天想要的东西是否和昨天想要的东西一样。意愿的飘忽不定表现出灵魂就像在大海上一样，随风茫然飘动。"在这一叙述中，坚定和决心是一致性的特征：善完全取决于培养一种坚定不移的意志，使之能够一以贯之地在实践中发挥效用。

塞内卡在这封信后面写道，"让这成为我的核心思想，心里想什么嘴上就说什么，嘴上说什么心里就想什么，达到言行一致。"塞涅卡本人每天的自我审视表明，这一点说来容易做来难："我要不断观察自己（这是最有益的习惯）并每天反省。"道德进步的一个关键动机是对自身的不一致感到羞愧："做好一个人是伟大的，只有智者能做到这一点，我们其他人则总是变化多端，没有定性。"

以开放的心态从整体上看，《道德书简》给人留下了深刻的印象：我们尽管很少看到作为公共人物的塞涅卡，但依然能看到一种立体的人格，一个多变的自我，一个因为不完美、不一致、自相矛盾而显然很人性的——太人性的——个人，简而言之，一个完全不同于柏拉图在《申辩篇》中勾勒的具有完美一致性的人。

这是某种新东西。塞涅卡在《道德书简》中对内在体验的描述在其自传和自我考察的叙述中占有举足轻重的地位。正如米歇尔·福柯所说，“在一系列明确规定的练习中测试自己，考察自己，监视自己，这一任务使真理问题——关于我是谁，我做了什么，我能做什么的真理——成为伦理主体形成的核心”。由于斯多亚主义者立意实现完美的一致性，但常常有所欠缺，因此必须不断提醒自己的不足，结果会使自我陷入决不妥协的相互冲突之中，必须努力成为更好的人——堪与苏格拉底相比的人。

还不止于此。塞涅卡选择以拉丁语来撰写严肃的哲学著作和进行思考（这一点和西塞罗不一样），精心创制了一种新的词汇来分析千变万化的自我。拉丁文使他得以将“voluntas”（“意愿”[will]、“希望”[wish]和“意向”[inclination]的名词形式）和“voluntarium”（在自由选择下所做之事的名词形式）与“volo”（“意愿”[willing]、“想要”[wanting]和“希望”[wishing]的动词形式）联系在一起，并将这三个词都与对理性统一和道德完善的哲学追求联系在一起。同样，性格的一致性、保持行为的逻辑一致，也与“constanta”，即在想要实现某物上表现出的坚忍不拔或恒久不变，或者，换句话说，与坚持原则而不顾后果甚至不惜死亡联系在一起。

西方思想史上，“意愿”这一概念首次在哲学中发挥核心作用。在自发的行为中，身体与灵魂难分难解。有了一个好的意愿时，身体的冲动服从于有意识的目的，从而产生了（或抢先一步做出）身体的行动；因此，意愿是人的一部分，人必须竭尽全力，清除非理性的身体冲动才能控制不必要的欲望、情感和情绪，这样才能只依据理性的冲动而行动。“只有意愿正确，行为才可能正确，因为意愿是行为的源头。”——我们想要的东西决定了我们的行为。“只有灵魂正确，意愿才可能正确”，遵从理性命令的生活是一种美德。美德成为一个强大、健康、坚决有力的意愿（好的意愿）的同义词。

根据《道德书简》，这样一个意愿应当好到足以有效地应用在任何一种可能的环境中。“因此智者无论是富有还是贫穷，都会培育美德……不论命运交给他什么，他都会做出令人难忘之事。”

这个例子很好地说明了塞涅卡如何将普遍的道德准则应用于特定的情况。视情形不同，有美德的人在生活中所面临的挑战也有所不同：贫穷的人必须锤炼意志，安详地承受贫苦；富有的幸运儿则必须努力抵制奢侈品的诱惑。不论是穷得可怜还是像塞涅卡这样富得叫人艳羡，这都不重要，因为好的、坚强的意志在任何情况下都是一种美德。因此，富裕本质上并不与作为一种生活方式的哲学不相融合。多么好的一个诡辩家啊！他在别人或许只能发现矛盾的地方证明了一致性。

那些想在塞涅卡身上挑错的人很可能在这些话中嗅出一种特有的辩解——或用一个贬义词（这个词由于弗洛伊德主义者而在20世纪变得十分流行）来说——一种合理化（rationalization）。

更复杂的是，塞涅卡多次承认，尽管他赞美美德，并能够描述出智者应当过的生活方式，但和苏格拉底不同，他不是一个能将语言和生活协调一致的人。按照他自己的说法，他尚未取得和谐，仍然言行不一：“如果我在自言自语，请仔细听我的话。我在向你坦承内心最深处的想法，我在有你在场的时候申饬自我。”柏拉图《申辩篇》的读者可以将苏格拉底视为完美一致性的典范，而塞涅卡《道德书简》的读者被要求在这一背景下评价作者的道德品质：部分地通过在信中展示自己的诸多缺点，作者在自觉地奋力打造出一个统一的自我。

但矛盾的是，这一点也意味着，倾向于赞美塞涅卡的人很容易将他视为一种真正的哲学家：一个真正具有苏格拉底式志向的人，一个自知其无知的人，一个一再承认自己不完美——不完整、不完全的人。

不论如何评价塞涅卡在《道德书简》中表现的自我形象，我们都很容易为他平静安详的语气而震撼，这表明了这位智慧的追求者始终保持着一种冷静沉着的情绪。塞涅卡承认命运有时可能会在哲学家的道路上设置不可逾越的障碍，就像他有时承认自己会因为无法取得更大的道德进步而感到沮丧，在这样的时刻，作为最后的手段，他会从被他视为一生的榜样苏格拉底那里获得力量："如果喜欢，请活着。如果不喜欢，请回到来处。"有能力自杀证明了意愿的力量。自杀是一种独立的保证——如果不可能好好活着，"好好死去"将总是一种选择方式。

一直到最后，塞涅卡都在致力于将哲学融入帝国的政治——但尼禄已经将他边缘化了，对他越来越怀疑。这让我们想起亚历山大大帝最后是如何背叛了亚里士多德的侄子和门徒、哲学家卡利斯蒂尼的。

这两位著名哲学家在亚历山大和尼禄还年轻时都赢得了他们的信任，但国王们在尝过权力的滋味之后，都迅速失去了对哲学的兴趣，并开始怀疑仍在他们这个圈子中的道德家们。亚历山大只是扣押了卡利斯蒂尼，尼禄则日渐把罗马的所有哲学家视为潜在的敌人。

塞涅卡在《道德书简》中写道："认为那些真诚地投身于哲学的人不听官员、国王和掌事者的话，难以控制而又目中无人，这是不正确的。"这封公文相当于是一篇写给皇帝的公开信，请求他改变想法，但尼禄显然未被说服。他决定首先以塞涅卡为靶子，发动针对罗马哲学家的战役。

据塔西佗说，尼禄先是试图毒杀塞涅卡，但塞涅卡拒绝喝下由一名造访者送来的饮料，而坚持只进食最简单的野果和泉水，因此阴谋未能成功。但在公元65年，尼禄风闻有人要谋杀他。卡尔普尔尼乌斯·皮索（Calpurnius Piso）是主事者之一。自卡利古拉以来，朱里亚·克劳狄王朝深陷于宫廷内斗，所幸，皮索这位罗马共和国贵族的后裔尚未完全遭到染污。和他一同谋事的人还包括几位元老院议员、帝国的行政官员、禁卫军成员以及一名提督。由于走漏风声，阴谋败露了。尼禄本就偏执多疑，现在更是变本加厉，他处死了许多无辜的人，其中最有名的就是塞涅卡。

塔西佗的《编年史》对塞涅卡临终前的几个小时做了最充分的描述。当尼禄的使者传达了对他的指控，并问这位哲学家是否做好了自愿赴死的准备时，他“毫无畏色，言语容色中也看不到一丝悲观”。因为有一名士兵不让他撰写遗嘱，塞涅卡“转向朋友们——因为不允许他对朋友们的帮助表示感谢——确保自己把他唯一的但也是最美好的所有物，即他的生活方式留给他们。如果挚友们能将其记在心里，就会因高尚的品德而享有盛誉”。现场有几人开始哭泣，塞涅卡提醒他们铭记斯多亚学派的训诫，“使他们重又表现得刚毅不屈”。

塞涅卡拥抱了妻子蓬佩伊·保丽娜（Pompeia Paulina），她恳请一同赴死，“哲学家说道，‘让我们俩分享这一坚定的死亡的勇气吧。但愿你的死亡更加光荣’。随后两人便各自一剑刺穿了手臂的血管”。

哲学家一贯身体虚弱，血液从他手臂、双腿和膝盖窝切断的血管中缓慢渗出。尼禄得知保丽娜也自杀了之后，担心这可能激起人们对他的残暴的仇恨，命仆人救活她。奴隶和士兵们为她包扎了伤口，止住流血。塞涅卡请求朋友们拿出他事先准备好的毒药，“那些被雅典公共法庭判处死刑的人正是用这些毒药结束生命的”。

塞涅卡证明了自己的自由。他饮下毒酒，向斯多亚学派的神灵朱庇特致谢，然后要求把他放在热浴盆中。

他就在那里去世了。据塔西佗所说，是“被蒸汽窒息而亡”。

随后几年里，哲学（特别是斯多亚学派）实践在罗马普遍遭到了严厉的打击。公元65年，尼禄将斯多亚主义者穆索尼乌斯·鲁弗斯（Musonius Rufus）流放在外，公元66年，又将犬儒主义者德米特里乌斯（Demetrius）驱逐出罗马。在接下来的40年里，罗马实际上禁止了哲学。直到皇帝涅瓦尔（Nerva，统治时期为公元96—98）和图拉真与哲学家狄奥·克里索斯托（Dio Chrysostom）成为朋友后，该禁令才被解除。这一和解为扭转斯多亚学派在罗马的命运奠定了基础，也为古代史上第一位、也是唯一一位真正哲人王的出现奠定了基础：马可·奥勒留（统治时期公元161—180），罗马“五贤帝”的最后一位，《沉思录》（*Meditations*）的作者。除了爱比克泰德（公元55—135）的《对话录》（*Discourses*）和塞涅卡的《道德书简》以外，《沉思录》是罗马的斯多亚学派最重要的代表作。

随后几个世纪，由于塞涅卡和苏格拉底死亡方式那显而易见的相似性，学者和作家们很自然地将两人联系在一起。詹诺佐·马内蒂在献给阿拉贡的国王阿方索（King Alfonso of Aragon）的两篇传记中写道：“两人都醉心于智慧，都是当时最杰出的哲学家。”“两人都极为温和公正，最终都由于某位权势者的嫉妒和敌意而经历了极不公正的死亡。”哲学又产生了一名殉道者。

奥古斯丁

AUGUSTINE

《圣·奥古斯丁改宗》（局部），嵌板蛋彩画，弗拉·安吉利科（Fra Angelico，公元1387—1455）所作。绘画表现了公元386年的奥古斯丁，此时他刚阅读《罗马书》[13:14]（应被服主耶稣基督，勿使纵恣于肉体的嗜欲）之后不久：“我读完这一节，顿觉有一道恬静的光射到心中，驱散了阴霾笼罩的疑阵。”

（Musée d'Art Thomas Henry，Cherbourg,France/Giruadon/The Bridgeman Art Library International）

从奥古斯丁在《忏悔录》（*Confessions*）中对自己前半生的描述，我们可以得出两则教训：一是对智慧的追求可能反复无常；二是智者不能仅依据理性而生活。公元397年，奥古斯丁被任命为希波（Hippo）天主教的主教之后不久，开始写作《忏悔录》。希波是努米底亚（Numidia，今天的阿尔及利亚）的一座海滨城市，他在这里长大。《忏悔录》的叙事部分讲述了他早年的游荡生涯，以及当他从罗马帝国的边缘地带搬到罗马和米兰的权力中心时，是如何先后受到西塞罗的口才、摩尼教的诺斯替主义（Gnosticism）、系统的怀疑论以及异教的新柏拉图主义的影响的。

根据《忏悔录》的描述，奥古斯丁一直在努力寻找真理，这是一个人能获得完美幸福的唯一生活方式。但他所描述的这种精神之旅只可能发生在一种多元文化中——就像近古时期那样，它能容纳确保人们获得幸福的多种不同方式，使朝圣者可以在相互矛盾的信仰团体间自由穿梭，寻找个人的启蒙和皈依。

奥古斯丁经历了一系列事件，这些事使他对《圣经》中无上真理的信念日益增长，同时又获得了神启所允诺的那种神秘狂喜，因此，精神的旅程结束时，他戏剧性地皈依了基督教。

在流传下来的最早期著作中，奥古斯丁热情洋溢地描述了基督教和柏拉图主义的整合。然而，在一个哲学派别和宗教派别间都相互敌对、有时还相互排斥的世界中，这种整合本质上是不稳定的。

奥古斯丁在一篇早期的对话中声称："通往智慧的道路不止一条。"但他后来日益警惕"想要尝试和了解的欲望"，并开始相信，最好的生活不是某一个人在孜孜追求知识时偶然达成的，而最有可能在一个有着共同信念的封闭社团中实现，这样的社团能够可靠地将争议与秩序、理性与信仰统一在一起，并有力地将其他可能排除在外。

正如卡尔·雅斯贝尔斯（Karl Jaspers）说，奥古斯丁"通过追问"思考，却又转而宣扬顺从。这名年轻的异教徒成年后一直在抨击异教。他比其他任何一位古代哲学家都更详细地阐述了这一看法：应将每个个人视为活生生的人，拥有神圣的理智和自由意志。同时，也比其他任何一位古典哲学家都更明确地证明，运用精神和政治压力来遏制理智、驯服意志是合理的。

奥古斯丁阅读广泛，著作浩繁。公元387年受洗后，他以天主教徒的身份撰写了大量哲学对话，全部存留至今。他先是当上了神父，然后又在396年就任希波主教，发表了无数布道，并和许多人保持通信，其中大部分得以保存下来（事实上，现代研究者还在不断发现一些以往不为人知的新布道手稿）。完成《忏悔录》后，奥古斯丁集中精力创作两部巨著，其中一部讨论《圣经》"创世记"中的创世故事，另一部讨论三位一体。在这之后，他撰写了篇幅更长的《上帝之城》（*The City of God*），论述基督教比异教哲学的优越性。此外，他曾多次卷入教派之争，使众多反对其教义的人对他深恶痛绝。所有这些正式的基督教作品都保留了下来，并带有奥古斯丁本人标注的具体日期。他著作的第一位编者、也是他最早的一位传记作者波西丢斯（Possidius）作了一则简介，其篇幅还不如普鲁塔克《希腊罗马名人传》中的一篇文章长，与其说介绍了奥古斯丁的现存文献，还不如说向我们表明了古典传记的传统——其目的在于以简短篇幅提供一个有教育意义的典范。

并且，我们对奥古斯丁内心世界的了解明显多于其他任何古代思想家。尽管他的《忏悔录》不能被简单地视为可靠事实的汇集——因为他对生活的叙述就像任何优秀的经典传记一样，是一种理想化叙事，一则关于宿命论的故事，一篇关于上帝那神妙莫测的慈爱的寓言，其中充满了《圣经》中的类比——但这本书戏剧化地描述了作者从幼年到受洗为基督徒的这段经历中的一些关键时刻。尽管作了诗意的润饰，《忏悔录》仍是西方第一部伟大传记的典范。

公元354年，奥古斯丁出生于塔加斯特（Thagaste，现在的苏格艾赫拉斯），努米底亚内陆的一个偏远小镇。父亲帕特苏斯（Patricius）拥有不少土地，足以当上一名税吏和小镇官员。母亲摩妮卡（Monica）是一位十分虔诚的天主教徒，她用基督教的真理教育儿子："我童年时代已经听到我们的主、天父谦逊俯就我们的骄傲而许诺给予的永生。我那时已经被画上十字的记号。"

公元312年，即在奥古斯丁出生之前两代人的时期，皇帝君士坦丁皈依了基督教，并宣布在整个罗马帝国实施宗教宽容。随后几十年内，异教庙宇和各种异端哲学学校、宗教派别仍在继续蓬勃发展，与基督教教堂并行不悖。直到皇帝狄奥多西一世（Theodosius）下令，由教皇达玛斯（Damasus）和亚历山大主教彼得所代表的基督教是唯一真正的信仰，这种情形才有所改变。并且，在这段时期中，古典教育（即异教教育）仍是帝国取得进步的方式。

奥古斯丁的父亲尽其所能为他提供了最好的教育，在他十二岁到十六岁间送他去上学，想把他培养成一名公务人员。孩子的天赋显而易见，父亲财力有限，于是把奥古斯丁送到了塔加斯特的贵族科尼利厄斯·罗马尼亚努（Cornelius Romanianus）那里。在这期间，少年有一整年的时间不用上学，成天与朋友寻欢作乐，还有了个"情妇"——一名较低阶层的年轻女子——生下儿子阿德奥达图斯（Adeodatus）后，他与母子俩的关系保持了很长一段时间。他在《忏悔录》中还讲述了自己如何从花园里偷梨，纯粹只是为了获得偷窃的快感——这个象征性的行为让人想起了伊甸园的禁果和亚当夏娃的原罪。

公元371年，在罗马尼亚努的经济援助下，奥古斯丁去了当时西方的第二大城市迦太基研究修辞。奥古斯丁尽管学起希腊文来很痛苦，但擅长拉丁文，他立志成为一名真正的作家，一个“权衡每个词语精确含义的人”。十九岁时，他在学习这门课程时读到了一部由西塞罗撰写的劝导性哲学著作《霍尔登修》（*Hortensius*，现已逸失）。一夜之间，奥古斯丁成为一名“真正的古代”哲学家，努力改变自己的行为方式，以便与西塞罗的启示保持一致：“突然间，我关于职业的一切虚无期望都失去了吸引力，内心洋溢着不可思议的热情，渴望着不朽的智慧。”

西塞罗本人和许多在柏拉图学园接受训练的学生一样，宣称寻找智慧的人只能知道很少一部分（如果有的话）确定的事物；谨慎的怀疑论者、有智慧的人只满足于揭示别人的错误观点，自己则根据具体情况努力找到关于不同主题最合理的看法。尽管奥古斯丁深受西塞罗追求智慧这一说法的启发，但他对怀疑论者满足于仅仅是合理的看法感到不满。这位青年哲学家渴望找到更确定的知识来源，于是先是转向了《圣经》，然后又转向摩尼（Mani）的深奥教义。

摩尼自我标榜为“耶稣基督的使徒”，是一位来自美索不达米亚的诺斯替主义幻想家。公元228年他第一次预见到未来，此后四十年内，他走上了从东方印度到西方埃及的传教之旅，阐述一种新的普遍宗教。276年，波斯当局意识到这种新宗教对国教琐罗亚斯德教带来的威胁，指责摩尼是危险的异教徒，并将他钉死在十字架上。

摩尼教徒的信念因教主的殉难而进一步增强，他们尽管不断遭到迫害，仍幸存下来，并将摩尼教义传播得更广，组建起一个时刻准备战斗又思想纯粹的先锋教团，其中有许多秘密的苦修者，这些“被选者”召集追随者或“听众”，讲授摩尼的教导和从《新约》中挑选出的著作。摩尼教导说：世界分为两大对立领域：一是善，一是恶。灵魂天然居于光明王国，却被困在肉体的黑暗王国中。智慧需要对恶的原因有理性的认识，这将引发关于善的神圣启示，同时还需要对某些榜样人物心存敬仰，首当其冲的就是基督：“敬重这位完善的人，借此获得宁静。我们祝福你这光明的挚友，基督，你是善的创造者。敬重你的智慧，它能战胜各种教派的谬误。”

公元374年，奥古斯丁二十岁时从迦太基暂时回到塔加斯特，成了新信仰的一名传教士。他的母亲因为儿子信仰异端而深受伤害，禁止他离开身边，除非亲眼看到他最终回归天主教才能放心。但是，他的两位老朋友（罗马尼亚努和侄子阿利比乌斯[Alypius]）在他的鼓舞之下，转而皈依了诺斯替教的信仰。

不久，奥古斯丁重返迦太基教授修辞。作为摩尼教一颗冉冉升起的新星，他于公元380年左右出版了第一部摩尼教著作《美与适宜》（*The Beautiful and the Appropriate*，现已逸失）。他“醉心于智慧”，野心勃勃地想要推进世俗的进步，可以说仍是罗马帝国的精英阶层愿意视为友人的那一类人，而他的思想才能也开始引起一些有权势的赞助人的关注。383年，他先搬到罗马，然后在摩尼教几位高级成员的帮助下又去了米兰，在瓦伦提尼安二世（Valentinian II）的宫廷内找到一份公共演讲家的好工作。这位皇帝实际上是意大利和帝国在非洲地区的统治者。奥古斯丁在新职位上每年要撰写和发布颂扬瓦伦提尼安的文章，并定期宣讲朝廷的政策。他还被指定担任修辞学教授一职，继续晋升乃是顺理成章，甚至还有可能担任高级行政官一职。

这些年来，罗马帝国一直面临危机，而米兰由于靠近动乱的北部边境，变得越来越重要。朝廷为了应付危机而迁都米兰，治下疆域仍很辽阔，但皇帝的常备军不得不应对日益升级的进攻：北部是来自阿尔卑斯山对面的野蛮战队，东部则是波斯帝国的军队。这些年中米兰最强大的精神领袖是天主教主教安波罗修（Ambrose），一位经验丰富的政治家，曾任罗马帝国驻利古里亚（Liguria）总督。尽管我们的这位新公共演讲家一心扑在事业上，忙着管好越来越多的随从——包括他的同居妻子、儿子、母亲以及各种奴隶和速记员——奥古斯丁仍去拜谒了这位主教，向他毛遂自荐，表现出相当的政治智慧。他偶尔也去教堂，并在《忏悔录》中回忆说自己曾见过这位主教布道。主教颂扬一种激进的理想主义观点，似乎将当时在米兰很流行的抽象激情注入了基督教。“我一再注意到，我们的主教在布道时……说到神时，[他说]我们的思想不应停留在任何物质现实上，灵魂也不应如此，因为灵魂是一切事物中最接近神的东西。”

尽管奥古斯丁仍与摩尼教保持联系，也继续出席天主教会的礼拜仪式，但他在《忏悔录》中回忆说，自己远离了正统的诺斯替主义，也没有成为一名正统的基督徒，而是平静地接受了一种怀疑主义的超然于外——在不同情况下对不同的信仰表示口头支持，但内心并不认为其中任何一种是正确的。他的这种态度有着无可争议的苏格拉底式依据，即最重要的道德信仰永远不可能像2 + 2 = 4那样确定地为人所认识。

对于一位帝国的演讲家来说，这种态度是可以理解的，甚至是有利的。但奥古斯丁也在《忏悔录》中回忆说，他因为自己的怀疑而不满意，因为不确定感而不快乐。

他决定召集一些哲学同伴，共同致力于研究如何过上一种幸福的生活。这个圈子一开始只有一些来自塔加斯特的老朋友，包括母亲摩妮卡、哥哥拿威久（Navigius）、十多岁的儿子阿德奥达图斯、赞助人罗马尼亚努、阿利比乌斯和内布利提乌斯（Nebridus）。母亲这个时候指示他把同居妻子送回非洲，以便找一个更合适的人成婚。

接下来的几个月内，奥古斯丁和这个以他为精神导师的圈子定期会晤，讨论“善恶的终极本质”，研究不同思想流派的观点。奥古斯丁由于怀疑主义而日益清醒，对一种关于宇宙的唯物主义解释产生了短暂的兴趣，这种解释将一切超自然的成分清除出了独立的、非物质的、无形的精神领域，“我不懂得我已如此深入迷途，如此盲目，以致不能想象德行与美善本身的光明应该用无私的心情去怀抱，这光明肉眼看不见，只能在心灵深处看到”。

奥古斯丁现在32岁了。他在世俗权力中心米兰从事着一份皇家的职业，像其他许多哲学朋友那样参加教会仪式，但没有成为一名虔诚的基督徒，且继续表示出对异教哲学的兴趣。他显然成功地创建了一个充满活力的哲学家圈子，大家在其中理性地探讨最好的生活方式，感到十分快乐。

然而，奥古斯丁并不满意。尽管他遵从了母亲的意愿，要求自己儿子的母亲回了非洲，但他描述说，他因为她的离开而哭泣，她不在时，他肉体的“罪恶更多”。作为一名漫不经心的基督徒，他仍在遍寻异教的方式以实现幸福，仍在追求关于人与神的知识，希望找到最好的生活方式，试图在一种思想环境下变得富有智慧。在这样的环境下，没有人在宗教与哲学之间做出截然的区分；在这样的环境下，他哲学圈子中的最新成员马里乌斯·西奥多勒斯（Mallius Theodorus，一位坚定的新柏拉图主义者，曾经为了全身心投入研究和思考而辞去皇家高官的职位）倡导要致力于将异教的道德完善主义与《圣经》协调一致。

在某个层面上，奥古斯丁生活的环境似乎已经相当宽容，摩尼教、基督教和哲学思想可以在其中并行不悖。但也有人，比如说安波罗修，严禁在异教哲学家的“世俗”智慧与基督的世俗教导之间轻易地加以调和折中。正是在这种虽有些暧昧不明但又气氛紧张的环境下，奥古斯丁最终开始着手研究近古时期最重要的哲学流派，该学派由罗马的新柏拉图主义者普罗提诺（Plotinus，公元205—270）在加里恩努斯（Gallienus，统治时期为公元253—268）统治期间创立。奥古斯丁以马里乌斯·西奥多勒斯为师，热情高涨地开始阅读该学派的圣典《九章集》（*Enneads*，源于希腊语“ennea”[九]，因为该著作的六篇论述中每一篇都包含九个部分）。

他在几个月后给老赞助人罗马尼亚努的信中写道：“我们以为我们那温吞吞地燃烧着的火焰是真正的大火，但是看哪！有些书充满了……散发出异教的气息，它们珍贵的芳香有不多几滴滴落在那微弱的火焰上，就会引爆令人难以置信的熊熊烈火——罗马尼亚努，真是难以置信，难以置信，甚至超越了你相信我能做到的事——我还能再说什么呢？——甚至超越了我相信我自己能做到的事！”

《九章集》是一组手稿和讲稿，由普罗提诺的一名学生波菲利抄录编纂而成。开篇是一篇由波菲利撰写的富有启发性的简短传记，献给那些希望纪念和保留传主生活方式的读者。

传记写道：“普罗提诺似乎为肉身存在感到羞耻。”普罗提诺大约于公元204年或205年出生于埃及。尽管后来每年都会与哲学友人们一同庆祝苏格拉底和柏拉图的生日，但他拒绝任何关于他本人的庆祝活动，因此我们无法确知其出生日期。和奥古斯丁一样，普罗提诺成长的精神环境中派别林立，包括斯多亚学派、怀疑论者、俄耳甫斯主义者（Orphics）、犬儒学派、诺斯替主义者、基督徒，等等。27岁时他在亚历山大受到一名柏拉图主义者的影响，开始信奉柏拉图哲学。

掌握了柏拉图对话和书信集之后，普罗提诺又四处游历，学习各种冥想实践，其中也包括“波斯人[寻求智慧]的方法和印度人采用的体系”。在东方待了几年后，他最终定居罗马，在自己建立的学校中开设讲座和培养修行者，宣扬彻底的禁欲主义，并阐述一种结合了柏拉图、亚里士多德和斯多亚学派内容的自创学说，这一切都是为了能够全身心地投入反思和内省的精神修行。

波菲利声称，“普罗提诺天赋异禀”，和苏格拉底一样，掌管着他的是“较为神圣的”精灵，但和苏格拉底不同，他详细阐述了一整套保持“自身的灵魂持续专注于内在”的冥想技艺。

普罗提诺的超自然力具有传奇色彩：他会读心术，能预测未来，因不屑参与异教仪式和基督教典礼而著称，他曾说过“应当是那些东西到我这里来，而不是我去”。

普罗提诺学派的独特目标是与上帝建立直接的联系，通过冥想，将无形质灵魂中的神性与凡胎肉身分离开来，从而达到出神的体验。普罗提诺因为自己曾有过直接的神圣体验，确信摩尼教将宇宙一分为二、在善恶之间造成永恒的冲突是错误的。他通过沉思发现世界是“一”，只有上帝——善——存在，它流溢为不同的形式，向那些修行者展现可以为其理解的神圣洞见。修行者们通过认真研究柏拉图和普罗提诺的辩证观点，能够在内观的巅峰时刻看到上帝。

该学派的经典《九章集》既有令人晕头转向的注解（有很多是对柏拉图文集中关于如何理解神圣形式的非物质本质那些段落的注解），也有直接的劝诫，敦促哲学家让自己“被神充满”，这样就会“彻底平静下来，从而变得非常宁静”。其写作风格变化多端，既深奥难懂，又雄辩有力：

> 回到你自身的内在去看：如果你尚未从中看到美，那么就学学雕刻家的做法，为了完成一尊美丽的雕像，他这里敲敲，那里磨磨，把这一部分磨光一点，那一部分削掉一点……像他那样，祛其余，正其弯，耀其暗，孜孜不倦地雕刻你自己的雕像，直到美德的神圣光辉照耀于你……如果你看清这就是你将要成为的人，那么你就有了先见之明。相信你自己：你已经抵达此时此地，不再需要别人为你指路。请睁开双眼去看。

奥古斯丁在《忏悔录》中生动地回忆了他阅读普罗提诺所受到的影响，讲述了自己是如何通过以他为榜样、沉思内在的神圣而看见了上帝，并在一瞬间体验到了“一”：

> 这些柏拉图主义的著作告诫我要反求诸己……我进入了心灵深处……我进入心灵后，用我灵魂的眼睛——虽则还很模糊——看到了在我灵魂的眼睛之上、比我的心灵还要更高的永恒之光。这光不是肉眼可见的普通的光，也不是同一类型而比较强烈、光芒更为耀眼并且普照四方的光。不，这光并非如此，它是全然不同之物，完全不同于我们所有类型的光。这光在我的心灵之上，并非如同油浮于水，天覆于地，这光在我之上是因为它创造了我，我在其下是因为我由它创造。谁认识

> 真理，即认识这光；谁认识这光，也就认识永恒。唯有爱能认识它。永恒的真理、真正的爱、可爱的永恒，你是我的天父，我日夜向你感叹诉说。我第一次认识你后，你就提升我，使我看到我应见而尚未能看见的东西。你用强烈的光芒照灼我昏沉的眼睛，我既爱且惧，屏营战栗。我发觉我是远离了你漂流异地，似乎听到你发自天际的声音对我说："我是自有的。"我听了心领神会，永断疑虑。

奥古斯丁短暂的洞见使他确信上帝存在，摩尼教是错误的："一切存在之物都是善的，至于我一直在探索其起源的恶，则并非实体。"因此恶是不存在的。人类显而易见的罪恶被解释成是"意愿的某种反常"，是灵魂"叛离了最高实体（天父）"而变得昏暗了。

然而奥古斯丁的兴奋转瞬即逝。他短暂的洞见消失了。"我的天父，我被你的美好所吸引，可是我自身的重累很快又拖我下坠。"尽管他相信自己的世俗野心和性欲应该受到责备，但还是陷入了旧有的生活方式，恢复了过去的习惯。但他一直记着亲眼见到的景象，"犹如面对无法染指的佳肴，只能向往其美味而已"。

奥古斯丁不再怀疑上帝的真实性。但他对于普罗提诺的教导与神之道之间的关系仍心存疑虑。人似乎可以借助理解力领会上帝，通过一整套精神修行来祛除灵魂中的虚华，由此直接体验到上帝。但如果这样的话，这类修行将耶稣基督的榜样作用置于何地呢？理解力应当赋予《圣经》的权威以何种地位呢？有可能调和新柏拉图主义和基督教吗？或者，奥古斯丁有必要如安波罗修所鼓吹的，选择一种生活方式而非另外一种吗？

奥古斯丁很是困惑，想知道如何将瞬间洞见的狂喜转变为某种更为持久之物，他"回顾了自孩童时就植根于我们内心的宗教"，不久后在给罗马尼亚努的信中写道："我是如此踌躇、匆忙、犹豫，我正是在这样的境况下抓起了使徒保罗。"他听从西姆普利齐亚努斯（Simplicianus）的提议，重新阅读了保罗的信，特别是那些写给罗马和科林斯人的信。西姆普利齐亚努斯是米兰的一名牧师，基督教的新柏拉图主义者，和奥古斯丁一样热心于《九章集》。

普罗提诺曾设想创建一座“柏拉图城邦”，居民们致力于追求上帝、真理和美，在“柏拉图律法”下共同生活。受这一图景以及马里乌斯·西奥多勒斯当时过着的沉思生活的激励，奥古斯丁现在恢复了从公共生活中隐退的梦想，想成立一个志趣相投的小圈子，共同致力于在内省中寻求上帝——只是并不在柏拉图的律法下、而在基督精神的引领下生活，其方式表现为信念、希望和爱，以及礼仪、仪式等虔诚的天主教生活的外在形式。

公元386年夏末，奥古斯丁辞去了皇家公共演讲家一职，与家人、老朋友和年轻的学生搬去加西齐亚根（Cassiciacum）的一座别墅中。这里距科莫不远，在米兰北边，能看见阿尔卑斯山。我们的哲学小圈子在这里忙于做做家务，一起读读维吉尔（Virgil），最后再交谈上几个小时，有时在浴室中，有时在草地上的一棵树下，随时预备就理性的界限、灵魂的本质、对智慧的追求等问题加以辩论。这些讨论总是在奥古斯丁的指导下进行，他可以说是这所学校的非正式校长。

奥古斯丁日复一日地试图说服同伴，由普罗提诺和柏拉图阐述的哲学是“真正的哲学体系”，“这种哲学不是关于这个世界的哲学——后者被《圣经》斥责是恰如其分的——它是关于另一个世界，即理智世界的哲学”。他希望“心怀仁慈和善意，推进关于世俗和神圣事务的一致意见”，由此实现西塞罗曾界定的“友谊”理念。他将基督尊为一位有着非凡智慧的道德完善者，一名践行新柏拉图主义的典范，本质上与普罗提诺（或苏格拉底）没有不同之处。

现存奥古斯丁最早期的作品都在这令人振奋的几个月内产生。奥古斯丁将它们小心地保存在私人图书馆内，其中包含了四篇对话：《对怀疑论者的回答》（*Answer to Skeptics*），献给罗马尼亚努；《论幸福的生活》（*The Happy Life*），献给马里乌斯·西奥多勒斯；《论神旨与罪恶问题》（*Divine Providence and the Problem of*

Evil）；以及最具原创性的《独语录》（*Soliloquies*），这是奥古斯丁的灵魂与被他称为理性的内在声音之间的对话。

据称前三篇对话基本由一名速记员将实际对话逐字誊写下来。奥古斯丁声称，这名速记员的在场为对话赋予了某种严肃的气氛——即使我们假定奥古斯丁后来为了戏剧化的效果，就像塞涅卡巧妙地整理和修饰了写给鲁西里乌斯的信那样，重新修订并编撰了对话，他的这一说法仍是对的。

尽管这四篇文章表现了奥古斯丁刚成为一名基督教柏拉图主义者时高涨的热情，但令人震惊的是，它们几乎完全没有提及《圣经》（相当不同的是，奥古斯丁十年后在《忏悔录》中对这些年月的叙述充满了《圣经》的语言）。

这些最早期的对话给人留下这样的印象：智者可以凭借一种"理性的选择"实现神圣的统一和幸福的生活。从奥古斯丁后来更为正统的基督教著作的立场来看，这已经构成了可以指控的异端邪说，它代表了一种不借助圣恩、凭借人自身力量的自大观念。奥古斯丁后来在《忏悔录》中叙述这些事时，谴责了某个精神同伴的这种"可怕的骄傲"（他也许是指马里乌斯·西奥多勒斯）。

奥古斯丁在这关键的几个月内心灵的兴奋和骚动可以从他早期最不寻常的著作中觅得端倪。这是一篇与自己的对话，它创造了一种新的语言，即奥古斯丁称为"独语录"的独白。奥古斯丁在其中提出了一种实际上是分裂的自我：

"很长一段时间以来我心里一直在反复思量许多不同的事，我有好些天都在孜孜寻找自我和自身的善，寻求应当避免哪些恶，然后突然有人对我说话。他究竟是我自己还是别人……我无从得知。"——无论如何，他把这第二个自我称为"理性"。

"理性"指示他"祈求健康和帮助"，"奥古斯丁"依言遵循："我呼求你，上帝啊，你是真理，在你之中，经你之手，凭借于你，一切真实之物才为真实；我呼求你，上帝啊，你是智慧，在你之中，经你之手，凭借于你，一切智慧才为智慧；你是真实的至高无上的生命，上帝……”

然后理性问奥古斯丁，“那么你想知道什么？”

奥古斯丁：“我想知道上帝和灵魂。”他皈依了基督教柏拉图主义，渴望了解看不见的东西。

理性：“那么开始寻找吧！”

随着时间的推移，这个分裂的灵魂不断展开探究，“奥古斯丁”与“理性”之间的对话开始聚焦于灵魂的本质，尤其是灵魂是否不朽的问题。

由于理性提出的某些论点很难对付，可以理解，让奥古斯丁感到十分困惑的是，“我们遵循一些费解的推理线索，采用了如此迂回曲折的方式”，简直好像是“设圈套似的”。

理性的回答是提醒奥古斯丁，“我们不能不寄希望于在最近阅读的书中找到我们想要的东西”，“他已经在著作中教给我们正确的生活方式，难道会让我们对生活的本质一无所知吗？”

最后，理性告诫奥古斯丁“相信你的理性，相信真。它宣布它就寓于你之中，永存不朽，不会因任何肉体的消亡而离家”。

然而，《独语录》开篇的祈祷文暗含了一点：如果没有上帝，理性将无能为力。理性要求奥古斯丁“相信上帝，尽可能地把自己完完全全交托给他。不要期望意志是你自己的，听由你自己处置；而要表明你是他的仆人——是这位慈爱、全能的主的仆人”。“理性”和“上帝”很少如此诗意地结合在一起，如此令人混乱，以至于让我们困惑理性本身连接人与上帝的力量和限度。

在《忏悔录》中，奥古斯丁已不再满足于普罗提诺内省性的精神修行，他取得了一系列的进展。其中最重要的一点是，他阅读了由一位重要的早期基督教神学家亚他拿修（Athanasius，约公元295—373）撰写的关于著名沙漠教父安东尼（Anthony，约公元250—356）的圣徒传记。安东尼常常被视为基督教隐修制度的创始人，据亚他拿修所说，他是精神完善的典范，为有抱负的基督徒提供了完美的模范。近古史专家彼得·布朗（Peter Brown）指出，“近古时期的圣徒传记中，有不少一部分旨在为超自然的世界提供某种秩序。这个世界充满了模糊性，不能确定关于上帝存在的诸多证据究竟意味着什么，并因此出现了大量不同的宗教信仰”。如果你因为一位模范基督徒的生活而受到鼓舞，那也就意味着你认为这种生活方式代表了一种真正的可能性——当你对那些证明上帝存在的不同方案做出判断时，这一想法可能会改变你的判断方式。

据《忏悔录》所说，奥古斯丁阅读了安东尼的那种蒙受神恩的生活之后不久，在花园中听到一个神秘的声音，他拿起一本《圣经》，偶然发现保罗《罗马书》中的一段话：“应被服主耶稣基督，勿使纵恣于肉体的嗜欲。”就这样，奥古斯丁经由这场花园危机，象征性地逆转了亚当从伊甸园流放这一事件，其经历类似于耶稣在客西马尼的蒙难。奥古斯丁“死而复生”，现在服膺于神命，将自己置于《圣经》的权威之下，决心过一种苦修的生活。在这方面，堪为典范的并非博学的普罗提诺，而是埃及的安东尼，正是这名未受过教育的基督教圣徒真正做到了“被服主耶稣基督”。

现在摆在奥古斯丁面前的是两个截然不同的典范：普罗提诺和安东尼。和奥古斯丁一样，普罗提诺受过正统的学术训练，深入研读过哲学著作，精通他这一学派的辩证法，周围有一批哲学友人，大家在交谈对话中增进学问，致力于将理智和理性的力量应用于冥想和精神修行中，以提升自我的神性。安东尼也读书，但他只读《圣经》，相对而言缺乏教育。尽管缺乏辩证技能，也没有普罗提诺那样的哲学圈，但安东尼也在致力于使自己更接近神，并且似乎比柏拉图主义者更坚执如一。他独自生活在沙漠中的一个洞穴内，终日不眠不食，克服了身体的需求，也抵制住了撒旦派来诱骗他的许多恶魔。

这两种生活方式看上去格格不入，奥古斯丁面临着一种非此即彼的选择。他毫无保留地选择了效仿安东尼，并宣称永远弃绝一切世俗纠葛。奥古斯丁在《忏悔录》中叙述了自己如何在387年选择受洗——一种激进的行为，象征着此刻发生了死亡和重生，一个生命结束，另一个生命开始。

奥古斯丁在《忏悔录》中回忆说，洗礼后他“一直在筹划着离群索居”——成为像安东尼那样的隐士。

但当时的证据表明，奥古斯丁事实上并没有这样做。最近的一位传记作家尖刻地评论说：“他并未变卖一切，分给穷人，然后跟随耶稣”，“他辞职回家后，过得非常舒适。改变了睡眠安排，换了一个很是普通的地点过乡居生活，除此以外几乎没有什么真正的变化发生”。

这位受洗的哲学家先后在奥斯蒂亚和罗马逗留了一段时间，然后决定和他的哲学随从们一起返回北非故乡塔加斯特。奥古斯丁在这里献身于作为基督徒生活方式的哲学，希望与精神友人过一种隐居生活，致力于道德的完善。他并未像《忏悔录》中描述的那样与过去一刀两断，而开始走上更为困难和持久的智性发展之路，这一过程缓慢地延续了好几年。

奥古斯丁首先将避免直接参与任何公共事务作为原则。写作成了他与外界的主要联系方式。他创作了一系列书信和著作，想在生活中宣扬“基督的声音，以及柏拉图和普罗提诺的教导”。但随着时间的推移，他写作的重心开始慢慢转移，正如他在公元389年的《论真正的宗教性》（*De Vera Religione*）中所写：“真理居于人心之内”，这句话重复了普罗提诺的老生常谈，但他又补充道，“如果你发现自己天性变化多端，那么努力超越自己。但当你做到这一点时，要记住你超越的是你理性的灵魂”。奥古斯丁开始敦促他的圈子不要接受新柏拉图主义中一切与天主教教义相悖的内容。他不再假设耶稣是一个与普罗提诺或苏格拉底无甚差异的道德完善的典范，而开始肯定道成肉身学说，并教导说耶稣是上帝的肉身，体现了神之道。

公元391年，奥古斯丁和朋友们从塔加斯特搬到了向北50英里的海岸城市希波。至此，奥古斯丁终于缓慢地成长为一名虔诚的基督徒而非信奉基督教的新柏拉图主义者。他考虑成立一所能获得教会当局正式认可的修道院。然而，正如波西丢斯所说，奥古斯丁发现自己多少有些被动地成了一名牧师。

在当时，教会人员随时都有可能因会众的拥戴而被选为牧师，任何人当然都不能拒绝。奥古斯丁那时还是一名普通教徒，他知道教会还有一名缺额，由于担心自己不能顺利隐退从事哲学，因此尽量避免参加教会活动。但据波西丢斯所说，奥古斯丁名声在外，有一天在希波教会时，这名声缠上了他："天主教徒们现在了解了奥古斯丁的教学和生活方式，他们抓住了他——当时他正若无其事地站在会众之中，还不知道将会发生什么。"

柏拉图在《理想国》的洞穴比喻中描述了一位看到了完美的正义之光的哲学家，但他在这之后必须返回洞穴，将正义的形象带给那些仍身处黑暗中的人们。和这位哲学家一样，奥古斯丁现在不得不放弃基督徒的沉思生活，身陷教会政治的黑暗世界。波西丢斯写道："他们大声疾呼要求奥古斯丁这么做时，他泪流满面。"

我们的这名新牧师获准在希波教会的花园中成立一所修道院。从这以后，奥古斯丁渐渐成为一名公众人物，神职权限亦日益增长，又得力于他的修辞技能，最终成为一名影响力很大的基督教思想家。

公元392年，他邀请一位常驻希波的摩尼教牧师进行公开辩论，极为有力地驳斥了他的论点，竟使这可怜的人逃离了希波。诺斯替异端在民众中的人气也开始下降。四年后，教会主教瓦勒留（Valerius）逝世，奥古斯丁成为希波新主教，在该职位上一直做到离世。

受任主教后不久，奥古斯丁开始撰写其最出色的著作《忏悔录》。

对奥古斯丁而言，书名（"Confession"）意指"指责自我，颂扬天父"——这一观念将持续不断地进行自我审视置于忏悔的核心地位（直到后来几个世纪中，天主教会才正式将忏悔作为圣礼，要求人们向神父坦陈自己的罪行以求赦免）。

受洗十年之后，奥古斯丁已彻底远离了依靠自身的理想主义，他在386年的皈依明显具有这种理想主义色彩。他还记得洞见到上帝的狂喜。但随着时间的流逝和记忆力的衰减，他又彻底考量了这些短暂的时刻：“有时你带领我进入异乎寻常的心境，使我心灵体味到一种无可形容的温柔，如果这种境界在我身内圆融通彻，则将使我超出尘凡。可惜我仍堕入困难重重的尘网中，又被积习所缠扰。我痛哭流泪，可是我紧紧地被束缚着，习惯的包袱是多么沉重啊！我欲罢不能，欲行无力，真觉进退两难！”

习惯束缚我们的意志，削弱我们的推理能力。奥古斯丁对这一点再清楚不过。即使是像他这样的圣人，就算洞见过神，就算一再宣誓要守住道德的贞洁，都不可避免要因为旧习而被拉后腿。皈依几年后，他曾认为“如果想的话”，所有信任上帝的人都会“由只喜爱看得见摸得着的有限之物变为希望实现上帝的诫命”。但现在他觉得，尽管意志是自由的，但它是“由上帝制备的”，因此任何人如果想要成功地实现上帝的诫命，都只能依靠神的恩典，而不能靠他自己的独立力量。

纯洁的意志仍是奥古斯丁最热切的渴望。但完全诚实正直的生活不仅极为罕见（斯多亚主义者如塞涅卡欣然承认这一点），也是不可能的。人天性就不完美，是一种会无故犯下罪行的生物，那个曾经只为了纯粹的偷窃快感而偷梨的男孩就是最好的印证。

人不能依靠自己，因为他内在的缺陷就像飞驰的欲望和决定那样变化多端。这些缺陷构成了他特有的过去，使其过往独一无二。人们的过往大异其趣，从而使人与人、人与上帝也各不相同。这种独特性并非快乐的原因，因为它将生活变得杂乱无章、四分五裂、动荡不安：“我的思想、我心灵的藏府为烦嚣的动荡所撕裂，直至一天为你的爱火所洗练，我将整个投入你怀抱之中。”

像奥古斯丁这样因为启示而拥有真诚信仰的人，也不得不承认他甚至无法认识自己。他坦白道：“我不能做出正确的判断，因为我害怕罪恶躲在某个地方，你能看见我却看不见。”他坚持不懈地致力于实现统一的自我，像他忏悔时所说的那样献身于上帝，只有这样，才有希望变得完整无缺。

《忏悔录》的另一个意图在于消除人们对于作者品性的怀疑。奥古斯丁长期与异教保持公开的联系，无疑很熟悉异教柏拉图主义的作品，还自述曾经历过不止一次的戏剧性转变。谁能说得准他皈依天主教就会真诚而持久？（努米底亚的高级主教一度曾拒绝任命奥古斯丁为希波新主教，指责他是“隐秘的摩尼教徒”。）

奥古斯丁在叙述个人经历时对皈依基督教这一事件做了刻意的戏剧化处理，为此他夸大了安波罗修的影响，对自己以387年受洗为界与过去一刀两断也做了不太现实的叙述。出于同样的原因，他淡化了青年时期对哲学的沉迷，为此尽可能简化摩尼教的经历，回忆普罗提诺对他的影响时也主要以抒情化的方式间接提及而非直接引用，且绝口不提马里乌斯·西奥多勒斯。他自始至终强调神意所扮演的角色，部分是通过不断地直接向上帝诉说：“那么我是什么呢，我的天父？”

他叙述了自我因不完整、未完成而变化无常、分裂对峙和不可依靠，甚至在皈依之后也依然如此。只有在沉思之中，通过思考，他才能够静下心来整理思绪。

“我们通过思考，对记忆中储存的分散无序的想法加以整理……必须把它们整合起来[cogenda，源于cogo]，这样才能够有所认识；这意味着要将其从分散状态汇集到一处[colligenda]。‘思’[cogito]这个词就是这样产生的。”

事后来看，思考就是要求创作一桩“叙事”（narratio），即通过重新整理，将生活中的事件构成一个深思熟虑的整体，使其能够被认识。

这样就有了《忏悔录》中反思式的自我描述：奥古斯丁以对上帝坚定不移的爱为基调，且渗透着一种事后的认识，即圣恩在塑造他以往生活中那些混乱无序的事件中发挥了压倒一切的作用，对以往的经历作了一致的解释，从而创造了一种叙事的统一。这种回顾性的重新解读成功地从各种不同要素中创造出一种理性的统一，将痛苦与快乐、罪孽深重的行为与欣喜若狂的洞见整合在一起，描绘了一个竭力维护其道德纯洁性的基督徒的形象。

完成《忏悔录》后，奥古斯丁撰写了大量散文，传授了无数布道，发表了大量文章，此外还创作了两部系统化的神学巨著：《〈创世记〉字义注》（*The Literal Meaning of Genesis*）和《论三位一体》（*The Trinity*）。这些作品中，理性的主张受到严格的限制，因为其论据的前提必须立足于信仰。

尽管奥古斯丁关于其神学理论的详细论证往往很复杂，但在任希波主教时却过着一种堪为模范的简单生活。据波西丢斯所说，“他的衣食和床褥都简单而适宜，既不显眼也不寒酸。”他避免表现出极端的禁欲主义，喜欢与客人共享美餐，主要是因为能获得认真谈论严肃事情的快乐。但闲聊是严格禁止的。

他严守贞洁的一个措施是禁止所有女性造访其住所，甚至也包括他那发誓要成为一名女修道院院长的妹妹。然而，不论这位希波主教的个人生活如何简素，其公共职责也使他不得不体会到（如一位传记作者指出的）“一些暗中影响他的情绪：比如野心很大，喜欢听好话，想要支配他人，对侮慢极度敏感，等等”。

和中世纪的主教不同，奥古斯丁并未获得明确的授权。他不得不与敌对的教派做斗争，以确立自己的权威。据波西丢斯所说，他耐心地试图“通过理性论证向异教徒表明他们应当要么改变邪见，要么与他当面辩论”。但有些异教徒拒绝辩论，说这位希波主教“是一匹应当被杀掉的狼”。

作为教会领袖，奥古斯丁不得不返回普通人的洞穴。他日益感到必须将各种信仰和习惯灌输给他们。年轻时信奉的怀疑主义使他确信，一些关于“不可见之物”的重要问题无法通过推理论证来回答。在这种情况下，“听从教会的教导去相信不能证实之物是更恰当，更不容易受到误导的”。

他在一封写给同僚的信中吐露，他仍为“应当如何在众人之中生活”而困惑，身处那些“习俗大为不同，思想偏颇、缺陷不为人知”的人之间，感到四周“危险重重”。然而，他也感受到了自己的某种目标，即“为这些公民谋求利益，他们不隶属于世间的罗马，而是天国耶路撒冷的子民”，“满怀爱的激情”，致力于促进“邻人向善，使他能正确地将此生奉献于获得永生”。

实际上，“爱的激情”可能带来可怕的灾难。

奥古斯丁任主教时曾和其他主教下令摧毁异教的庙宇，并禁止他们举行仪式。405年，他支持所谓的“统一法令”（Edict of Unity），这实际上是一部宣告努米底亚的多纳图基督教派为非法的宣言。这位从前是被迫害教派的成员如今成了迫害派一员（几年后，他看到昔日的敌人因为失败而大举进行宗教性的自杀，表现得冷漠无情：“看到上帝以其尽管隐秘但却正义的处置方式，使某些人遭受[地狱之火的]极刑，无疑，绝大多数多纳图主义者[Donatists]最好是重新整合并纳入[天主教徒中]……但少数成员则最好死于由他们自己引燃的火焰中）。”

作为一名戒备心强的牧师，奥古斯丁或许是第一位将迫害本身转变为一种思想艺术的重要思想家，其冷酷的有效性不仅体现在理论上，有时也体现于实践中。他在最锋芒毕露的文章中挥笔如刀，极力削伐唯一正教（The One Church）的敌人——摩尼教、多纳派、伯拉纠主义（Pelagians）——悖谬的是，由于奥古斯丁连篇累牍的谩骂和批评，异教的这些异端罪行竟得以名留千古。

临终前几年，英国非神职苦修者伯拉纠的追随者使他尤为愤怒，也许是因为奥古斯丁早期关于基督教的对话中表现了一种道德完善主义，伯拉纠一直深受激励。奥古斯丁本人现在已经远离了年轻时对人类理性和意志力的乐观，接受了一幅更为悲观的图景，认为人位置卑下，仰赖于圣恩；伯拉纠则充满信心地制定了“行为规则和圣洁的生活方式”，认为“人性的力量与能力”是对基督最好的模仿。两人间的不和爆发为一场旷日持久的争执，除开别的原因，这一不和也与如何理解保罗《罗马书》中的这句话有关：“这就如罪是从一人入了世界，死又是从罪来的；于是死就临到众人，因为众人都犯了罪。”

伯拉纠认为保罗的话不能证明《圣经》禁止基督教追求道德的完善，因为洗礼赦免了亚当的罪。通过努力，一名好的基督徒能够向往一种完美的道德生活，它与异教斯多亚学派和柏拉图学派并无不同。奥古斯丁（暗中放弃了他在早期作品如《论幸福的生活》中表达的类似论点）对此极力反对。受洗的基督徒无论过着多么平静的思考和苦修生活，也无济于事。与神圣的秩序保持和谐不仅要求自我牺牲和正确的推理，还要拥有信仰，服从权威，膺服于为正派人所接受的圣经和仪式。“这就是为什么《圣经》上说，‘唯义人因信得生’。因为我们尚无法看到自己的善，因此必须借助信仰来寻找它；上帝赐予我们信心，我们必定得到他的帮助，当我们信和祈祷的时候，除非得到上帝的帮助，否则我们自己是没有能力过上正确生活的。”

某种意义上这是好事。苏格拉底、柏拉图、普罗提诺和年轻时的奥古斯丁都要求人们过一种哲学沉思和交谈的生活，但毕竟大多数人无法选择这种生活，几乎没有人拥有这样的空闲时间。每个人做出正确推理的能力也相去甚远。然而，通过祈祷和仪式化的表白来追求智慧则人皆可以行之。这是一种平等主义的观点——但带有一个令人不安的附加条件。

顽固的原罪意味着对任何凡人而言，灵魂终其一生都永不能熄灭对基督教智慧的渴望。对于那些最真诚的基督教哲学家而言，哪怕是他们的自我审视也折射出上帝的某种真与美——只不过是从镜中透出的模糊光亮：“因为没有人能像了解自己那样了解别人，也没有人能确定自己第二天的所作所为……人心是如此迷惑不定，因此使徒的讲道中蕴含了最高的智慧：‘时机到来之前不要宣判，要等待天父降临，他会照亮隐蔽于黑暗之物，他会揭示心灵的目的。’”

公元410年，哥特人洗劫了罗马。天主教博士哲罗姆（Jerome）写道：“如果罗马也会灭亡，还有什么是安全的？”在随之而来的恐慌气氛下，奥古斯丁越来越相信，只有深入人心的基督教教义能保障个体灵魂的安宁及其所属政治团体的和平。“在国王或任何一名法官那里，犯下严禁的罪行是不会被轻易放过的，在上帝这里同样如此。”

奥古斯丁并未回避这种观点所暗示的精神压制。他甚至毫无畏惧地利用恐惧这种感觉，宣扬天父“会在你不知情时爆发雷霆大怒”。正如奥古斯丁最伟大的传记作者彼得·布朗（Peter Brown）的评价：“堕落的人类需要约束。人类最伟大的成就也只有在‘紧身衣’一刻不停的约束下才可能成为现实。”

尽管奥古斯丁继续在教会任职了二十年，对东正教会的影响日益增大，许多作品由拉丁语译为希腊语，但我们不能确定他生命的最后几年是否能够（或应该）被视为一名哲学家。因为作为主教，他试图压制对智慧的追求。“哲学”这一概念现在使他左右为难。

一方面，他在《上帝之城》中将“真正的哲学家”界定为“爱上帝的人”，另一方面又重申了对柏拉图及其部分教导的推崇。

但他也嘲笑新柏拉图主义者波菲利对基督教的批评，嘲笑他（在奥古斯丁看来）“没有从最正确的哲学中发现有一种体系包含灵魂得救的普遍道路”。这位柏拉图主义者傲气十足，不承认唯一正确的道路——即使它就在这里，就在他眼皮底下——位于他明确拒绝的基督教信仰之中。难怪奥古斯丁现在要对异教哲学家无休止的争议与“圣经的和谐”进行不利的比较。在《上帝之城》结尾处，他更进一步，以典型的讽刺语气说起“这位哲人的伟大推理”，然后从《旧约》中丢出一句话：“上帝知道人的意念是虚妄的。”

临终前几年，奥古斯丁对自己的所有著作进行了时间考证，将一部分归为普通基督徒时期，一部分归为任牧师时期，还有一部分归为任主教时期。

只要他在其中发现任何似乎有违目前对天主教教义理解的内容，都会自我审查，并加以修订或干脆撤销——因此冠名为《再思录》（*Retractiones*）。奥古斯丁在这部著作中忆起自己还是一名年轻的基督教柏拉图主义者时所写的对话，评价说："对人的本质而言，没有什么比心灵和理性更好。然而，如果想过上幸福的生活，不应与心灵和理性一致，因为如果这样的话，他是与人保持一致，而一个人如果想要能够获得幸福，他就应当与神保持一致。为了获得幸福，我们的心灵不应满足于自身，而应服从于上帝。"

在这段话中，我们可以感觉到奥古斯丁否认得太过激烈——似乎他在努力想要制服自我，使自我之中的某个部分缄口不言。几十年前，他曾在自己的柏拉图式著作《独语录》中将这一部分自我界定为"理性"。

公元427年，奥古斯丁完成了他所认可的著作集的评论。两年后，用奥古斯丁的传记作者波西丢斯的话说，"在上帝的意志和许可下，一大批装备精良、久经沙场的野蛮人从西班牙坐船越洋而来，涌入非洲"。这些汪达尔人（Vandals）大举劫掠努米底亚后，又围攻了希波城。身处围困之中，奥古斯丁在有一次吃饭时对僧侣们说："我向上帝祈祷，请求他同意解放这座围城，或者，如果他不这么想的话，给他的仆从以力量来承受他的施予，再或者，就我个人而言，让我安然离世。"

但他又活了一段时间，看到"城市土崩瓦解，公民、居民及其房产被凶残的敌人洗劫一空"；目睹"司祭和牧师都离开了教会，贞女和修行者四分五落，一些人遭到折磨，还有一些则死于刀下"。据波西丢斯说，在这场灾难中，这位希波主教不仅用《圣经》，也用"某位智者（普罗提诺）的格言"来安慰自己，这名智者曾宣称真正的哲学家不会因家破人亡而绝望，因为"据我们看来，他一定认为死亡比活着更好"。

几个月后，在430年，奥古斯丁病倒了。这位76岁的主教预感到自己即将离世，要求人们让他独处一室，在床附近的一面墙上贴上《诗篇》（*Psalms*）的手写本。

醒着的时候，他会抬起头来，"凝视并阅读这些诗篇，阅读时止不住泪如泉涌"。不阅读时，他就祈祷。

根据波西丢斯，“他没有许愿，因为作为上帝的赤子，他身后一无所有”。但他确实留下了“一份长期有效的嘱托，要求小心保存教堂图书馆和所有书籍，以飨后人”。奥古斯丁身边一直有一小批抄写员和速记员来记录他的布道，制作书信副本；他确保了自己的主要著作在教堂图书馆中都藏有抄本。因此之故，波西丢斯继承了大量文本资料，远比柏拉图和普罗提诺留存下来的更多，也更具权威性（奥古斯丁是现代学者可以相对精确地标注其正式著作日期的极少数古典作家之一）。

波西丢斯总结说，“没有人会在阅读他的神学论著后一无所获”，不过他认为不可能看完奥古斯丁撰写的全部著作（不算布道和信件在内共有93部正式著作）。“但我认为，如果人们能够亲耳听他在教堂布道，亲眼看到他本人，并且，最重要的是，能够对他有所了解，仿佛他就生活在他们当中那样，那么，他们无疑会获益更多。因为……他真正地实现了‘言行一致’这句话。”

奥古斯丁逝世时，身处正土崩瓦解的帝国的偏远省份，只对少数天主教徒的精神生活有一定的影响力。但由于这位主教在波西丢斯的帮助下，谨慎地为后人留下了主要作品，一定程度上奠定了创建天主教的思想基础，因此逝世后对基督教理论和实践的影响十分深远。作为也许是世界史上最强大的信仰团体，政教合一的天主教对中世纪西欧的控制可谓空前绝后，没有一种宗教或世俗的极权力量能与之匹敌。

并非偶然，这是一种通过镇压实现统一的生活方式，其构成和管理并不有赖于柏拉图那开放式学园中追求智慧的心灵，而以柏拉图在《理想国》中设想的那种理想的公正社会为依据，由受过专门训练的哲人王进行管理。“从个人的平静生活中强行抽离出人心最神圣的体验，在此过程中唤起机械的道德感和等级分明的伪善，这是基督教的悲剧命运”，德国历史学家威廉·狄尔泰（Wilhelm Dilthey）写道，为那久已遗失之物而哀叹。

奥古斯丁的《忏悔录》或许是关于人心神圣体验最美的叙述。

他论证了某种单一的精神准则（近一千年内，这种精神准则在天主教西方压制着古老的哲学生活方式——而正是这种方式使奥古斯丁的精神之旅成为可能）的合理性，在这个可悲的过程中发挥了主要作用，这也是奥古斯丁的悲剧命运。

蒙田

MONTAIGNE

蒙田铅笔素描，1590年，由弗朗索瓦·克内尔（François Quesnel，公元1543—1619）绘制。在宗教战争冷酷无情的时代中，蒙田主张要仁慈："如果把人的所有行为和想法置于法律之下细细审视，每个人在这一生中都应当被绞死十次——尽管如此，惩罚和毁灭他仍是非常有害和不公正的。"

（Bibliotheque des Arts Decoratifs, Paris, France/Archives Charmet/The Bridgeman Art Library International）

西方很长一段时间以来，有些心地善良信念坚定的人，部分地受到奥古斯丁这类基督圣徒的激励，建立了一套信念和行为方式，它们多多少少严格地限制在团体之内，并试图排除其他一切选择。这些有志于精神完善的人志向高远，期待体验某种瞬间的洞见，那与上帝融为一体的狂喜。

蒙田这样评价这些有抱负的圣徒："他们想出离自我，逃离人类自身。""这太疯狂了。"这一尖刻的评价出现在他的《随笔集》（*Essays*）中。这是一部记载他阅读和思考的漫无计划的文集，旨在检验或"分析"各种信仰和实践的性质："他们没有变成天使，而成了野兽；没有提升自己，而贬低了自己。"

蒙田能了解。他亲眼目睹了法国改革引起的大屠杀。一方是忠于罗马教会当局及其精神领袖教皇的天主教徒，另一方是各种各样"革新"的基督教团体，他们拒斥罗马教廷当局的腐败，认可新式基督教崇拜，这种崇拜与持不同政见的基督教领袖如马丁·路德（Martin Luther）和约翰·加尔文（John Calvin）这类新教徒相一致。这些相互对立的基督教信仰团体间的大屠杀使蒙田大为愤怒。它们无情地揭示了一个冷酷的事实，在追求完善的美德时，人可以成为纯粹的野兽。蒙田写道："世界上没有一种野兽像人类自己这样可怕。"

蒙田尖刻的评论收在他出版的《随笔集》中。该著作创作于1572年到1592年之间，为他赢得了当时法国最重要哲学家的声望。《随笔集》包括107章，分三卷，早期的文章部分仿效了普鲁塔克论道德的短文、马基雅维利（Machiavelli）《论李维〈罗马史〉前十卷》（*Discourses on the First Ten Books of Livy*，1531，一组历史思考，分析适于自由人的公德和武德），以及鹿特丹的伊拉斯谟的《格言集》（*Adagiorum opus*，或称《箴言录》[*Adages*]，对一些著名的谚语[如“认识你自己”]加以评论，内容不断扩充，在1500年至1536年间印了10次，成为文艺复兴时期最有名的基督教人文主义者最流行的著作。）

他开始认真写作，像伊拉斯谟扩充《箴言录》那样为他的《随笔集》增添内容，但在此过程中，他远离了古典和现代的范例。写作慢慢成为一种关于自我认识的新追求，他不再仔细阅读典范文本（尽管引用了许多不同的文本），也不再执着于任何传统的美德，无论它是异教的、基督教的还是马基雅维利的，而开始日益坦率地描述和分析他直接体验到的自我和世界。

他在一处说道：“我自己就是我的书的主题。”蒙田的《随笔集》很少揭示其外在的生活，相反，他采用了苏格拉底的著名格言——“难道你不认为行动是比语言更可靠的证据吗？”——但在书中对其作了逆转，写道：“我的行为告诉你更多的是我的命运而非我本人……而我写下来的并非我的行为；它是我本人，是我的本质”——他认为这种本质等同于他本人的思想、倾向和意图，可以独立于外在行为而加以描述。

直到19世纪，学者们才终于开始脱离《随笔集》来整理蒙田的一些生活依据。现存的文献包括蒙田的旅行日记（首先发现于18世纪）以及一些信件（共39封）。尽管我们掌握的信息不全，但还是能相当清楚地了解其公共和私人生活。

公元1533年，米歇尔·德·蒙田（Michel de Montaigne）在加斯科涅（Gascony）的家族庄园中出生。这座蒙田城堡位于法国港口城市波尔多以东30英里处。曾祖父是一名成功的商人，做一些买卖葡萄酒、鱼和靛蓝染料的生意，（在米歇尔）三代之前购买了这座城堡，随后几十年家族很是兴盛，家族中第一个兼具贵族的尚武精神与公民的美德的成员是米歇尔的父亲皮埃尔·埃康·蒙田（Pierre Eyquemde Montaigne）。

皮埃尔在波尔多担任法官（后来又当了两年市长）之前曾经与法国军队一同在意大利作战。蒙田的母亲安托瓦妮特·德·卢普斯·德·维尔纳夫（Antoinette de Louppes de Villeneuve）来自一个同样显赫而富裕的家庭。但和埃康不同，卢普斯家族是马拉诺人（Marranos）——身在西班牙而被迫皈依基督教的犹太人，后来在宗教裁判时又逃往比较欢迎他们的欧洲城市，从法国的波尔多到佛兰德的阿姆斯特丹都有。

米歇尔在十个孩子中排行老三，但他是第一个存活下来的孩子。这个大家庭中宗教信仰复杂多样。弟弟托马斯比他小一岁，妹妹珍妮小三岁，后来都皈依了新教，米歇尔则仍是一名虔诚的天主教徒。

他家庭成员的改宗是当时发生在波尔多及郊区更广泛的运动的一部分。对罗马教会腐败的批评更加速了加尔文会众数量的增长。据一名历史学家估计，到1561年，一座人口仅为5万的城市中就有7000名新教徒。

届时，加尔文派教会已经在法国广泛传播。人们始终未能调和教义的差异，试图压制异端只不过带来了受难者和更多的暴力。天主教徒把加尔文主义者烧死在火刑柱上，新教徒则烧毁了天主教堂。

意识到法国王室明显不能控制日益升级的混乱，1562年，天主教治安团在弗朗索瓦·德·吉斯（François de Guise）的领导下，私设刑罚，屠杀了20名非法礼拜的新教徒，由此展开了天主教徒与胡格诺教徒（Huguenots，加尔文教徒在法国的称呼）之间的内战，这将在蒙田的余生中一直断续存在，直到1629年随着《阿莱斯和约》（Peace of Alais）的缔结才告终止。

尽管蒙田的父母都是忠诚的天主教徒，但他们都认为宗教是一个道德问题，人们可以听从良心的要求自由地礼拜，因此尽管信仰不同，大家庭仍保持着友好的关系。

因为像他母亲这样的马拉诺人的信仰是否忠诚常常遭到怀疑——有证据表明，他母亲家族的其他成员后来放弃基督教信仰，恢复了祖先的信念——尽管没有证据表明他的母亲是一名不真诚的基督徒，尽管蒙田本人通过教养、习俗和长期持有的信念成了一名天主教徒，但有人认为按犹太人母系血统的规定，蒙田是否应被视为犹太人是值得讨论的。

蒙田当然知道关于他母系祖先的基本事实，但他觉得这种个人的牵连是没有意义的。因为，正如他在《随笔集》一段尖刻的评论中所说——背景是，他明确地指出了西班牙和葡萄牙的犹太人因被强迫改宗而遭受的极大痛苦——“习俗和时间远比其他任何强制都更有力”。

父亲亲自指导蒙田的教育，确保这名男孩能精通古代的异端经典学说。蒙田长到可以阅读时，父亲聘请了一名住在家里的拉丁语教师，所以这名小男孩接触到的全是拉丁文著作，而他学习拉丁语时“没有采用任何不自然的方式，不依据书，也没有语法或规范”。

这种方式实施了几年后，蒙田被送去波尔多新成立的吉耶讷学院（Collège de Guyenne）学习，在这里汲取了古典学问和狂热的反思精神（“我们必须发动对自己的战争”，这种精神得到了伊拉斯谟[1469—1536]等基督教人文主义者的支持）。因为父亲想将长子培养为一名法官和士兵，蒙田又学了法律，很可能在图卢兹（Toulouse）大学度过了少年时代的大部分时光。

蒙田快21岁时，继承了父亲（也可能是叔叔）购买的佩里格间接税法院推事（Courdes Aides of Périgueux）一职。该法院最近成了国王行使司法权的新力量，在岗律师们领取年薪，并对涉及司法纠纷的各方征税作为补贴。1557年，新法院解散，成员们被纳入波尔多最高法院，蒙田在其中又担任了13年的参政员或法官。

波尔多最高法院是八个类似机构（其他法院分别位于巴黎、图卢兹、格勒诺布尔、第戎、鲁昂、艾克斯和雷恩）之一，它们共同构成了法国的最高法院。随着宗教异议在这些年内甚嚣尘上，国王的力量有所减弱，法国各大法院的法官们不仅在司法管理上发挥了主要作用，在执行皇家法令和制定公共政策上也是如此。

蒙田年轻时似乎一直效忠于君主，在16世纪60年代时偶尔会担任波尔多高等法院和国王在巴黎法院的大使。他在《随笔集》中把自己描述成一个漫不经心的人，丝毫不拘泥于衣着和礼节。蒙田生来定不下来，发现自己很难安静地站在哪里。他写道："我讨厌控制"，继之以讨厌须严格控制自我的自律。他易于感情冲动，最珍视自由和言语坦率，而这有时会使他显得有些失礼。

作为一名能进入巴黎法庭的法官，蒙田内心深知司法是如何运作的——这种经历使他不抱幻想。他在《随笔集》中辛辣地评论说："法律现在尚能维持声誉，不是因为它们是正义的，而是因为它们是法律。""这是其权威的神秘基础，别无其他。这对法律而言是好事，制定它们的往往是一些傻瓜，更多情况下则是一些憎恨平等、希望不公的人，但他们全都是一些虚荣而又优柔寡断的人。"

不过，蒙田在遇到即将成为他生命中最重要的年轻人拉·博埃西（Étienne de La Boétie，公元1530—1563）时发现，并非所有法官都是傻瓜。拉·博埃西比蒙田年长两岁，是一位真正的文艺复兴时期的人，在奥尔良大学受过良好的教育。在奥尔良大学，法学研究被认为是追求智慧的一个方面（也是在这里，他的小学老师因为是一名胡格诺派教徒而于1559年被烧死在火刑柱上）。

博埃西18岁时撰写了《论甘愿受奴役》（*Discourse on Voluntary Servitude*）。这篇反对专制的文章具有很高的学术性，表现出作者很熟悉柏拉图、亚里士多德、塔西佗、但丁、托马斯·莫尔、伊拉斯谟和马基雅维利等众多古今权威人物。随后几年内，博埃西的文章在波尔多的法官们之间广泛流传。蒙田也描述了自己年轻时对这篇文章杰出修辞的崇拜。

在那个年代这是一篇相当激进的作品，其中充满了为蒙田所珍视的坦率言辞。尽管拉·博埃西明确指出法国君主制没有任何专制弊病，但他对专制政体的批评是摧枯拉朽的。正如标题所揭示的，他抨击的对象不仅仅是暴君，也包括普通公民的奴性——康德后来称之为“自我强加的不成熟”。如果没有静默的臣民的合谋，专制也不可能生存。

大约在1557年底和1559年前几个月期间，蒙田第一次见了拉·博埃西。两人成为灵魂伴侣，就像塞涅卡和鲁西里乌斯那样分享对智慧的爱；两人也共享了对对方灵魂的爱，与苏格拉底对阿尔喀比亚德的柏拉图式爱情不无相似。

“特别是在天赋方面，我不知道还有谁可以和他相比”，蒙田在《随笔集》中说。“如果你非要我说为什么爱他，我觉得这无法用言语表达，只能这么回答：因为是他，因为是我。”

这些言论出现在《论友谊》（*Of Friendship*）中，蒙田并不讳言他的感情。他温暖的情感得到了拉·博埃西的回应，后者给蒙田写了好几首诗。其中一首诗中，他把蒙田比作阿尔喀比亚德，并暗示他必须（像苏格拉底对阿尔喀比亚德那样发挥作用）教会他年轻的朋友如何用理性而非冲动来控制自己的生活。

正是以这种方式，拉·博埃西促使蒙田将“哲学”理解为一种生活方式而非学科门类。

对一些人来说，蒙田时代的哲学仍与中世纪时期无异：它是一种专门的职业，一般由天主教神职人员在大学中带领人们从事研究，并仔细阅读一小部分经典文献（尤其是亚里士多德的）及对这些文献的权威注释（尤其是阿奎那的）。但对其他许多人来说，“哲学”现在与对经院哲学方法的否定有关，后者主要是由15世纪末文艺复兴的先驱提出的。在佛罗伦萨，斐奇诺（Marsilio Ficino，公元1433—1499）诉诸奥古斯丁、普罗提诺和柏拉图的工作，认为它们代表了一种比阿奎那所支持的亚里士多德方法更好的道德传统。伊拉斯谟也同样认为，真正的哲学家不是他这一领域的学者，而是那些通过模仿苏格拉底或耶稣，在实践中寻找智慧的人。

斐奇诺、皮科·德拉·米兰多拉（Pico della mirandolo）、伊拉斯谟、托马斯·莫尔等人文主义者能够重新阅读希腊著作，从而，在文艺复兴时期重新发现了古典时期的其他伟大哲学派别，包括：芝诺的斯多亚学派及其罗马的追随者塞涅卡、爱比克泰德、马可·奥勒留；皮浪的怀疑主义（认为对于大量可疑的核心信念来说，悬置关于它们的真伪判断能够带来灵魂的平静）；伊壁鸠鲁的唯物主义学派，其门徒通过思考受造宇宙的无尽变化，并宣扬一种适度享受身体快乐的伦理观（从而避免了为基督教和柏拉图传统所赞赏的极度苦修形式）而获得一种自我安慰。拉·博埃西致力于效仿——并灌输给朋友米歇尔——的正是这些古代学派教导的对哲学生活的理解。

但和塞涅卡在晚年时不同，这一时期没有人对从公共生活和世俗事务中隐退表现出丝毫兴趣。正相反，作为波尔多高等法院的活跃成员，拉·博埃西和蒙田发现自己身陷（无论是否愿意）日益困扰法国的政治和宗教困境中。越来越多的法国人支持新教，其中也包括两人都很熟悉的许多人。国王在安抚与镇压之间犹疑不决。结果导致“朝中派系纷争，无数主角和配角你方唱罢我登场，不停地制定和平协定，随后又继之以新的战争，西欧几乎每个国家都有许多匪夷所思的外交阴谋”。

拉·博埃西当时已是波尔多高等法院最有成就的谈判者之一，他一头扎进了这团乱麻。和蒙田一样，他是一个效忠王室的温和主义者，支持君主制和既定的教会。为了阻止胡格诺派在波尔多夺取政权的企图，他曾帮助高等法院召集起一支1200人的军队。1562年1月国王发布敕令（当时发布的大量敕令之一，旨在通过授予胡格诺教徒以更多的礼拜自由来平息新教徒的暴力行为）几个月后，拉·博埃西作了一篇备忘录批评该敕令。他警告说，一个国家如果有两种不同的宗教团体，迟早会陷入混乱和流血。他指出，唯一的解决办法是一种革新的天主教，其改革既不是由天主教领袖也不是由持有异议的基督徒完成，而应当在国王和高级法院的一致行动下完成。（人们常推测，蒙田基本同意拉·博埃西关于议会君主制与宗教统一的务实观点。）

公元1563年，为了镇压新教徒起义，从波尔多市往阿让镇派了一支军队，拉·博埃西随军一同前往。他劝说该镇的叛军放下武器，从而阻止了更多的暴力，但自己患上痢疾。

当年8月蒙田邀请拉·博埃西赴宴时，得知自己的朋友健康状况不佳。随后几天内，蒙田一直陪在拉·博埃西床边。拉·博埃西意识到自己将不久人世，在妻子、叔叔和蒙田的见证下立下遗嘱，其中提到了对家庭的赡养，并将自己的藏书赠给了蒙田。

蒙田在一封很可能于拉·博埃西去逝后不久写给父亲的信中，记述了他们的最后几次谈话。有一次，蒙田惊讶于拉·博埃西在受到胁迫时表现出的“伟大的灵魂”，发誓说，“这将成为我效仿的榜样，我今后也会这样做”。拉·博埃西请求蒙田这样模仿他：“用行动表明我们健康时一起谈过的话不只出于我们的嘴，也深深地铭刻在心里和灵魂之中。这是我们学习的真正目标，也是哲学的真正目标。”

拉·博埃西的逝世摧毁了蒙田。极度悲恸之下，他开始着手出版拉·博埃西写过的一切。与此同时，他服从了父亲在两个方面给他施加的压力：同意一门定好的婚事；同意将冗长的《自然神学》（*Natural Theology*）译为法语。这篇文章由一个被遗忘的名叫雷蒙·塞邦（Raymond Sebond）的15世纪的修士写成。

这些年中，他的外在生活给人中规中矩的感觉。父亲于1568年去世后，34岁的米歇尔以长子身份成了一家之主，继承了家族的宅邸，此后一直与孀居的母亲在蒙田城堡生活。几个月后，蒙田出版了第一部文献，即雷蒙·塞邦的《自然神学》，献给了父亲，然后为拉·博埃西六部不同的作品（两本诗集，四篇译文）作了六篇序言。

作为一名经济自给的贵族，蒙田现在可以全身心地投入哲学生活。1570年，他从高等法院辞职。几个月后，他隆重地纪念了这个

“退休”的决定，在藏书室的墙上贴上了一段拉丁语铭文：“基督纪元1571年，38岁，二月的最后一天，生日，米歇尔·德·蒙田，久已厌倦法院和公职的束缚，回归了缪斯女神的怀抱，他将在此地平静无忧地度过余生，这短暂的一生现已流逝过半。如果命运允许，他会在这个住所，这祖先留下的甜蜜的隐居处走完一生；他将它用于自己的自由、宁静和悠闲。”

正是在这样的背景下——远离妻子和家人，独自一人在一座藏书室中，周围满是朋友拉·博埃西的书，心里也许依然有些悲伤——蒙田开始着手一件新任务。他后来说：“从事写作这个白日梦第一次进入我的脑海，乃是一种令人哀伤的幽默。然后，我发现自己完全不了解其他任何事，就把自己作为自己的论点和主题。”根据这一叙述，《随笔集》旨在提升自己的精神，继续进行拉·博埃西在他身边时就已开始的对智慧的追求。

隐退书房后，他首先做的一件事就是在墙上题写了对朋友的纪念：“[致拉·博埃西之灵]，最温柔、最甜蜜、最亲密的伙伴，我们这个时代没有人比他更好、更博学、更迷人、更完美。米歇尔·德·蒙田，悲惨地失去了生命中最挚爱的依托，铭记紧密维系二人的那相亲相爱的感觉，想要建立某种独特的纪念物，却不能更有意义地做到这一点，因此以这种完美的方式在心中纪念他。”

失去一位交谈伙伴后，蒙田开始了一种哲学独白，持续不断地与自己对话。他说：“我的职业和艺术是活生生的。”就像塞涅卡以一系列信件向鲁西里乌斯提出劝告那样，蒙田开始写一系列短文，与自己进行某种通信，这有助于他“认识自己，生得其乐，死得其所”。他的一个座右铭是“勇于认识”（*Sapere aude*，源于贺拉斯，两个世纪后康德在著名的文章《什么是启蒙运动》将其作为开场白）。

尽管他可能很勇敢——实际上蒙田写作时一点儿也不勇敢——但人能够真正“认识自己”吗？并且，如果可以的话，应该怎么做？如果他要过一种由理性支配的生活，应当选择哪一种可靠的哲学信念和实践？他要效仿谁？苏格拉底？塞涅卡？像奥古斯丁这样的基督教哲学家？抑或是身边的人，一个像拉·博埃西这样的挚爱友人？他在《随笔集》中评价拉·博埃西说："他的心灵模式不是我们这个时代而是其他时代的。"在写给父亲的一封信中，他将拉·博埃西的一生描述为典型的斯多亚主义者，"崇高、善良、意志坚定"。

蒙田读得越多，写得越多，就越是怀疑——怀疑理性控制人类情感的力量，斯多亚主义的美德，以及在基督教人文主义的框架中审视自我的价值。（在这个框架下，人们可以由此而获救：对《圣经》怀有坚定不移的信念，并通过新柏拉图主义的精神修行逐步实现与上帝的和谐。）

同时，世界大事迫使他思考在整个法国骤然爆发的新的宗教冲突的影响。1572年夏末和秋季，一场前所未有的宗教暴力狂潮席卷了法国。8月22日，几名刺客试图暗杀胡格诺派领袖加斯帕德·德·科利尼（Gaspard de Coligny），但未能成功。亨利·德·吉斯（Henri de Guise）担心新教势力可能会寻求报复（特别是在法国南部），说服了查理九世和他的母亲凯瑟琳·德·梅第奇（Catherine de Médicis）授权允许先发制人，两天后在圣巴托罗缪节（Saint Barthdomew's Day）时发起第二次袭击。这一次，为数更多的武装人员成功杀死了几十名胡格诺派领袖，后者聚在巴黎是为了参加新教徒纳瓦拉的亨利（Henry of Navarre）与天主教徒、国王的妹妹玛格丽特·德·瓦卢瓦（Marguerite de Valois）缔结的王族婚礼。

随着大屠杀的消息流传开来，天主教徒中爆发了自发的对胡格诺教徒的屠杀，仅巴黎一处就死了约2000名新教徒。接下来的两个月内，奥尔良、里昂、鲁昂、图卢兹和波尔多也发生了类似的屠杀，造成3000多名新教徒死亡。

唯一幸存的贵族是纳瓦拉的亨利。为此，他不得不公开放弃加尔文主义，并和新婚妻子一同被软禁在王宫内。

此后几个月内，无数恐惧的胡格诺教徒涌向当地的牧师，要求重新受洗为天主教徒。但这种强制改宗不可避免地会引起怀疑，就像当时人们对改信天主教的犹太人（如蒙田自己的母亲）的怀疑一样。在一个连生存都需要伪装的世界中，几乎不可能区分敌友——更难以保证来自敌对宗教团体的个人间能有基本的信任感。

圣巴托洛缪节大屠杀导致法国重启内战。作为一名贵族，蒙田有权力——也有义务——为国王的军队服役。他这些年无疑在当兵，尽管我们不清楚他是何时在何处作战的。

根据当时最可靠的法国宗教战争历史学家雅克·奥古斯特·德·图（Jacques-Auguste de Thou，公元1553—1617）所说，蒙田也曾作为一名谈判者被卷入这场战争。他后来与德·图关系不错，告诉后者自己曾试图在纳瓦拉和亨利·吉斯之间加以调解。蒙田在巴黎从事外交工作时大约是在1572年至1576年之间，当时纳瓦拉正遭软禁。

考虑到这两人的个性，蒙田作为调解人面临的是一个几乎不可能的挑战。纳瓦拉的亨利除了信奉加尔文主义以外，还是国王的远房表亲，王位第二继承人；作为纳瓦拉的统治者，他还在名义上负责维持法国西南部的法律和秩序。和纳瓦拉不同，吉斯没有贵族血统，他在朝廷中之所以能有不可替代的地位，得益于他激进的反新教主义态度，并且1576年后成了神圣联盟的领袖。神圣联盟是一支纪律严明的民间武装力量，与王权有着若即若离的联系（吉斯名义上是国王的大将军）。使问题更为复杂的是，纳瓦拉的新娘玛格丽特·德·瓦卢瓦是一名虔诚的天主教徒，她一度迷恋亨利·吉斯；出于王朝的利益与纳瓦拉缔结了婚姻，婚后双方都发生了背叛行为。

蒙田有一些外交经验。然而，考虑到圣巴托洛缪节时发生的流血事件，可以预料双方都不会信任对方。据德·图叙述，更令人惊讶的是，蒙田认为纳瓦拉和吉斯都是以宗教信仰“为表面借口”，推进其政治计划。

无论如何，纳瓦拉1576年设法逃离了巴黎。不久，他重新皈依加尔文教派，控制了胡格诺教派在加斯科尼（Gascony）大本营的武装力量。

随后几年出版了大量新教宣传册。胡格诺教派传播一种反对君主制度的宪法，其核心是实现教派控制下各区新教领袖的自由选举。其中流布最广的一部新教书籍为《回忆录》（*Mémoires de l'étatde France sous Charles neufièsme*），由一名流放到日内瓦的法国胡格诺教徒西蒙·古拉特（Simon Goulart，1628年逝世）编撰而成，收集了关于圣巴托洛缪节大屠杀的一些文献，以及有关歹徒和烈士的耸人听闻的故事。书中包括了拉·博埃西《论甘愿受奴役》的完整法文版，或许是因为这篇文章就反抗独裁统治者（不仅会镇压宗教自由，也会镇压道德自由）提出了极有说服力的论据。

蒙田早就计划在《随笔集》的《论友谊》一章中列入拉·博埃西的全部文章。但1579年波尔多高等法院烧毁了《回忆录》法文版的副本，蒙田改变了计划，在出版的书中对《论友谊》一章和关于拉·博埃西的赞颂未作修改。但代替重印《论甘愿受奴役》，蒙田写了一个语义含混的新结尾，告诉读者他在最后一分钟决定略去文本，"这样作者的记忆就不会被破坏"。他声称："在他所处的时代，没有一个公民比他更好，没有人比他更致力于国家的安宁，更仇恨骚乱和变动"，但又看似多此一举地补充说，如果拉·博埃西可以选择出生地的话，那么他不会选择法国而会选择威尼斯——一个共和国而非君主国。

正如这个例子所表明的，蒙田是一位隐晦批判的大师——在这里，他批评法国烧毁了他朋友主张自由的论文。蒙田表面上秉持保守主义的虔敬，同时却又表达了对他真实信仰的怀疑。这种独有的间接风格——其标志是自相矛盾的断言、不合逻辑的推论、似是而非的论据——在《随笔集》最长的文章《为雷蒙·塞邦辩护》中达到了顶点。现代学者公认这一章是在玛格丽特·德·瓦卢瓦授意下写就的，时间很可能是在1578年之后不久。玛格丽特于这一年重新回到丈夫纳瓦拉的亨利身边，发现周围都是希望她放弃天主教的新教徒。

蒙田的这篇长文几乎以每一种可以想象的方式与哲学传统上以

往那些最有名的辩护构成了对立。苏格拉底为自己辩护时声明自己为人正直而不夸夸其谈，他发誓要表现真正的自我，并展现其信仰是如何与行为完美统一在一起的，二者都无可挑剔，且完全一致。

与之不同，蒙田自命为塞邦的代表，通过写作为其案件辩护，而他提供的辩护最多也只能说是讽刺性的。气势磅礴的文字中出现了几乎每一种能够想象的修辞手段，有时简直没有明显的理由；我们时不时地会弄不清楚他的辩护究竟是发自内心还是名褒实贬。这是一篇令人费解和困惑的作品，其对象并非陪审团，而是聪明到足以解读文中多种矛盾和诡辩的读者。

现代学者指出，的确可以从蒙田为塞邦的辩护中重建出各种貌似有道理的线索，根据多少一致的论点提出其基本结构：塞邦的《自然神学》（蒙田将其从拉丁文译成了法文）旨在通过搜集整理逻辑论证和来自“自然之书”的直接依据，证明理性与信仰间的和谐，期望能说服那些即使不了解《圣经》的人也承认宇宙的神圣秩序，从而开拓出一条通往基督教真理的独立而完全理性的道路。

在《辩护》中，蒙田选择了两个针对塞邦论述的主要反对意见加以回答：第一，基督教不应基于理性或经验证据而应只基于信仰；第二，塞邦实际的论证和论据都很不足，缺乏说服力。

一位现代哲学家讽刺地总结了蒙田对第一个反对意见的回应：“为了‘捍卫’塞邦的论点，即真诚的信仰可以由理性加以证明，蒙田先是将纯粹的信仰作为宗教的基石；然后又将塞邦的结论作为接受上帝之后而非之前的辅助放在一个次要地位上。”因此这个论据尽管是一致的但却也是罔顾事实的，因为蒙田辩护的前提似乎破坏了塞邦的整个计划。

同样荒谬的是蒙田对塞邦论述第二个反对意见的回应。他首先承认塞邦在论据和经验证据上有所不足，然后为这些不足进行辩护，认为没有人能有更好的论据或证据，“没有人可以通过理性的方式获得任何确定性”。

尽管细心的读者能从这初看无可救药的杂乱文字中提取出一致

的论点，但直到今天，人们也无法确定蒙田究竟想要通过这样一种极为特殊的方式来达到什么目的。

他果真在捍卫基督教信仰吗？还是说这篇令人费解的散文及其怀疑主义的色调表明了蒙田实际上怀疑一切，甚至也包括正统天主教——他只是假装在为其辩护？

至少有一件事是明确的：蒙田的写作风格形成了一种完全开放的文本，我们可以用多种方式来阅读它。《为雷蒙·塞邦辩护》行文中有一段经典的话隐藏在了一个自相矛盾的警告中。这段话是直接对某个人说的（也许是玛格丽特·德·瓦卢瓦），提醒此人不要管蒙田本人刚刚在长篇大论中提出的反常论点：

> 我们的思想是一种不可靠、危险和冒冒失失的工具，很难要它遵守秩序和尺度。在我的那个时代，那些出类拔萃、思想敏锐的人，差不多个个在语言和行为上都放荡不羁。偶然遇到一位知书达理的规矩人，简直可以说出现了奇迹。所以给人的思想设上樊篱也不是没有道理的。在学习时也应当和其他事一样，必须计算和调整思想的步骤，规定其追求的范围。他们用宗教、法律、习俗、科学、箴言、生前死后的奖惩来束缚和钳制思想，但我们依然看到，飘忽不定、变化无方的思想会挣脱这些樊笼。它空无一物，抓不住也够不着；它变化多端，绝无定型，系不住也握不牢。当然，有少数灵魂谨遵秩序，坚定而又高贵，我们应当相信这样的灵魂能够掌控自我，保持适度，绝不鲁莽，自由地做出判断，并超越一般人的看法。但是，最好还是看管好人们的灵魂。思想是一把伤人的利剑，如果佩剑者不知道如何有条理地谨慎使用，甚至会伤及自身。

蒙田在这段话里想说什么？一方面，他说“他们”（他们是谁？）“束缚和钳制”思想，并暗示这样做“是有道理的”。另一方面，他又隐晦地为自己辩护，说思想“空无一物”，“抓不住也够不着”。如果他的后一句话是真的，那么必须要问：试图束缚和钳制这种绝无定型的思想有没有实际意义？

此外，我们还被告知，如果人不知道如何“有条理地使用”，思想就是一种危险的武器。但我们阅读的这段话本身就缺乏条理。它既没有给出明确的准则，也没有就信仰的核心问题做出清晰的陈述——人们或许会期望，一个真正关心公众能“被看管好”，强调“要给人的思想设置最严密的樊篱”的人能做到这一点——读者看到的是各种矛盾和自由发挥杂乱无章地混杂在一起，一段“飘忽不定、变化无方”的话，这意味着……什么呢？

我们还记得蒙田的座右铭“我知道什么呢（Que sais-je）？”这个问题遍布在《随笔集》的每一页中。为了回答这个问题，作者缓慢然而坚定地放弃了早期试图效仿古代先贤的努力，甚至也不再效仿那位人文主义友人拉·博埃西表现出的斯多亚式的正直。

他转向内在并决定研究自己，其方式就是坦率地描述自己在判断和行为上的变化不定，对不同思想形式的尝试，并通过写作来研究自己。写作本身不是目的，而是一种检验他信仰的手段，他在写作时心中没有任何成见或既定目标，以这种方式——不事雕琢地呈现自己的思想——来重新构建自己：“我为了塑造自己的生活已竭尽全力。这是我的职业，我的工作。”

尽管这本书形式和风格都很新颖，蒙田还是很容易就找到了出版商。出版社当时还是个新鲜事物，但已然创生出一种新的社会群体：对特定文章感兴趣的读者群。这些文章现在远比手抄手稿（阿奎那和奥古斯丁的著作就采取了这种形式）流传得更为广泛。

蒙田出版《随笔集》的商业伙伴是西蒙·米朗吉（Simon Millanges），这位波尔多出版商擅长出版新作家的优秀作品，主要以有钱的贵族读者为客户。尽管米朗吉身处波尔多而非巴黎，但他出版了当时法国三位最重要作家的作品：除蒙田外，还出版了诗人（也是一名胡格诺派教徒）吉约姆·德·萨吕斯特·杜巴尔塔斯（Guillaume de Salluste Du Bartas，公元1544—1590）的作品，其诗作《创世》（*La Sepmaine; ou, Création du monde*，1578）成为弥尔顿《失乐园》（*Lost Paradise*）的基础；1582年，米朗吉出版了雅克·奥古斯特·德·图的第一部著作。米朗吉对文学天赋判断精准，蒙田走上了与他合作的道路，很可能还帮忙分担了第一版的部分资金。

蒙田声称这本书是“为了方便我的亲人和朋友”，他的大部分亲人和朋友都有公职。第一批读者是一些与他身份地位一样的法国人：公职人员、受过教育的律师、绅士、士兵、外交官——他们差不多和他一样关心政治和道德，关注法国宗教战争引起的灾难性残暴行为，以及或许有助于遏制这类流血事件的公共政策和个人道德。

正如一位现代学者所写，“为了回应当时的内战危机，蒙田在《随笔集》中提出了一种新的伦理，以抵制在他所处的文化及贵族阶级中盛行的英雄式美德。针对那些决不屈服（哪怕面临死亡）的强硬派——坚定的斯多亚主义者、为荣誉所缚的贵族、宗教狂热者——他提出了一种顺从的美德，它并非出自英勇的努力和哲学的训练，甚至也不源于基督教的慈善或温柔，而只不过就是普通人的感受”。

理论上——如果我们认真对待《随笔集》中含蓄而谨慎地加以表达的怀疑论观点——蒙田是一个深刻的多元论者，他敏锐地意识到了一切道德和政治习俗的多变、短暂和纯粹的偶然性。但在实践中——他害怕常常可能发生的血腥混乱——这位多元论者也是一名专制主义者：他审时度势，时刻准备服从天主教国王的命令。

在《随笔集》的复杂逻辑中，内在信仰与外在行为之间表现出一种分裂：“在如此腐败的年代，考虑到那些人（谈论别人还不怎么需要说谎）时，几乎没有谁是可信的，那么，当人们在谈到自己时，我们还能相信谁呢？”蒙田远离了柏拉图在《申辩篇》中表现的苏格拉底式真诚，打造了一种隐晦的新写作风格，这种风格与他实际生活的充满宗教迫害的世界相符。他说：“我们自我的一部分应对社会负责，但其中最好的一部分应对自己负责。”

像哲人王柏拉图在《理想国》中描述的那样，蒙田将追求真理，但有时也会采用一些“高贵的谎言”。他可能会故意误导，并明显表现出自相矛盾，但他也试图准确地记录出现在脑中的“所有细微的想法”，不论它们看起来多么前后不一致。通过写下想到的一切，能够如实呈现出他“最好的部分”（即内心的信念）与他对社会负责的那一部分（即他的外在行为和各种关于信仰的公开声明）之间的分裂，呈现出这种前后不一致。

“我不描述存在。我描述经过……[这些随笔]记录了各种变化多端的事件，记录了踌躇不决乃至自相矛盾的思想……我可能的确会不时地与自己发生矛盾……但我不会与真理有矛盾。”

《随笔集》第一版出版后，蒙田于1580年6月开始启程进行一次长途旅行，随他同行的还有一小队家人、朋友和侍从。这个旅行团先去了巴黎，蒙田向国王亨利三世（1574年查理九世逝世后即位）呈送了一本精装版的《随笔集》。

当时，国王正计划围攻一个由胡格诺教派军队掌控的法国小镇，蒙田同意加入国王的军队。尽管他憎恶战争的残酷无情，但并不介意履行军人职责：“没有什么职业像军人这样令人愉悦”，他几年后在书中新增的一篇随笔中声称，“这一职业在行动上（因为最强壮、最慷慨、最值得骄傲的美德是勇气）和原因上（没有一种服务比保卫祖国的和平与崇高更加正义和普遍）都很高尚”。

九月初，国王的军队即将击溃新教叛军在拉费（La Fè）的抵抗，蒙田和随行人员得以继续旅行。蒙田现在47岁，作为一位对法律、政治和战争有一手经验的新生作家和退休贵族，他日益为经年的疾病所苦，尤其是反复发作的肾结石，简直令他难以忍受。

蒙田顾不上这些，他渴望体验更广阔的世界。接下来14个月内，旅行团从法国到了瑞士，然后又去了德国，但多数时候在意大利旅行。他们在矿物温泉浴待了好几周，蒙田试图在这里治愈肾结石，恢复健康。他们还在威尼斯、维罗纳、佛罗伦萨、锡耶纳、比萨、卢卡和罗马停留了五个多月，探索各地的历史名胜。

不论去哪儿，蒙田都会考察当地的宗教活动形式。他参观了巴塞尔、巴登和奥格斯堡的新教教堂，参加他们的礼拜仪式，并与牧师们讨论他们的观点，认真记下了路德教、加尔文教和茨温利教（Zwinglians）之间的教义差异。他也参观了意大利天主教堂，记录了牧师和主教如何做礼拜，认为意大利人总体而言比法国天主教徒更宽容。他还观看过一名罗马驱魔师试图把恶魔从人身上赶走，描述了牧师如何用“震耳欲聋而又威风凛凛的声音”威吓恶魔。他和他的旅行团获准觐见教皇，后者或许帮助蒙田成了一名“罗马荣誉公民”。他在罗马与耶稣会士胡安·马多纳多（Juan Madonado）见过几次面，这位博学的神学家也参与了纳瓦拉的亨利的改宗事件（巴黎圣巴托洛缪大屠杀之后，亨利由加尔文教改信天主教）。蒙田还会见了负责审查《随笔集》的教皇，后者放过了蒙田，只是告诫他要根据良心来“纠正在我看来不好的东西”。在维罗纳时，蒙田拜访了一座犹太教堂，并与拉比交谈；他还在拜访罗马的犹太教堂之后目睹过一次割礼。他对于不同宗教经验的好奇心简直可以说是无穷无尽的。

与此同时，《随笔集》在法国影响很大。这本书让作者声名远扬。有传言说国王亨利三世称赞蒙田书写得好，他回答说，如果国王殿下喜欢他的文章，那么也应该喜欢他，“因为它们只是对他生活和行为的简单记述”。

第一版出版后不久，1582年，作了些微修订的第二版也由波尔多的西蒙·米朗吉出版；1584年在鲁昂出了第三版；1587年的第四版翻印了第二版，但改由巴黎的让·里歇尔（Jean Richer）出版；第五版作了彻底的修订，“增添了第三卷，篇幅比前两卷多了600多页”，1588年由法国最有名的出版商阿贝尔·安热利耶在巴黎出版。

蒙田作为一名作家，拥有在波尔多高等法院担任法官的经验，又在巴黎为国王的法院当过外交官，他的名气越来越大，其政治能力和观点也受到越来越多法国名流的关注。

公元1581年11月底，蒙田从国王亨利三世那里得知，他在缺席情况下被选为波尔多市市长，显然是在镇上的官员和市外有关方面的权威（不仅有亨利三世，也有纳瓦拉的亨利）一致同意下做出了这一选择。蒙田匆忙回家履行这一新职责。波尔多大部分精英是天主教的支持者，但周围乡村新教徒居多，并受到纳瓦拉的控制。波尔多市长听从君主支配，理应在朝廷代表地区的利益。但历史学家德·图说这位新市长是“一个精神自由、独立于派系之争的人”。

蒙田自称效忠法国国王，因此并不奇怪他会在1573年成为亨利三世王朝的一名官员，但四年之后，他又在纳瓦拉的亨利的朝廷中做官。作为顾问和特使，他是罕见的能同时获得双方信任的贵族。1583年和1585年，他参与了一系列外交任务，成功地将波尔多忠于吉斯的神圣联盟中的人与好战分子隔离了开来，并试图协调纳瓦拉和国王之间的矛盾，他谈判的话题之一是法国下一任王储问题：因为1584年国王弟弟的去世使纳瓦拉的亨利成了国王的法定继承人。

这是一个残酷的时代，但蒙田谨慎地主张要仁慈和怜悯，后面这两个主题在《随笔集》中一再出现。由于这些年的外交，他结交了菲利普·杜·普勒斯·莫耐（Philippe du Plessis Mornay，纳瓦拉最亲密的顾问之一，也是胡格诺派最重要的哲学家）。据称莫耐是《为反对暴君的自由而辩》（*Contra Vindiciae Tyrannos*）的作者，这篇为暴动辩护的激进文章于1579年出版，本质上与蒙田的老朋友拉·博埃西在一代之前提出的论点是一致的。

但蒙田本人仍避免任何激进的言论。正如他所设想的，他的工作不是死守抽象的原则而是确保当地的法律和秩序，维持波尔多及其周边地区的和平，使居民服从君主。他在这一点上很成功，尽管他温和的政策——以及他愿意与新教徒谈判这一点——不可避免地激怒了好战的天主教徒，认为他缺乏勇气。

20世纪30年代，批判理论的创始人马克斯·霍克海默（Max Horkheimer）抨击蒙田及其“怀疑主义”是懦弱的反理性主义的一种阴险形式，是为自鸣得意的资产阶级准备的完美哲学——这样的人取法中道，精神上自由，实践中墨守成规，本质上不可能在需要做出艰难选择的斗争中站在任何一方。（霍克海默心里想的无疑是他那个时代的德国市民，他们在魏玛共和国的法西斯主义与共产主义即将决斗时表现得优柔寡断，犹疑不决。）

这是一种讽刺笔法，部分乃是因为它是为辩论服务的。但霍克海默说蒙田“本质上将自身角色视为谈判者而非敌对者”是对的。蒙田的确在理论上和实践中对一种残酷无情的现实政治表明了自己的态度，表现出某种狡猾和愿意屈服，而这正是为寻求和平解决暴力冲突而采用的开明外交的典型特征。

这无疑是蒙田在《随笔集》中特地为臭名昭著的阿尔喀比亚德说好话的原因之一。这个雅典的变色龙“冲动鲁莽”（用蒙田的话说），但他作为一名谈判者很有魅力，赢得了（尽管只是暂时的）雅典人、斯巴达人甚至波斯人的信任，他的生活——如果我们忽视他那不名誉的背叛，重点关注他在不同文化间加以协调的卓越能力——正如蒙田以一种戏谑的宽容态度所说，包含了某种“最为丰富和值得拥有的品质”。

和《随笔集》中很多地方一样，这段看似不经意的话实际上是一种精心设计的挑衅。毕竟，柏拉图和普鲁塔克将阿尔喀比亚德作为苏格拉底的对立面，而苏格拉底长期以来一直是好人的偶像，也是蒙田本人常拿来检验自己的试金石。作者深知，过一种正确哲学生活的一个经典标准就是某种坚定的理性统一性和可靠的一致性，苏格拉底宣称自己具备了这两种品质：“在我一生当中，我参与任何公共活动时都与我在私人生活中独处时是一样的。”

然而，蒙田（在这方面和阿尔喀比亚德一样）一再尖锐地做出相反的声明：“我们都是拼凑而成，各组成部分形状不一，结构多变，每一小块在每一时刻都自行其是。”和苏格拉底不同，蒙田认为人类信仰和行为的变化多端有时候是一种美德而非恶行。

他认为人们有可能“过度热爱美德”。他指出“最美的灵魂”柔软、灵活，时刻准备根据复杂多变的情况而加以变通。蒙田愿意与天主教徒谈判，也愿意与新教徒谈判。任何想用传统的一致性标准去批评《随笔集》作者的人都会发现他有所不足（最狂热的天主教徒和新教徒经常这样做）。他很严肃地看待圣保罗的一句格言：“不要聪明过分，保持适度的智慧。”适度使信仰和行为恰如其分，它与不屈的信念和坚定的一致性（像加图这样的斯多亚派英雄最好地体现了这一点）正好相反。

蒙田对自视甚高的受难者的真正动机持怀疑态度：“我确实不知道，这种激情（它出于因反对权威和危险的压力和暴力而产生的怨恨和固执，或是出于对名声的关注）有没有把一些坚持某种观点的人一路送上火刑柱，而这些人在朋友中间时甚至不愿意为这种观点烧掉自己的手指尖。”为了维护国内和平，他通常要求人们服从传统的机构：不同生活方式间的冲突加剧时，“最好的、最可靠的立场”无疑是维护国家的原有宗教和政府。但这并不意味着蒙田本人认为原有的宗教和政府与某种“普遍的自然理性”相一致，因为他在别的地方明确表示，他不相信有这种东西。

1585年，蒙田辞去市长一职，再次退隐到自己的城堡，继续思考自我，为《随笔集》撰写更多文章。这一年中，亨利三世屈从于天主教激进分子，并与他们结盟，对新教徒发起了新的战争。蒙田的工作在这两年内暂告中断。1586年，一支天主教军队对新教徒占领的城镇卡斯蒂永（Castillon）发动围攻，距蒙田城堡只有5英里远。蒙田这一次没有像1580年那样志愿加入国王的军队。他后来写道：“我腹背受敌，对于吉伯林派（Ghibelline）而言我是圭尔夫派（Guelph），对于圭尔夫派而言我是吉伯林派。”此后，最激进的天主教徒怀疑他不可靠，认为他对纳瓦拉的亨利太友好；而在激进的新教徒眼中，他被普遍怀疑是一名天主教徒，对亨利三世国王表现得太友好。

一场致命的瘟疫不仅突破了卡斯蒂永围攻，还夺去了蒙田不少邻居的生命。他在这种阴郁的环境下于1587年对著作做了最后的补充。尽管其风格与观点不断发展，但整部《随笔集》中没有一处阐述过正义理论，或为一些关于如何思考真理、善和上帝的明确观点提供逻辑论证。蒙田继续强调自己缺乏某种理性的统一（苏格拉底拥有这种品质，其他许多古代哲学家也以不同的方式致力于获得这一品质）。鉴于上述事实，人们不禁要问：蒙田真是一名“哲学家”吗?

典型的，蒙田在著作最后几章中改变了自己对这一问题的回答。

他在一个地方写道：“我不是哲学家。”——但这是在他论虚荣的文章中，也许他是想表现出谦虚。

他在另一个地方写道，然后又近乎欣喜若狂地声称：“真正主宰我生活的是这样一种新形象：一个水到渠成、福至心灵的哲学家！”

不论他的哲学是否是福至心灵，蒙田常常把自己描述成一个真诚地追求自我认识的人：“这是一桩棘手的事业，它比看起来还要困难得多：去追随我们心灵那蜿蜒曲折的活动，浸入内心褶皱那隐秘的最深处，拣出并抓牢那搅动我们心灵的无数纷扰。这是一种非同寻常的全新乐趣，它使我们得以从哪怕是最有意思的日常活动中抽身而出。”

他与大多数古典学派对“哲学”的理解之间的矛盾其实很简单：后者致力于寻找一个稳定的核心，一个与坚定意志相一致的自我，始终能够执行理性的命令，而他的追求则揭示了奥古斯丁所说的“人类意识的深渊”。

但不同于奥古斯丁（或追随他的文艺复兴时期的人文主义者），蒙田明显缺乏对一位内心的神的补偿性信仰。蒙田从不幻想一个纯思想的人能像乔瓦尼·皮科·德拉·米兰多拉（Giovanni Pico della Mirandola）在其著名演讲《论人的尊严》（*Oration on the Dignity of Man*）中所说的那样，将自己转化为“一名天使和上帝之子”。他似乎从未体验过狂喜或蒙受某种神启，从而缺乏奥古斯丁和皮科那种崇高的确信。

恰恰相反，蒙田越是思考历史事实、多变的社会风俗以及自己亲眼所见和经历的许多奇怪的事，就越是不得不承认，每个人都不可避免地是低能儿，无以逃脱自身的苦与乐，理智的不纯粹无药可救，思想时常逻辑不清，观念含糊，充满了无数“纷扰”。

对此，他选择通过写作而非斯多亚派的苦行或基督教禁欲主义来塑造自己。他声称：“我不像苏格拉底那样，通过理性的力量纠正我的天性。”“我是如何来到这世上的，我也如何依此而行事。”虽然他通过写作想要了解的是“他自己”，但他并不相信自己有何神圣的来源，也不相信理性的力量可以使他成为更好的人。因此，无法想象他会像柏拉图描述苏格拉底那样，将自己的生活描述成一段模范式的经历，也无法想象他会像奥古斯丁在《忏悔录》中那样，将自己的生活描述成神的旨意。相反，他希望如实描述思想的展开。

随着岁月的流逝，他对世界的体验日益增多，蒙田笔耕不辍，不停地修改和重写，终于完成了一幅“拼贴画”。他将新句子揉进已有的随笔中，搜集了更多的历史和政治短文，引用了更多古圣今贤的争论，也增添了更多自己的思想实验，其内容大小兼容，有抽象也有具体，无所不包而又通常没有定论。《随笔集》完全缺乏系统性，整体风格与它表现的哲学一样新颖，它揭示了一个新的内心世界，其混杂多样一如征服者发现的新大陆：“如果我们能看到，我们的心灵所到的时空是如此无边无际，广阔辽远，没有任何可以驻足的边界，在这样的浩瀚无垠中就会形成一种不受限制的能力，从而产生无数种形式。”

人类变化无常的潜能不仅仅证明了（如皮科·德拉·米兰多拉在其著名演讲中所说的那样）“人的尊严”，它也证明了人类无止境的愚蠢：它是趣味之源，但也可能带来恐惧。人的心灵能做任何事。

蒙田在《随笔集》中以日益精练的文字反复证明了这一点：它们一丝不苟地记录了他那个时代的残酷和暴行，讲述了普鲁塔克见证过的古代的恐怖与辉煌，不断地引用大量观点不一的哲学家（从柏拉图到马基雅维利都有）提出的相互矛盾的准则；同时，他的文字也很谦卑，因为他以毫不畏惧的坦诚记述了自己的美德和恶习，自己的异想天开和深思熟虑的信念。

尽管他强调人的无意义，但《随笔集》终究不是为了表达谦逊。蒙田前所未有的方法——某种“自由联想”——也揭示了两个明确的真理：一是人类普遍受限于变化多端（因为“每个人都背负着人类状况的完整形式”），二是蒙田本人作为一个独特的个体，尽管有自身的自然冲动、纷繁的幻想和理性的信念，但他自觉地与古典哲学宣扬的行为模式和完美的理想形象保持距离。

蒙田有时是愚蠢的，但他的愚蠢明确无疑地表现为他自己的方式。蒙田通过承认自己的独特之处，并描述他与所有人都共有的局限性——无知，对痛苦的敏感，难以驯服的肉体欲望——来设法安慰自己。他因此实现了早期哲学家的主要目标之一：宁静——尽管我们不知道他的成功是来自他独特的哲学方法，还是源于天生的温和性情（《随笔集》的作者表现出了这种性情，并对此大加赞赏）。

无论如何，蒙田特有的冷静无疑使他在外交中挥洒自如。他晚年仍是新教徒和天主教徒都信任的中间人。1587年10月，纳瓦拉的亨利在蒙田城堡住了一段时间。一年后，蒙田去了巴黎，协助促成一项纳瓦拉与亨利三世之间的联盟，以反对天主教联盟的激进分子。

亨利三世开始正式立纳瓦拉为合法继承人。但1558年密谋暗杀亨利·吉斯之后，亨利三世本人也于1589年为一名僧侣所谋杀。一场新的内战由此爆发，由纳瓦拉（现在是亨利四世）一方对抗天主教联盟一方，后者拒绝认可纳瓦拉是法国的合法君主。

蒙田个人无条件地支持纳瓦拉，如果健康允许，他很可能会加入纳瓦拉的顾问团。但他去世前两年中，大部分时间在城堡内闭门不出。他没有亲眼看到1593年亨利四世正式放弃新教，也没有看到他在1598年南特敕令中为天主教和胡格诺教制定的临时宗教协定：这些政策既是出于权宜之计，也真诚地表达了避免更多暴力的希望。

1592年，蒙田患上了扁桃腺炎，好些天因喉咙感染不能说话。据一个同时代的人说，他预感到死亡将近，写了一张纸条要求妻子和一些邻居来他卧室见面："当牧师开始进行圣体仪式时，这可怜的人尽可能从床上直起身来，竭尽全力，双手紧握，在最后的举动中将自己的灵魂交给了上帝。"一个朋友感叹"纯粹哲学的真正楷模和典范"过世了。

他的另一位朋友，著名的法国法学家和历史学家艾蒂安·帕斯基耶尔（Étienne Pasquier），更准确地表现了这位故人的独特成就。为了表达自己的复杂感受，他称蒙田是"法语界的另一位塞涅卡"，但也指出蒙田不像那些古代先贤，他"愉快地享受一种不愉快的生存"。与《随笔集》的许多仰慕者一样，他读书是为了汲取各种经典格言和文章梗概，而忽略了那些更深奥难解的自传性文字，并谴责整体结构没有章法。正如他的有趣评论，蒙田的《随笔集》"不是一座划分为一块块土地和边界的小花圃，而是一片丰富多样的大草原，繁花生长，杂乱无章"。

蒙田是这本书的材料。但他的书和他本人一样无法模仿，并且，正如帕斯基耶尔所了解的，尽管他不断赞美适度，自身却有些野性难羁。通过如实写下自己——不羞愧，不压抑，不欺骗——蒙田展现了一种独一无二的个性，阐述了一种不受道德禁令或逻辑一致要求这两方面约束的思想风格。他谴责新颖性，但《随笔集》却是无可争议的新事物：这是一种自我表达的新形式，从而产生了一种新哲学——在惶然不安中习惯一个充满假象和宗教流血的世界。

笛卡尔

DESCARTES

瑞典女王克里斯蒂娜（Christina，公元1626—1689）和她的王宫。细节描绘了1649年笛卡尔指导女王的情形。油画，由皮埃尔-路易斯·杜梅斯尼尔（Pierre-Louis Dumesnil，公元1698—1781）绘制。克里斯蒂娜天资聪颖，是欧洲最强大的君主之一，她三年前第一次遇到笛卡尔时问他："爱和恨如果滥用的话，哪一种会带来更大的伤害？爱还是恨？"

（Chateau de Versailles, France/The Bridgeman Art Library International）

历史学家们经常把勒内·笛卡尔（René Descartes）称为现代哲学之父，因为他第一个将理性考察从传统权威的束缚中解放出来，第一个要求每个人都应当自主地思考所有问题。笛卡尔是一个数学天才，在微积分、代数和解析几何上做出了重要的贡献。他第一个宣布了折射定律，描述了光线从一种光学介质进入另一种时如何偏折，他还第一个促使“自然律的观念深入人心”。今天，笛卡尔或许因为“我思，故我在”这一陈述而广为人知——而在他自己的时代，他因为主张任何普通人如果训练得当都能成为独立的思想家而闻名。

总之，笛卡尔在许多方面正是18世纪启蒙运动时期的作家所描述的那种人：智力超群的英雄。

矛盾的是，笛卡尔知道他对知识的追求不仅仅源于清晰明确的观念这条逻辑线索，1619年11月10日至11日晚经历的启示也同样重要。这一晚，他做了三个神秘而具有变革意义的梦。

他当时在一个后来从不离身的私人笔记本上写道：“上帝完成了三个奇迹：无中生有；自由意志；上帝在人之中。”

从这个笔记本来看，笛卡尔将自己视为一个能有所洞见的人，他确信这一点就像奥古斯丁确信神启的真理一样。他真诚地相信“所有获得了上帝赋予的理性使用能力的人……都有义务将理性主要用于认识上帝和自己”。他最喜欢的警句之一是塞涅卡的“有人声名赫赫，却不了解自己的死亡，死亡令他们担忧”。笛卡尔去世后不久，关于他的记忆出现了一种理想化的神话，早期的传记全都在叙述他青年时代如何任性，如何转向精神生活，如何出席了一场有罗马教皇特使在场的会议，等等——全在强调他宗教观念的正统性。

笛卡尔在《沉思录》（*Meditations*）中提出了上帝存在的两个著名（其缺乏说服力也同样著名）证据。他用应用数学进行解释，描述了一幅物质世界的权威图景，为惠更斯和牛顿后来的物理学革命奠定了基础。同时，正如他在写给修士和数学家马兰·梅森（Marin Mersenne，公元1588—1644）的信中所说，笛卡尔认为，“你所说的永恒的数学真理由上帝制定，并完全依赖于他”，他还说自己之所以能够发现“物理学的基础”，只是因为他通过迫切想要认识自己而认识了上帝。他还认为这是上帝赋予的职责，即尽其所能对他认识的一切做出真实的说明，“最大限度地不受局部视角或研究者特质的影响”（用一位杰出的现代仰慕者的话来说）。

和其他一些文艺复兴时期的哲学家一样，他偶尔会梦想能阐明一种“普遍数学”——“某种普遍科学，可以解释关于秩序和度量所想知道的一切，它同任何具体题材都没有关系”。对一些基督教批评者而言，这个致力于考察物理世界的梦想是亵渎神明，是一种骄傲的病症。尽管笛卡尔临终前几年细心挑选了几篇文章出版，在其中反复申明自己的虔诚，但也留下了一些生前谨慎地未予发表的重要作品，并且，他一生中大部分时间在新教国家生活，远离那些曾谴责过伽利略著作的宗教审查人员。

笛卡尔没有过上其贵族父亲为他设想的那种富裕体面的舒适生活。1596年3月31日，勒内在法国卢瓦尔河谷附近的图尔出生，是家中第三个存活下来的孩子。父亲若阿基姆·笛卡尔（Joachim Descartes）是一名天主教法官，在布列塔尼高等法院（管辖雷恩以北地区）任职。母亲让娜·布罗夏尔（Jeanne Brouchard）一年后死于难产，父亲将三个孩子留给了外祖母让娜·萨因（Jeanne Sain）。

笛卡尔1606年进了安茹的拉·弗莱什（La Flèche）学院，在此之前一直由外祖母抚养。和两代以前的蒙田以及兄长皮埃尔（Pierre）一样，笛卡尔是被作为最高法院的法官来培养的，这是真正的绅士从事的职业。

对法国而言，这是一段相对和平与繁荣的时期。1598年，亨利四世（纳瓦拉的亨利，是一名改信天主教的胡格诺教徒）在近三十年的内战之后，颁布了南特敕令，允许新教徒享有宗教自由，以恢复主要教派为天主教的法国的法律和秩序。笛卡尔就读的拉·弗莱什学院即是亨利这一开明政策下的产物。

拉·弗莱什学院在笛卡尔入学前两年方才成立，以国王捐赠的一所旧宫殿为址，一开始就致力于成为最有名望的天主教学校，这些年由耶稣会进行组织管理。耶稣会是天主教的一支新教派，由圣依纳爵·罗耀拉（Ignatius Loyola）创立，1540年获罗马认可，旨在通过重新强调反省性的自我审查、古典人文主义教育的创立以及对教皇坚定不移的忠诚，从天主教内部进行改革。

笛卡尔在拉·弗莱什学了拉丁语、希腊语、古典文学、修辞、数学、逻辑、物理、形而上学，后几年又学了神学。从礼拜时间到语言指导，学校生活的管理无微不至。学习的古典哲学家中，阿奎那解释的亚里士多德占头等重要的地位，此外，斯多亚学派和西塞罗被作为诡辩（一种不诉诸普遍原则而解决道德问题的技艺）的典范加以研究。

学校课程最显著的特征也许是，不仅要求学生们学习罗耀拉那些告诫性的文章（比如在思考地狱时，“嗅到了烟味、硫黄味、腐坏、朽烂的气味”），还要他们静修期间在精神导师的指导下将这些告诫付诸实践。静修是一组精心设计的精神练习，包括默祷、沉思、审视自己的良心，独自一人想象《圣经》中的具体场景（如耶稣诞生、耶稣升天，等等）。

随着1610年5月14日亨利四世被一名狂热的天主教徒暗杀，学院日常事务遭到破坏。国王的逝世给所有法国人带来了创伤。他在给耶稣会士的遗产条款中，为了表达其礼物的严肃性，指定过世后心脏由学院接收。5月下旬，已故国王的心脏被置于圣杯中，从巴黎一程程运送到拉·弗莱什，在这里，年轻的笛卡尔将与所有人一起出席追悼仪式。

第二年，学校为国王的逝世举办了一场纪念仪式。要求学生以《拉·弗莱什的眼泪》（*Tears from La Flèche*）为题撰文纪念亨利。这些文章收藏在学校图书馆中，今天还能看到。其中一册中有一首法语诗，有些学者推测是年轻的笛卡尔所写。

据最早的传记作家所说，这位18岁的数学天才在1614年离开拉·弗莱什时，凭着计算能力总是赢牌，成了巴黎有名的“玩牌老手”。1616年，他获得了普瓦提埃大学的法学学士学位和执业资格证书。除偶尔做些荒唐事之外，他似乎做好了跟随父亲稳重步伐的准备，先是在国王的军队当了一段时间的兵，然后又在地方法院任法官。

离开普瓦提埃大学后，这位20岁的年轻人接下来去了荷兰。法国与西班牙这两大天主教帝国敌对已久，而武装宗教冲突又一次在整个欧洲爆发。笛卡尔在荷兰时，自愿加入法国驻在布雷达（Breda）的军队。这支军队由奥兰治亲王毛里斯（Prince Maurice of Orange）领导。毛里斯是加尔文联省军的统帅，曾带领这支军队击败西班牙军队，赢得了独立。作为法国的新教盟友，除了与法国共同抵抗西班牙以外，毛里斯还雇用了一批数学家和物理学家，向开明的官员传授军事工程技艺，包括防御工事、攻城、驻营，等等。笛卡尔在布雷达未曾作战，但见到了卓越的工程师和科学家伊萨克·贝克曼（Isaac Beeckman）。

当时，笛卡尔22岁，贝克曼29岁。贝克曼是一名蜡烛制造商，也为酿酒厂设计水管。他虽身为医学博士，但空闲时也会研究研究物理学和机械工程。和许多同时代对“自然哲学”（当时人们常常这样称呼这些研究领域）感兴趣的人一样，贝克曼与各种研究者和感兴趣的旁观者在实施一项谨慎但积极的研究计划。谨慎是必要的，因为无论是哥白尼日心说还是伽利略的机械论哲学都不容易与正统基督教（包括加尔文教派和天主教派）的观点相一致。

尽管贝克曼一生中从未发表过任何东西，但他常常和朋友们在他私人的机械工学会中碰面——这是一种为工程师、商人、银行家和自然哲学家们举办的沙龙，人们可以聚在一起讨论新发明的实际应用。贝克曼的日志最终在1939年到1953年之间发表时，人们发现他独立于伽利略阐述了落体定律，并首先提出了处理惯性定律的办法；他还阐述了一种彻底的机械论世界观，认为物质的原子结构是理解从水泵到乐音等所有自然现象的关键。

笛卡尔只跟随贝克曼学习了很短一段时间，但这几个月对他而言十分关键。贝克曼示范了另一种生活方式：一位主要致力于研究的哲学家，而不是一个关心如何提高家族地位和身份的绅士。笛卡尔仰慕他的思想和人格，撰写了一篇论音乐的短文献给他的新朋友。1619年4月，他写信给贝克曼说，“唯有你将我从冷漠中唤醒，重新燃起我记忆之中几乎消失殆尽的学习热情，当我的心灵偏离了严肃的追求时，是你将我引回更有价值的东西。”

两人很快分道扬镳，但遇到贝克曼使笛卡尔相信，将数学应用于物理问题或许可以做出重大发现。他对采取哪一种生活方式仍犹疑不定，因为还想着当个法国绅士，笛卡尔还加入了马西米兰一世（Maximilian I）的天主教军队，后者也是一位热衷于将最新的科学研究用于军事目的的统治者。冬季来临时，军队驻扎在诺伊堡的乌尔姆，此地有一所军事工程学院，笛卡尔或许在这里结识了当地的天才数学家约翰内斯·福尔哈贝尔（Johannes Faulhaber），并受到了他的影响。

与贝克曼不同，福尔哈贝尔是一位神秘主义者。他四年前出版过《算术的奥秘》（*Mysterium Arithmeticum*），并将它献给了玫瑰十字会。和古典时期希腊的毕达哥拉斯教派类似，玫瑰十字会将数学研究与神秘仪式混杂在一起，基于一种无所不包的数字命理学提供关于自然的神秘知识。就像文艺复兴时期的一些新柏拉图主义哲学家那样

（如海因里希·科尼利厄斯·阿格里帕[Heinrich Cornelius Agrippa]，公元1486—1535），教中弟兄们宣扬存在一种“科学的科学”，它始于绝对确定的第一原理，是将所有知识分门别类的关键。

尽管阿德里安·巴耶（Adrien Baillet）详细描述了笛卡尔与福尔哈贝尔如何就几何问题进行了长久而又充实的谈话，但大多数现代学者怀疑两人未曾见过面。不过有一件事可以明确：用一位现代传记作家的话来说，“这个伟大的炼金术士、天文学家和魔术师，满足了笛卡尔等年轻人想要看穿自然界奥秘的欲望”。从笛卡尔的私人日记来看，他这一时期似乎曾考虑过加入玫瑰十字会。

关于笛卡尔的现代叙述中，尽管很少认为11月10日至11日发生的事发挥了核心的作用，但它仍是哲学史上最富有戏剧性的转变场景之一。

有三个不同的来源证明了这一事件：笛卡尔在公开的《谈谈方法》（*Discourse on the Method*）的自传性段落中以相当谨慎的笔法叙述了1619年冬季的事；这部著作约20年后于1637年出版，是他出版的第一部重要文献；他还在个人日志中对这几个月作了生动得多的笔记，但只有极少量片段保留在1676年德国数学家和哲学家莱布尼茨（Gottfried Wilhelm Leibniz，公元1646—1716）抄录的手稿中，200年后首次出版。此外，阿德里安·巴耶1691年出版了或许是第一部综合性的现代哲学家传记——有两大卷，实际上是加长版的圣贤传——《笛卡尔先生传》（*La Vie de Monsieur DesCartes*），对同一份个人日志（这份巴耶和莱布尼茨都见过的日志后来消失不见了）进行了更详细的说明。

“我成天独自关在一间暖房里，有充分的闲暇跟自己的思想打交道。”笛卡尔在《谈谈方法》中写道。

他回忆说，研究哲学只不过使他不能确定其价值，因为似乎“我们能够想象得出来的任何一种意见，不管多么离奇古怪，多么难以置信，全都有某个哲学家说过”。他放弃文学研究，获得了法律学位，并着手考察这个更大的真实世界。也许为了满足父亲让他从政的愿望，他“考察了别国的风俗”，但却发现“风俗习惯五花八门，简直同我过去所看到的那些哲学家的意见一样”。

他曾经花了一些时间来“研究世界这本大书”。

现在他决心“同时也研究我自己”，“集中精力来选择我应当遵循的道路”。

笛卡尔独自在暖房自由思考的时候，首先想到的是，更完美的作品往往由单个人完成：如一个城市规划师，一个建筑师，一个像斯巴达传说中的吕库古（Lycurgus）这样的立法者。“我又想到，书本上的学问……既然是多数人的分歧意见逐渐拼凑堆砌而成的，那就不能像一个有良知的人对当前事物自然而然地做出的简单推理那样接近真理。”

他得出结论说，把自己一向相信的那些意见“一扫而空，然后才能换上好的，或者把原有的意见用理性校正后再收回来”。

这是一个冒险的决定。做出这个决定后，他觉得“自己就像一个在黑暗中独自摸索前进的人”。笛卡尔继续谨慎前行，在房间进一步沉思之后，决定采用一种他所说的“临时行为规范”。

这个行为规范包括三条实践准则和一条普遍规则。准则如下：第一，遵守所在国家的法律和习俗；第二，在行动上尽可能坚定果断，一旦选定某种看法，哪怕没有时间确定它是否正确，也毫不动摇地坚决遵循；第三，让自己的愿望服从于世界，而不是让世界服从自己的愿望。

作为一种普遍的行为规范，以及“上述三条准则的唯一基础”，他坚持静下心来自我审视，并不断地努力培养理性，以便尽可能地增进对真理的认识。

笛卡尔将自己皈依哲学的经历放在了第一部重要著作的序言中，但丝毫没有提及紧接着这之后发生了什么，而他在个人日志中记录了这一点。笛卡尔煞费苦心地将这份个人日志以及其他未出版的论文留给了他的文稿执行人。

笛卡尔的传记作者阿德里安·巴耶看过这份日志，他描述了接下来发生的事：笛卡尔以一个务实的结论结束了每日的沉思，决定今后的生活“一心热爱真理”。

作为沉思的结果，

> 他的心灵受到猛烈的激荡，片刻不能止息的强烈感觉更加剧了这种激荡，使他甚至不能去散散步或是借助别人的陪伴来略为分一下神。这使他精疲力竭，他的大脑熊熊燃烧，陷入某种狂热，这种狂热对他的心灵产生了深刻的影响，使他进入一种能感受到梦境和幻觉形象的状态。
>
> 他告诉我们，1619年11月10日，他满腔热情地躺在床上，全神贯注地想着自己有一天找到了这奇妙科学的基础。就在这个晚上他连续做了三个梦，他相信这只可能来自上天。

在第一个梦中，他梦见自己艰难地在大风中行走，无法赶到教堂祈祷，但周围的人走起路来却似乎毫不困难。他醒来时感觉到“真实的痛苦”，这使他想知道这个梦的根源和含义。

他花了两个小时思考“世界的善与恶”，然后又睡着了，开始做下一个梦。他听到一声雷鸣，受惊而醒。当他睁开“眼睛时，注意到屋内火花四射”。这幅景象令人震惊，他开始考虑各种可能的物理解释。以这种思维方式让自己镇静下来之后，他又一次睡着了，并做了第三个梦。

他在一个房间内（也许是一间书房）看见面前有两本书。一本是字典，另一本是诗集。他很好奇诗集里会有什么，于是随意翻开它阅读起来：“我应该沿着哪条人生之路走下去？”他停止阅读，抬头看到了一个不认识的人。陌生人递给他一张纸——这是一首诗。第一行写着“是……与非……”。

笛卡尔当晚第三次醒来。他甚至还未完全清醒就开始试图破译最后一个梦的含义。字典也许象征“汇集在一起的所有科学”，诗集中的诗也许代表“一位智者的好建议”。他认为，诗集整体上象征着“启示与热情”。陌生人诗中的“是”与“非”一定是指毕达哥拉斯的教导，以及一个追求智慧的人在试图解开“人类理解和世俗科学中的真理与谬误”时所遇到的困难。

破晓时分，笛卡尔开始沉思冥想，最后得出结论说，第三个梦不是“他这人类心灵”的产物，而是一位善良的天使或“神灵”来造访他，以便“通过这个梦”将“全部科学的宝藏交付于他”。

实际带来的结果很简单：笛卡尔将反抗他的父亲，并且不再假装自己将回家做一名法国绅士。从此以后他将独立自主，余生都致力于不懈地追求真理。

但这个漫长夜晚的理论意义和神学意义都要复杂得多。笛卡尔在不久后的一篇日志条目中写道：“《创世纪》中有‘神把光和暗分开’的文字，这表明神把好天使和坏天使分开了。”随即又补充说，“神是纯粹的理智”——这是一种令人欣慰的想法，因为纯粹的理智怎么可能会轻视“全部科学的宝藏呢”？

笛卡尔小心地将梦的内容记在一篇题为“奥林匹亚”（Olympia）的羊皮纸日志中，但一直秘不示人。正如他在同一篇日志的另一段话中所写：“迄今为止，我一直在世界这个大剧院中充当观众，但现在我将登上舞台，并将戴着面具站上前来。”

作为耶稣会学校的学生，笛卡尔一定怀疑过：真有一位好天使来拜访过他吗？还是说他获得的启示是“恶魔”的杰作？奥古斯丁的正统观念对这一问题的回答无疑不能使他消除疑虑。

《上帝之城》有一章中，奥古斯丁抨击了柏拉图主义者虚假的神通，并试图把邪恶的、骗人的魔鬼与善良的、神圣的使者（他称为“天使”）分开，他声称“好天使轻视一切物质和世俗知识，正是这些知识使魔鬼感到骄傲”。由于笛卡尔的奥林匹亚梦境似乎围绕着获取“物质和世俗”知识，一名好的奥古斯丁主义者必定会怀疑他所声称的神启的来源。罗耀拉本人也警告说“这是恶魔把自己转变为光明的天使时的典型特征，开始时是为了灵魂，最终却是为了他自己”。

这是一个猎巫和驱魔的时代，敏锐的神学家（往往是耶稣会士们）掌握着驱魔的技艺，他们花了很长时间苦苦地思索，如果有人受魔鬼的力量控制，他在审判中的证词是否能够得到承认。这种被控制的案例以往在基督教中很罕见，到笛卡尔的时候已经变得十分普遍，以至于一位现代历史学家将其称为“猎巫热”。

在这种情况下，公开声称获得了神圣的灵感可能会使笛卡尔倡导的新方法遭到误解。这或许会使人们推想他受到了玫瑰十字会的神秘影响，或引来一些流言蜚语，说他试图宣扬自己的异端科学。因此，最好是保持应有的谨慎间接进行，并为追求真理提供一个与之无关的理由；最好是花点时间决定，怎么才能最好地承认可能会“有一个本领强大的狡猾恶魔，他竭尽全力来欺骗我”，并尝试对此做出直接的回答。

1619年11月的“奇妙发现”之后，笛卡尔仍在马西米兰一世的天主教军队服役，很可能也是在这一时期草创了指导心灵的前十一条“规则”，保存在他的私人文件中（其不完整手稿《引导天赋的规则》[*Regulae ad Directionem Ingenii*]的荷兰语版本在他逝世后于1684年出版，拉丁文原版则直到1701年才出版）。在他那个年代，学校强调公理化的证明，即从基本原理推导出答案，而笛卡尔感兴趣的是以有用的方式来解决数学问题和机械难题。他的起点是“直觉”，即心灵直接领悟到一种清晰明确的观念。在这个意义上，直觉几乎能让任何一个摆脱偏见的人领会一些非常简单的真理，将这些真理汇集在一起就构成了全部知识。为此只须培养精神上的专注，并仔细地分析现有的证据。（随着笛卡尔后来成为倡导妇女教育的先锋，并鼓励成立一所新学校，为工匠而不仅仅是贵族的子女提供科学和技艺教育，这种新学习方式日益彰显出一种平等主义的内涵。）

1621年3月31日，笛卡尔25岁时继承了母亲这一方的遗产，包括四个小农场和一所位于普瓦提埃的房屋。他没有用这笔财产购买一份闲职，而将其中一部分收益用于投资，用利息支持自己的研究。

我们不太清楚笛卡尔这些年还做了些什么。他在马西米兰一世的天主教军队时，曾亲眼目睹了那场惨绝人寰的悲剧中的一些早期军事行动，这场惨剧后来被历史学家称为“三十年战争”——从1618年到1648年之间发生的一系列血腥战役，席卷了几乎所有欧洲国家，期间新教与天主教两军对垒，将欧洲的中心变成了一座可怕的停尸房。

笛卡尔穿过了大片战区。据最早的传记作家所说，1628年，他亲眼看到胡格诺派的最后堡垒拉罗谢尔在旷日持久的残酷围攻下向国王路易十三投降。这场战争导致两万多人死于饥饿、疾病和战伤。他无疑对宗教战争的代价有着最直接的了解。但和蒙田不同的是，他从未亲自作战。

相反，他喜欢自由地研究公共生活的责任及其风险。他将最先开始的“普遍数学”放在一旁，暂时不再对其加以说明，而将大量时间用在解决数学、力学、气象学和光学中的具体问题上。正是在这一时期，他最充分地考察了自己的直觉，即空间关系总是可以映射为数值，反过来，数值也可以表示为空间——这是解析几何的关键（部分通过设计一种今天仍沿袭原名的笛卡尔坐标系，他促进创立了这一研究领域）。

从1625年到1628年间，笛卡尔作为一名独立研究者在巴黎度过了大部分时间，期间接触到许多发明家和哲学家，其中最重要的是马兰·梅森。梅森是一名僧侣，致力于过一种虔敬的基督教生活，但也同样致力于培养新的研究方式，帮扶了众多杰出的同时代人（有时也保护他们免遭宗教迫害），包括英国唯物主义者和政治哲学家托马斯·霍布斯（Thomas Hobbes，公元1588—1679）以及法国天文学家和数学家皮埃尔·伽桑狄（Pierre Gassendi，公元1592—1655）。梅森并不致力像上帝那样认识世界，他认为这是一项不可能的任务，基督徒若要理解上帝创世的荣耀，最好是耐心地逐一分析世界呈现给我们的各个部分，去追求那些有明显实践用途的研究项目，比如数学、力学和光学。梅森还主张一种完全惰性的物质学说，因为这样一种学说有利于定量地理解自然，更重要的是，通过将运动、决定和意志完全归于上帝，这种学说能明确地将自然与超自然区分开来。自然中只包含物质，但运动的也正是物质——因此上帝必须要给物质一个推动力。

笛卡尔与梅森的友谊带来了一个显而易见的结果，他重新回到《引导天赋的规则》，并为之新增了一系列规则，旨在表明我们对物质世界的认识是如何可以用纯粹的机械论加以解释的。

根据巴耶的笛卡尔传记，他与这位博学的僧侣的友谊还带来了一个结果，即在巴黎见到了教皇特使巴尼（Bagni）先生以及其他一些重要的宗教人物，包括红衣主教皮埃尔·德·贝吕勒（Pierre de Berulle，天主教的一位强硬派人物，支持用武力清除法国的新教异端）。相传笛卡尔能用无法确定的论据把假的说成是真的，真的说成假的，令这帮人大为迷惑。故事继续讲道，他们问笛卡尔如何避免被这种方式欺骗，笛卡尔简要解释了他自己的科学方法。红衣主教对这位法国人的天才大为折服，要求笛卡尔将其作为“一项道德的义务”继续研究，而笛卡尔回答说他将放弃“上流社会”，“永远退隐到一个合心合意的地方，在没有人会认识他的冷清环境下追求完美的孤独”。

尽管笛卡尔可能确实会见了一些人，但红衣主教——一个冷酷而教条的人——不太可能建议哲学家继续追求真理，笛卡尔也不太可能会认真采纳他的建议。巴耶描述的这个故事乃是出于辩解的目的，以便让人们不去怀疑笛卡尔作为一名天主教徒的诚信。

对于倡导公开研究的人来说，这些年是令人担忧的。1624年，巴黎高等法院以处死相胁，禁止任何人“公开争论，除非获得了索邦神学院博士的批准”。就在两年前，巴黎当局烧死了一名被指控为异端的哲学家。与此同时，巴黎成立了大量非正式机构，将商人、法官和哲学家会聚在一起，谨慎地讨论如何将新的数学和力学理论有效地应用于医学、工程学等实践领域。通过资助重要的新科学研究，富有的赞助人可以提升自己的地位，而研究人员也可以获得报酬，并因为免于被指控为异端而获得了部分保护。

在这样的背景下，笛卡尔重新关注如何用形式逻辑和几何学的方法来解决物理、道德和形而上学问题，正如一位现代作者所说，“这不仅在哲学方法上值得一试，也是一项明智的政治举措”。（它将纯粹的研究计划从最可疑的成因——1619年的梦——中抽离了出来。）

但笛卡尔没有抓住这个机会，他拒绝了赞助人的支持，在巴黎时试图掩盖自己的工作和下落，不止一次让梅森隐瞒他的活动。1628年末或1629年初，他采取了一种更戏剧化的方式保护自己的隐私：搬往荷兰，在这里（正如他在1637年所写的）“我就像在最偏远的沙漠一样，能够过一种孤独而远离人世的生活”。他在荷兰住了20年，期间像一名逃犯似的经常搬家，“要维持那种避不见人的美好生活，笛卡尔需要不停地隐藏自己的行踪”。

除《圣经》外，他只带了很少量的家具和几本书。但一安顿下来，笛卡尔就为自己设定了一个新的宏伟目标。他写信给梅森说：“我不是要解释任何一个现象本身，而决心解释所有自然现象，也就是说全部物理学。相比于以往任何一个计划，我更喜欢现在的计划，因为我想我已经找到了一种呈现我所有思考的方法，有些人会满意这些思考，还有一些人则没有理由不同意它们。”同时，他开始思考如何证明上帝存在和灵魂不朽。在写给梅森的另一封信中，他写道，他“发现了证明形而上学真理的方法，后者比几何真理更显而易见”——几乎与他野心勃勃地想要解释所有自然现象一样令人瞠目结舌。

从一开始，笛卡尔就遇到了困难。他将这一浩大工程的一本书命名为《世界》（*Le Monde*），另一本命名为《论人》（*Treatise on Man*）。但还不清楚他如何将具体的研究发现——光学、气象学、光线变化与他所承诺的普遍的自然解释联系在一起，也不清楚他如何架构起一部著作，同时为物理问题和久已存在的关于灵魂和心智的形而上学问题提供答案。他希望能逐一地解释无机自然、有机自然和心灵。

这些年中，他研究了解剖学和生理学，还忙于设计一种新机器来切割镜片，同时沉迷于“自动机”（一种似乎能自动运行的机器，如钟表、水泵）。为便于分析，他提出将人作为“由泥土做成的雕像或机器”。1632年，他写信给梅森说他“深深地被天空吸引。我已经发现了它们的性质，发现了我们看到的那些恒星的性质，还发现了其他许多东西，几年前我想都不敢想能发现它们；现在，我急切地想要寻求每个恒星位置的原因”。这封信的语气表现了他既因为新发现而喜悦，又为自己日益宏伟的目标不能完成而心存绝望。

不久灾难袭来。1633年11月，笛卡尔写信给梅森说：“我本打算将《世界》送给你作新年礼物，但我同时也想看看能不能在莱顿和阿姆斯特丹找到伽利略的《关于两大世界体系的对话》……有人告诉我说，该书的确出版过，但所有副本都在罗马被烧毁了，伽利略也被宣判有罪并处以罚金。我大为吃惊，几乎烧毁了我的所有论文，至少也不能让任何人看到它们。”

他考虑过修改《世界》以免触犯审查者，但最后放弃了这一想法，因为伽利略的指导“对我的文章而言是不可或缺的一部分，我不可能删去它而保持整部著作完美无缺。但是，我不想出版一篇哪怕有一个字会招致教会反对的对话；因此我选择先把它压下来，而不是以不完整的形式出版”。

笛卡尔的激烈反应意味深长。荷兰远离教皇权威，而法国本身并没有宗教裁判所。鉴于笛卡尔拥有一些像梅森这样的天主教高层友人，他原本可以相安无事地在阿姆斯特丹和巴黎出版《世界》。

但他无法消除疑虑。笛卡尔无意与梵蒂冈对抗。1634年4月他写信给梅森解释说“我希望平静地生活，继续像开始时那样以‘要想生活得好必须不为人知’为座右铭而生活，因此，与白费了创作的时间和精力而感到的不快相比，我更看重的是不必担心我的著作会让那些不想知道它的人知道。”

不幸的是，笛卡尔将因为一桩个人行为而受到一次宗教谴责。

1635年8月，他在代芬特尔（Deventer）的一个教堂现身，承认正在受洗的女孩是他的女儿。她叫弗朗辛（Francine），是笛卡尔住在阿姆斯特丹时与家中的女佣海伦妮（Helene Jans）所生。1637年后，弗朗辛（也许也包括海伦妮）与笛卡尔住在一起并由他照料。这个私生女让阿德里安·巴耶很是尴尬，他想方设法把这件事置于一种虔诚的基督徒视角之下，似乎笛卡尔应该像奥古斯丁那样被视为某种圣徒。巴耶写道："他一度犯下的这个有损于他独身荣誉的错误，与其说证明了他的性欲，不如说证明了他的弱点。上帝及时使他重新匍匐于脚下，使他始终因为这段堕落的记忆而感到羞辱，他的忏悔对其精神上的傲慢构成了一种有益的弥补。"

不论是否受到了惩罚，笛卡尔经历了一段创造力爆发的时期，他在1637年出版了第一部著作，赢得大量读者。决定放弃《世界》和《论人》（尽管他在个人文集中小心地保存了这些手稿，正如他后来所写的，以期"那些在我去世后看到它们的人能最好地加以利用"）之后，笛卡尔着手研究一种新的方法。他从自己的长文中挽回了一些未涉及敏感话题的内容，遴选出几篇科学"随笔"，试图解决三个领域中的各种具体问题，包括：光学（望远镜，如何切割镜片，等等）、气象学（彩虹的来源，雷电的原因，等等）、几何学（只用圆圈和直线作图，曲线的性质，等等）。此外，他还为这几篇散文撰写了一篇序言《谈谈正确引导理性在各门科学上寻找真理的方法》。和蒙田一样，他以第一人称写作，但和蒙田不同的是，他竭力避免表现出人文方面的学识，喜欢直截了当，基本没有任何修饰或是文学典故。

这不是笛卡尔第一次萌生创作自传的想法。1628年，他答应一些朋友说他打算写一部"我的心灵史"。他在伽利略遭到谴责之后，或许认为自己能通过创作一部个人化的"历史（如果你喜欢的话，也可以说是寓言）"——一种典范化的叙事，描述值得效仿的行为——再加上给出关于上帝存在和灵魂不朽的简洁证明来解除天主教的怀疑。

他并没有欣然接受批评，但在虚构的自传中把自己描绘得很谦逊："我对自己的判断总是缺乏自信而非自以为是；当我以哲学的视角考察人类的各种活动和作为时，我发现简直没有什么不是徒劳无益的。"似乎为了强调作者与普通人关系亲密，他撰写自传时没有采用当时仍是学术交流主要语言的拉丁文，而用了故乡的法语方言。

他以最谦虚的方式叙述了之前的生活：离开了学习课本知识的学校生活后，他作为一名年轻人从世界中学习经验。所学到的内容使他自感卑微，"意识到自己的无知"，因此尽管仍在寻找智慧，但他决心"从内心出发开展研究"。在隐晦地提及1619年11月10日的事件之后，他又叙述了自己的沉思，以及这些事如何使他掌握了一种进一步研究的简单规则，即效仿"几何学家的方法，由简单推理构成证明的长链，他们常常用这种方法完成最困难的证明"。

笛卡尔经常被描述为一个唯我论者，一个自我中心观念的怪物，《沉思录》（在《谈谈方法》之后不久出版）中的一些段落中给人留下了这样的印象。但笛卡尔在自传叙事中回忆了他如何与其他研究者进行交谈和交流，并得出结论说他"在与人交谈时比关在暖房中可以更容易地"根除思想（这些想法正是在暖房中获得的）中残存的任何错误。他还叙述说，确立了研究物理世界的准则之后，他"把这些准则与信仰的真理并置，而后者在我心中永远占有首要地位"，从而公开宣称了自己的正统天主教信仰，尽管他接下来又开始描述他是如何"摆脱一切残留意见"的。

笛卡尔不仅只是声明了自己的虔信，他还在《谈谈方法》第四部分——现存著作中第一次——提供了形而上学的论据，以证明在他看来是绝对确定的各种信仰。他通过指出"我思，故我在"（Je pense, donc je suis，这一命题的拉丁文更为有名：Cogito, ergo sum）清除了自己的怀疑。正如同时代的人立即发现的，他采用了奥古斯丁曾用过的语言。

多年后，法国诗人保尔·瓦莱里（Paul Valéry）敏锐地发现，"我思，故我在""并非一种推理，而是一只为了证实思维中的语词而砸在桌上的拳头”。

笛卡尔认为，也可以用类似的方式来证实其他关键信念：如果你认为某物就像“我思，故我在”这个命题一样“确凿无疑”，那么，不论它是什么，都应该将其接受为真。这一观点使笛卡尔认为，任何人只要稍作思考，都会以类似的方式支持两个“信仰上的真理”：心灵没有形体，因此与凡人的形体截然不同；神存在，他认为这一点“就像几何证明一样明确”。

他为自己在《谈谈方法》中粗线条的叙述而向读者致歉，其理由是他的研究中有许多内容与“那些有识之士争论的问题有关，我不想同他们争吵”（鉴于伽利略的命运，这个决策是很审慎的）。同时，笛卡尔大胆地承诺，“借助这条原则，我们可以把火、水、空气、星辰、天宇以及周围一切物体的力量和作用认识得一清二楚，就像熟知什么匠人做什么活一样，然后就可以因势利导，就像那些匠人一样，充分利用这些力量，成为支配自然界的主人翁了”。

总体而言，《谈谈方法》巧妙地为笛卡尔1619年以后的生活提供了辩解，他从这一年开始认为追求真理是自己的天命。20世纪的笛卡尔主义者埃德蒙·胡塞尔（Edmund Husserl）的评价十分恰切：“德尔菲神庙的箴言‘认识你自己’获得了新的意义。实证科学是一门陷入世界被遗忘状态中的科学。人们必须首先放弃这个世界”——通过激进的怀疑——“以便在普遍的自身反思中去重新获得它。”笛卡尔和普罗提诺一样在自我反思中发现了神。上帝确保了清晰明确的观念，推动了他的科学研究。我们会由此想到奥古斯丁的一个准则：“不必外求。返回你自身。真理就寓于人的内心。”

笛卡尔为自己对普遍智慧的追求设计了非同寻常的起源，并试图证明其基本信念有着神圣的来源，由此，他想要说服读者，他的科学研究不仅与“信仰上的真理”相一致，也为维护这些真理提供了新的工具。通过解释为什么说只有证明神存在才能确保科学的真理性，笛卡尔总结了一些“物理学的普遍看法”，并得出结论说，如果秘而不宣，他就“严重地违背了社会公律，而不是贡献自己的一切为人类谋福利了”。

笛卡尔以法语写作，表明《谈谈方法》面向的读者主要是那些欢迎新观念的非专业读者，其中不仅有学者也有匠人，不仅有男性也有女性。《谈谈方法》在这些读者中获得了非凡的成功：用一位现代历史学家的话来说，它“成了笛卡尔最著名的文献，很可能也是关于科学革命的最著名、最广为阅读的文献”。

笛卡尔在数学界和科学界本就名气很大，《谈谈方法》的出版更使他比以往任何时候都出名——也使他成为公众批评的目标。尽管像梅森这样的僧侣对新科学很有兴趣，但很多新教和天主教神学家极力反对用《谈谈方法》中的新方法来解决传统的形而上学问题。有些批评家认为，笛卡尔是一个狡诈的诡辩者，他故意抛弃关于神存在的众所周知的论据，替之以自己的新论据，它们明显不可信，读者势必会得出神实际上并不存在的结论。

随后十年，笛卡尔身不由己地在宗教争论中越陷越深，最引人注目的结果是《第一哲学沉思录》（*Meditationes de Prima Philosophiae*）。这部专著出版于1641年，以拉丁文写就，形式上是一组六个精神练习（接受过耶稣会训练的人对此都很熟悉），直接针对基督教学者。根据1642年第二版的副标题，这些沉思的主要目的在于证明“神存在、灵魂与形体有区别”。笛卡尔不再像《谈谈方法》中那样进行自传性的叙述，而只利用“自然理性”为一些命题提供了独立的哲学论证，和他本人一样虔诚的天主教徒仅仅基于信仰也同样会接受这些命题。

在第一个沉思中，他试图直面天主教怀疑论者对他从事的纯粹研究（笛卡尔由于二十多年前那晚的神启，开始从事这种纯粹研究）产生的怀疑。假设这启示的来源是“不是作为真理之源的至善的神，而是一个本领高强的狡猾恶魔”，他“竭尽全力来欺骗我”。对笛卡尔而言这当然不只是一种修辞上的说法：他在那个启示性的梦中感受到了这种担心。

在这样的背景下，他在第三个沉思中重申自己确信神存在之前，没有对是否有可能有一个恶魔在欺骗他做出正面回应。笛卡尔曾在私人日志中简述了那晚做梦之后的经历，他坚信自己因蒙恩而真正洞见到了一个人如何能获得关于神和自然的可靠知识。在《沉思录》的其他地方，笛卡尔以更长的篇幅论证了只有神（而不是一个邪恶的魔鬼）才是他清楚明白的观念的来源，不仅仅是那些关于数学和自然真理的观念，也包括他关于一位完美的神的观念。

笛卡尔说，只要能确信自己在沉思“真实的神，他那里蕴藏着智慧和科学的全部宝藏”，他就能同样确信“神绝对不能骗我”，因为神不是一个骗子，他赋予笛卡尔“一种强有力的倾向”去相信他关于自然的观念“是由物质的东西产生出来的”，由此可见，物质的东西存在，而且“它们拥有我能清楚明白地理解的一切属性，总体说来也就是说，纯粹数学的对象所包含的一切属性”。以这种方式，笛卡尔在《沉思录》中再次为自己想要呈现一种科学的科学做出辩护，它以对物质的数学理解为基础——尽管他的论证一直备受争议，无法确定它究竟是前后一致的，还是只是一个臭名昭著的循环推理。

许多同时代的读者无疑没有被说服。法国耶稣会士皮埃尔·布尔丹（Pierre Bourdin）看不出笛卡尔将如何回应这一怀疑：实际上，撒旦有可能会诱使他（比如说）不加思考地去假定，否认传统的信仰不会带来什么危害。正如一位现代哲学家所指出的，像布尔丹那样，把恶魔这个想法真当回事，会产生一种“可怕的可能性”，即“无论我们是否意识到，都有可能全部成为魔鬼的受害者，并由于魔力引起的全面错觉而看不出这一点”。

有一件事是明确的：通过再次写下1619年沉思中的顿悟，笛卡尔又一次肯定了自己那值得纪念的自我信心，并为坚持其核心信念提供了独立的理由。

为了表明自己对批评家持开放的态度，笛卡尔还请梅森征集并编纂了部分神学家和自然哲学家的不同反应，其中包括唯物主义者托马斯·霍布斯、怀疑论者皮埃尔·伽桑狄和安托万·阿尔诺

（Antoine Arnauld，公元1612—1694），最后一位是神学宿命论者，《波尔—罗亚尔逻辑》（*Port Royal Logic*）的作者之一。尽管笛卡尔脸皮很薄，但还是借此由头参与了学术的争论，而他在《谈谈方法》中曾说希望自己能够避免这种争论。

笛卡尔或许犯了一个战略性错误。他希望自己关于"奇妙科学的基础"的发现免受宗教批评，却引发了无休止的争论（同时牵涉神学家和哲学家）。并且，争议的焦点并非他那奇妙科学的基础，而是一系列形而上学命题。（晚年时，笛卡尔甚至警告一名拜访者"不应过分关注《沉思录》和形而上学问题……它们使心灵远离物质和可观察物，并使之不适合研究这些东西，但最值得人们追求的正是这些物理研究。"）

随着关于笛卡尔宗教观点的争论甚嚣尘上，关于他私生活的谣言也开始流传。谣传笛卡尔除了是一个邪恶的唯物主义者以外，还是一个不道德的人，育有一名私生女。（弗朗辛1640年死于猩红热，离开了笛卡尔。根据荷兰法律，她实际上并非"私生"，因为笛卡尔曾公开承认过父亲身份。）

尽管居住在偏远的农屋，门前除了通往大海的沙丘外别无长物，笛卡尔还是不得不应付络绎不绝的游客。据说，有一名朝圣者想看看这位伟人的图书馆，笛卡尔说，"跟我来"，然后把客人领到一个小屋，让他看一头准备解剖的小牛尸体。另一个流传的谣言说，笛卡尔这些年游历各地时总是带着自己设计的一台自动机，这是一个真人大小的女玩偶，他与之建立了友谊，同时也证明了人类也只是机器而已。

笛卡尔声名日盛，受过教育的年轻女士对他的追捧蔚然成风，她们请求笛卡尔提供一些生活方式的建议，并希望进一步了解他的物理学研究。那些无法见到他的人就写信代替，其中最有名的是波西米亚公主伊丽莎白（Elizabeth of Bohemia，公元1618—1680），她是新教贵族的一名后裔，最后在威斯特伐利亚路德修道院当院长度过余生。

他们最开始通信是在1643年，当时伊丽莎白25岁，在海牙居住。她成长期间学过德语、法语、英语、荷兰语、意大利语和拉丁语，擅长数学，受过形而上学的训练。伊丽莎白在写给笛卡尔的第一封信中的一个问题中，提到了笛卡尔在《谈谈方法》和《沉思录》中描述的心灵和身体。

如果如笛卡尔所说，所有身体都是机器，是纯粹的物质，运作的方式就是响应外部的刺激，遵从物理规律；如果如他所说，人类心灵是无形的不朽物质，通过自由意志驱使人体运动；那么，无形的心灵是如何抓住身体机构的？另外，外部刺激显然进入了我们的意识，它们是如何做到这一点的？

笛卡尔只得承认，经验告诉我们心灵和身体的确相互关联，但只有神知道二者是如何关联的。这个不充分的回答使二人间的通信一直维持到笛卡尔晚年。

他们的通信——笛卡尔去世以后，有时会被作为一篇关于笛卡尔生活方式的介绍而单独出版——围绕着形而上学问题而展开，但也会讨论一些实际问题，就像塞涅卡写信给鲁西里乌斯时那样。例如，1645年11月，伊丽莎白强调了笛卡尔在前一封信中所说的“世上善多于恶”，她对这一说法表示质疑，指出人类在更多场合下表现出痛苦而非喜悦，“一个真理会伴随一千个谬误”。对此，笛卡尔告诫伊丽莎白要坚定不移。他向她保证，如果能稍稍练习着去预想灵魂遭受的最糟糕的恶、谬误和痛苦，她也会像一名好的斯多亚主义者那样，习惯一切不幸，而学会把重点放在生命中的善、真理和喜悦上。

笛卡尔建议，“我们不应重视那些不依赖于我们自由意志的外在之物，它们与依赖于我们自由意志的东西不同，对于后者，如果我们知道如何正确利用自己的意志，总能使之变好；通过这种方式，我们能够阻止一切邪恶（不论它们多么强大）渗入我们的灵魂，它们对我们的影响不会比我们看到演员表演各种不幸时产生的悲伤更为深刻；尽管我也同意，一个人要想以这种方式行动，确实必须具有相当的智慧”。

他们依靠通信维持的友谊时好时坏。伊丽莎白告诉笛卡尔她在得知哥哥从路德教转向天主教后感到很痛苦，但笛卡尔表现得十分漠然，可以理解，伊丽莎白有些不快。笛卡尔回答说，作为一名天主教徒，他不得不支持她哥哥的决定；无论如何，神以神秘的方式运作，尽管有人出于错误的原因立誓，却有可能“过上一种高度圣洁的生活”。此外，“万物都有多面性，不可能让所有人都高兴”。尽管我们很难否认，笛卡尔本人也怀有强烈的神圣使命感，但像这样的私密文件表明，相比于激烈的宗教宣誓（无论是新教还是天主教），他更珍视的是平和宁静，这一点和蒙田类似。

笛卡尔的下一部著作献给了这位公主。《哲学原理》（*Principia Philosophiae*）1644年首先以拉丁文出版，总结了他的观点，使用的术语和形式都与传统的形而上学论述一致。他的最后一部著作《论灵魂的激情》（*Les Passions de l'Ame*）源于与伊丽莎白的通信，1649年首先以法语出版，因此针对的是世俗读者，书中详细探索了激情是怎样连接身体与灵魂的。

几个月后，笛卡尔接受了瑞典女王克里斯蒂娜（Christina）要他搬去斯德哥尔摩的邀请。女王年方二十，但和伊丽莎白公主一样，受过良好的教育，阅读广泛。克里斯蒂娜打算让笛卡尔进入朝廷，当她的教导老师。笛卡尔厌倦了与荷兰神学家无休止的争论，或许也希望在瑞典能够获得这样一个职位，就像他曾经为伊丽莎白公主所做的那样。1650年初，接受宫廷职位不久后笛卡尔就病倒了，他拒绝接受女王的医生给他治疗，自己用酒作为药方，并辅以烟草。这药方不管用，笛卡尔于1650年2月11日去世。

随后几天内，有谣言说是新教的朝臣担心笛卡尔对女王的宗教观施加影响，因此对他下了毒（四年后，克里斯蒂娜果真放弃王位，秘密皈依天主教，令瑞典人大为震惊）。另一个谣言说笛卡尔实际上并没有去世，他只是隐居了起来，以便更好地从事其邪恶的研究。如果说对于某些新教徒而言，他俨然就是教皇的代言人，那么，对众多天主教徒来说，他似乎就是个异教徒，甚至还可能是玫瑰十字会的成员。在荷兰，笛卡尔成为“颠覆”宗教和道德的同义词。1663年，罗马教会把他所有著作都列入了禁书目录。

然而，笛卡尔声望日隆。1666年，法国安排把他在瑞典的遗体挖掘出来，送回故乡重新安葬。装裹尸骨之前，法国大使获允切下一只食指作为遗物保留，一名瑞典侍卫则偷偷拿走了颅骨。

整个18世纪上半叶，随着关于自然界的新说明逐步取代了学校一直教导的亚里士多德的论述，笛卡尔被视为启蒙运动时期现代科学和文化的守护神。在法国、荷兰和英格兰，忠实的笛卡尔主义者竭力维持其方法的活力，试图让人们一直记住他。但随着时间的流逝，牛顿取代笛卡尔成为公众心目中科学方法的伟大化身，新的发现使笛卡尔的科学和数学发现黯然失色。同时，他的生活经历也渐渐退出了人们的视野。由于这些原因，他的名字已不再是新物理学的代名词，而意味着形而上学思考以及有悖常理地将身心截然二分。

笛卡尔是一个过渡人物。在早期传记作者的叙述以及《谈谈方法》中的自传性段落中，哲学仍被视为一种有固定行为模式的心灵实践，这些叙述常常把他作为模范的研究者来表现他纯粹的道德观念。但通过呈现自己理解自然的数学方法，笛卡尔为一种全然不同的哲学方法奠定了基础——即以对世界本来面目清楚明白的观念为基础，最大限度地独立于任何特定研究者的特质去寻求确定性。正如米歇尔·福柯所说，“在笛卡尔之前，一个不纯洁、不道德的人不可能认识真理。”与之对比，在他之后，“直接证据就已足够……长久以来（精神修行）取代了证据”。

笛卡尔的确启发了20世纪的一位重要哲学家：德国现象学家埃德蒙·胡塞尔。胡塞尔声称，“每一个真心诚意地想成为哲学家的人，都必须‘在一生中有一次’返回到自身，并试着由自己来推翻和重建所有迄今他已接受的科学。哲学——作为智慧——完全是哲学研究者个人的事情”。胡塞尔认为，“包容一切的自我考察”包含了“一切可以自我说明的科学”。

但事实证明，胡塞尔将“自我获得的认识”作为科学思想唯一可靠的基础是错误的。自笛卡尔以来，大多数哲学家是在以下两大不同传统中选择其中之一发展他们的观点的：

西方现代哲学主流传统越来越重视阐述客观的研究形式，它往往受同时代自然科学研究的启发，与逻辑分析关系密切，有时会以笛卡尔最开始试图表现“世界本来面目”的努力为基础。因此，路德维希·维特根斯坦（Ludwig Wittgenstein，公元1889—1951）在1921年的《逻辑哲学论》（*Tractatus Logico-Philosophicus*）中，利用现代符号逻辑，试图以一组基本命题来表现“一切发生的事实”。

与之竞争的传统可以追溯到将哲学作为一种生活方式的经典理解，它强调不断进行自我审视，常常直接表现出对逻辑的首要地位和理性标准的敌意（如尼采），有时立足于这一结论（比如海德格尔在《存在与时间》中更为晦涩的分析）：“我思，故我在”的笛卡尔公式为灾难性地阻塞“‘我在’的存在的意义”奠定了基础。

笛卡尔本人可能会反感这种哲学内部的分化。这将意味着，大部分后来的哲学家不能实现笛卡尔视为天职的任务——不仅要利用理性了解世界的本来面目，也要了解自己，不仅要分析个别存在，也要理解一切存在。

卢梭

ROUSSEAU

让-雅克·卢梭的半身像，赤陶制品，让-安托万·乌东（Jean-Antoine Houdon，公元1741—1828）制作。作为当时最有名的雕塑家，乌东获得允许可以制作一张死亡面具，以此为基础为这位深刻的道德哲学家雕了一座死后的肖像。这座半身像的一位崇拜者感叹道："他敏锐的目光似乎穿透了人心最隐秘处的迂回曲折。"

（Musée Lambinet，Versailles，France/Lauros/Giraudon/The Bridgeman Art Library International）

1749年秋一个异常温暖的日子里，37岁的音乐家让-雅克·卢梭（Jean-Jacques Rousseau）沿路走向一座监狱，去拜访他遭到监禁的朋友狄德罗，后者被指控通过写作颠覆天主教会的教义。与卢梭不同，36岁的狄德罗已经因其非正统的道德和宗教观点而享有盛名。走在这条从巴黎到范塞纳（Vincennes）的路上，卢梭随手翻看一份《法兰西信使》（*Mercure de France*），这是法国文化圈最重要的杂志之一。他后来回忆说，他看到有一篇通告为“科学与艺术的复兴是否有助于敦风化俗？”这一主题设置最佳论文奖时，停住了脚步。

他后来写道：“如果曾有过什么类似于灵光一闪的话，那就是我在读到这里的时候心中翻涌的激情。”他感到头晕目眩，不能自持。“我在读到这篇通告的一刹那，看到了一个崭新的世界，变成了一个新生之人。”

他喘不过气来，躺在一棵树下，激动得泪流满面。“忽然间我觉得有万千道光芒使我的心灵眩晕；[活力四射的]思想成批成批地自己一起送上门来，其力量之大，[其情形之乱]，让我陷入了难以名状的迷狂……啊，先生，要是我能写出在那树下所见所感的四分之一，我就能多么清楚地揭示出社会体系的一切矛盾啊！我就能多么有力地暴露我们制度习俗的所有弊病啊！我就能多么轻易地表明，人类天生是好的，而只是因为这些制度习俗，人类才变坏的啊!”

卢梭顿悟后立即改变了外在的行为方式，以至于狄德罗这些朋友都注意到了这一点："我摒除了镀金的饰物和白色的袜子，戴上一个圆假发，取下佩剑，把表卖掉，心里异常高兴地对自己说，'谢天谢地，我以后不需要知道钟点了。'"他暂时把音乐的抱负搁在一旁，着了魔似的开始写作，回答第戎科学院提出的这个问题。他的征文获得了评委会大奖。第二年，卢梭出版了第一部著作《论科学与艺术》（*Discourse on the Sciences and the Arts*），一夜之间从无名作曲家变为名声显赫的公众人物。

但随后几年内，随着卢梭的实际行为与他那激动人心的哲学思想之间表现出的落差，批评家们开始质疑他的一致性。就像一位昔日友人所嘲笑的，卢梭是"一个踩着高跷的道德侏儒"——配不上那么多热情的读者（宣称皈依哲学后，他的著作吸引了大批读者）。

面对这样的批评，卢梭承认自己性格复杂甚至自相矛盾，明确宣称他"宁愿陷入矛盾，也不愿执于偏见"。尽管他声称人类天生具有同情感，但自己在良心上却表现得冷漠无情。于是他在临终前几年花了很多时间冷眼观察自己，袒露自己行为与著作之间的矛盾。就像塞涅卡晚年时那样，他使个人的弱点成为哲学思考的明确对象。和奥古斯丁一样，他写了一系列自传性的《忏悔录》，在其中坦承了一些不道德的行为——其中最重要的一点是，他把与长期伴侣泰蕾兹·勒瓦瑟尔（Thérèse Levasseur）生育的所有孩子都丢给了孤儿院。

1712年，卢梭出生于日内瓦。日内瓦与萨伏伊及法国接壤，作为一个周围都是天主教国家的加尔文教共和国，它在18世纪的欧洲是个异类。这个自治城邦疆域狭小，仅有两万五千多人，远少于古代的雅典。即使与瑞士的邻省沃州和瓦莱州相比，日内瓦也不同寻常。别的州地势崎岖，富有乡村特色，主要依赖农业，而日内瓦位于阿尔卑斯山的十字路口，是国际性的商业城市，拥有繁荣的贸易——此外，还因为统治精英与大量手工劳动者之间的长期矛盾而闹得四分五裂，后者要求能在城市管理中发挥更大的作用。

年轻的让-雅克·卢梭正是身处这样动荡的政治环境之下，他在圣-热尔维郊区长大，该地是日内瓦的一部分，因匠人的政治激进主义而闻名。出身名门的母亲在他出生几天后便去世了，把他留给父亲伊萨克（Isaac）抚养。父亲是一名熟练的钟表匠，拥有一小笔藏书，据卢梭所说，“他最强烈的感情是热爱祖国”。父亲无力支持儿子接受正式教育，鼓励他除了浏览18世纪流行的书信体小说（他本人也很喜欢这些）以外，还要阅读奥维德（Ovid）、普鲁塔克和柏拉图的著作。在家里的书页之间，卢梭“拜倒在思想面前”——一个被理想化的古典美德和浪漫爱情所鼓舞的自学成才者。

卢梭十岁时，父亲不得不离开日内瓦，我们的小男孩先是给一个律师当学徒，然后又认一个雕刻师为师。雕刻师十分严苛，卢梭最终在1728年逃跑了。他从此开始了流浪生涯，从萨伏伊王国流落到意大利都灵，又从法国里昂跑到18世纪欧洲的文化中心巴黎。

这段时期，弗朗索瓦-路易丝-埃莱奥诺·德·拉·图尔（Françoise-Louise-Éléanore de la Tour），即德·华伦男爵夫人（de Warens）与卢梭保持了十年以上的关系，她在卢梭15岁时遇见了他。华伦夫人比卢梭年长13岁，她撇下身在洛桑的信奉新教的丈夫，自己去萨伏伊寻求避难，在那里皈依了天主教，并接受了一笔政府补贴金，作为回报，负责帮助其他避难的新教徒皈依天主教。华伦夫人为少年卢梭提供了住所和精神指导——卢梭皈依天主教后，她还为他提供了一种虔诚的信仰形式，强调要听从内心良知的神圣声音。

卢梭称华伦夫人为妈妈。他们保持了多年的情人关系，他赋予她（用一位现代传记作者的话来说）一切“甜蜜、优雅和美丽的品质，身为没有母亲的孩子，他渴望在后来所有让他着迷的女性那里寻找这些品质”。

在华伦夫人和她赞助人的支持下，卢梭接受了现代文学、哲学和——最重要的——音乐训练。他训练自己的声音，努力背诵清唱剧，并学习演奏长笛、小提琴和键盘乐器。华伦夫人对他的音乐天赋印象深刻，鼓励他为她组织一些音乐活动，并支持他留在身边教音乐和抄写乐谱。1737年，卢梭25岁时在《法兰西信使》上发表了一首作曲，随后又创作了两部歌剧——仅有剧本保存了下来。

卢梭认为现有的乐谱系统没有必要那么烦琐，他设计了一种新系统，用数字代替视觉化的音符。1742年，30岁的卢梭决定开创自己的事业，最终在巴黎定居，希望能在那里说服法国音乐界权威采用他的新乐谱系统。他从科学院得到一次辩护机会，但最后没有获得承认。卢梭还拜见了法国还健在的最伟大作曲家和音乐理论家让-菲利普·拉莫（Philippe Rameau，公元1683—1764），后者对卢梭和他的发明表现得更加冷淡。

他还见了一些年轻的艺术家和知识分子，其中最重要的是狄德罗，后者刚被任命担任法国新《百科全书》的编辑。《百科全书》是一项大胆的出版计划，由几位富有的捐献人赞助，旨在全面地总结人类所有活动领域中的知识，以一系列按字母顺序排列的文章考察不同的主题，从“使徒行传”（Actsof the Apostles）到“蓟”（Artichoke），再到“泽尼肯”（Zenicon，高卢的凯尔特猎人过去使用的一种毒药名称），无所不包。撰稿人包括狄德罗的一些朋友，其中大部分是和卢梭一样苦苦奋斗的艺术家和知识分子，不隶属于任何学术机构。

卢梭到了巴黎并加入狄德罗的圈子几年之后，与泰蕾兹·勒瓦瑟尔建立了联系，这一关系将维持一生。她几乎不识字，比卢梭小近十岁，思想简单但性格温柔，远比卢梭富有常识。她为他提供了陪伴和性满足，而他尽管遵守了永不抛弃她的诺言，但好多年内拒绝娶她为妻。

只要泰蕾兹一怀孕——她在1746年到1752年间怀孕了好几次——卢梭就安排她和一名助产士住在一起，孩子生下后托付给巴黎的育婴堂（一个宗教慈善机构，每年接收约六千名婴儿）抚养。这种做法并不罕见：这些年在巴黎受洗的婴儿中，约有百分之二十委托给育婴堂。他写道，“我对自己说：既然这是国家行为，那么你在这个国家生活时，你就可以照这种方式做”，“我愉快地做出了决定，没有丝毫犹豫”。卢梭的自传写作往往如此，很难分辨他是虚伪还是自我欺骗：他一定知道大部分送往育婴堂的孩子不到一年就去世了。

卢梭这些年靠抄乐谱和为狄德罗的《百科全书》撰文（大部分是论述关于音乐的主题）勉强维持生活。他的文章开始吸引了一些注意；拉莫甚至指责他抄袭。然而，没有任何迹象表明他还有更多的上升空间。

这一切都随着1750年卢梭出版《论科学与艺术》而骤然改变。这本书使作者成了一个思想名流——这一转变富有讽刺色彩，因为这篇文章首要一点就是严厉地批评了那种极力赞誉和关注少数著名作家的文化环境。

这篇文章后来被称为《第一篇论文》，它直接源于卢梭在去往范塞纳的路上获得的启示，主题为“我们的灵魂正是随着我们的科学和我们的艺术之臻于完美而越发腐败的”。

这个断言发人深省，因为它与巴黎的主流进步观迥然相异。18世纪中期，人们对于物质进步带来的新福音热情高涨。这种信念植根于真正的变革：机械技艺和金融业千真万确地在迅速发展。狄德罗的《百科全书》旨在编成一部“科学、艺术或工艺详解词典”，其中许多条目和插图展现了现代科学发现如何有效地应用于染布、制镜和钟表制造行业。卢梭对这些发展耳熟能详：他的父亲是一个钟表匠，他本人年轻时在里昂待过，那里是18世纪法国最大的制造业和商业中心。卢梭在一首1741年写于里昂的诗（他现存最早的作品）中，曾赞美过“没有危害的产业”，它们“使生活变得更加舒适，以其用处使众人获益，极大地满足了人们的需求”。

这种感受（一代之后亚当·斯密[Adam Smith]在《国富论》[*The Wealth of Nations*]中做出了最著名的表述）在后来的历史学家所说的“启蒙运动时期”十分典型——但卢梭现在转而抨击这种普遍认同的看法。他在《第一篇论文》中指出，奢华孕育恶习，从根本上破坏了苏格拉底、柏拉图和塞涅卡赞美的那种一致性和完善。进步的信念实际上是有害的，因为它遮蔽了腐化的公民社会的真面目："怀疑、猜忌、恐惧、冷酷、戒备、仇恨与背叛永远会隐藏在礼义那看似一致实则虚伪的面孔下。"

他的一些朋友（如狄德罗）或许认为，卢梭只是在试图挑衅，他们很难把卢梭的新观点当真。还有一些人则没那么镇定了，一场以卢梭为中心的激烈争论由此爆发。

卢梭在顿悟及随后的文章产生争议之前，一直是一名有抱负的音乐家、作家，或许甚至还是一个哲学家（philosophe，如这个词在18世纪的法国的用法，其含义等同于美国人今天所说的"知识分子"）。但在卢梭自己看来，他还没有成为古代意义上的真正哲学家——一个试图使生活与他宣称的原则保持一致的人。他声称"如果外表永远是心性的影像，如果我们的格言真能成为我们的指南，如果真正的哲学是和哲学家的称号分不开的，那么生活在我们中间将会是多么美好啊！"

在许多同时代的读者看来，《第一篇论文》的作者似乎是一个倒退者，一个前现代哲学家，在精神上更接近古希腊人和罗马贵族，而不是那些频频光顾巴黎沙龙的学者。他最有影响力的德国仰慕者伊曼纽尔·康德（Immanuel Kant，公元1724—1804）称他是"微妙的第欧根尼"。和锡诺普的第欧根尼一样，卢梭在这篇获奖论文中指出，最高的善是自然而非艺术的产物：好人欲求极少，天生就能得少知足，但由于现代社会扩充了我们的需求，多数人的心灵变得烦躁不安。卢梭也和第欧根尼一样，斥责了现代社会的堕落，并试图寻找一个真正的好人。

卢梭的《第一篇论文》引起的纷争持续了将近一年，也使他成为这个时代最具争议和最著名的思想家。因为他毫不羞愧地将自己作为活生生的典范，人们自然开始对其行为表示出好奇。最迟在1751年4月，泰蕾兹·勒瓦瑟尔的母亲向卢梭的一些有影响力的朋友透露了他最可耻的秘密。

卢梭刚被誉为古代美德的典范，他担心失去这一声誉，因此给一位有影响力的朋友回了一封长信为自己辩护，并用简单的密码文重抄了一份放在自己的文章中，似乎证实了他对这封信的内容感到十分内疚。这封加密的信件实际上试图为自己抛弃孩子给出合理的解释，但这个解释很无力。他辩解说，贫困和健康状况不佳使他不适合做一名合格的父亲，而且他不想使未婚母亲（却不说自己拒绝和她结婚）蒙羞，育婴堂实际上是孩子成长的好地方，因为它迫使托管的婴儿变得坚强自足，能够面对各种想象得到的困难（却不说多数婴儿最后死了）。他甚至还在辩护中引用了柏拉图，似乎在某种意义上，育婴堂与《理想国》中为所有儿童提供独立于父母的教育方案是一样的。

卢梭的秘密还要十年以后才广为人知。在此期间，他不得不因为一个完全不同的理由为自己辩护：公众批评他在道德上的不一致。1753年3月1日，他的短剧《乡村预言家》（*Le Devin du Village*）在巴黎首映，获得了惊人的成功。随后几年内，法国观众对卢梭的序曲和咏叹调百听不厌。人们甚至还听到法国国王这样的音盲哼唱过这段旋律。但同事和竞争对手对他的嫉妒和怀疑比以往任何时刻都更甚。他们无法理解《论科学与艺术》的作者如何将他对艺术的猛烈抨击与他作为艺术家获得的惊人成功协调在一起。这或许是又一个证明他虚伪的例子，这在任何时代的道德家当中都极为典型。

在《忏悔录》（写于1764年到1770年间，但1778年他去世后才出版）中，卢梭回忆起他在歌剧的首映礼上感到十分尴尬和不自在。国王为他提供了一笔赞助金，但令批评家们感到惊讶的是，他拒绝了这笔钱。尽管《乡村预言家》大获成功，卢梭还是放弃了作曲。

从此以后，他刻意地蔑视——事实上，是夸张地拒绝——世俗成功的表面光鲜，而选择过自甘贫穷的生活，靠抄写乐谱赚取一点微薄的收入，试图体现出一种正直艺术家的独立精神。

1753年秋，第戎科学院公布了另一场征文比赛。这一次参赛者们要求回答这一问题："什么是人类不平等的起源？它是由自然法则决定的吗？”

卢梭觉得有必要通过写作表达自己的新看法，并且对自己作为一名作家和思想家的天赋越来越自信，决定再提交一篇论文。私底下他已经在不同的手稿和笔记中阐述了自己的观点，它们将构成两部最伟大的著作：一是论述教育的《爱弥儿》（*Emile*），一是论述政治制度合法性的《社会契约论》（*On the Social Contract*），这两部著作都将于1762年出版。眼下，第戎科学院的新问题为他公开澄清自己的哲学提供了一个完美的机会。

卢梭决定“从容地思考这个重大问题”，到圣－日尔曼小镇住了一周。他在这里久久地漫步，似乎想以一种更具控制性的方式唤起他在去往范塞纳的路上曾感受到的狂喜的启示：

> 我到树林深处去探索，我在那里发现了原始时代的形象，我在心里描绘了那个时代的历史的轮廓。我无情地驳斥了人间无聊的谎言。我大胆地把人们因时间和事物的进展而变了样的天性赤裸裸地揭露出来，并把“人所形成的人”与自然人加以比较，从所谓“人的完善化”中，指出人类苦难的真正根源。我的灵魂被这些卓绝的默想所激发，上升到神的境界。在那境界中，我看到我的同类在他们因固执成见而走入的迷途上，还继续朝着错误、灾难和罪恶的方向行进。我于是用一种他们所不能听见的微弱声音，向他们喊道：“你们都是毫无道理的人，你们不断地埋怨自然，要知道你们的一切痛苦，都来自你们自己。”

在创作新著《论不平等的起源》（*Discourse on the Origins of Inequality*）时，卢梭遍阅各种学术书籍，试图获得更多关于人类在前社会状态下的“准确观念”。然而，正如他在文章一开始所坚称的，必须“把所有事实搁置在一旁”，持怀疑态度去看大多数科学书籍——这自然提出一个问题：那么，如何才能“正确地判断”人类的原始构造呢?

卢梭的回答简洁明了:通过“思考人类心灵最初的和最简单的活动”——或许也通过召唤某种狂喜的启示,与他在圣–日耳曼树林漫步时的体验不无类似——因此,他暗示说,任何人都应当尊重那条德尔菲神谕“认识你自己”(他在新论文序言第一句话中谨慎地提到了这句话)。

卢梭晚年时非常坦率:“自然如今受到如此的损坏和毁谤,它的描绘者和辩护者如果不从自己的内心找到模范,又从哪里去找呢?”在这些高产之年中——从1749年的顿悟到13年后完成《爱弥儿》和《社会契约论》——卢梭写作时如有神启,他的力量源于他深信自己作为一个天性善良的人,因蒙受圣恩而在狂喜中洞见到了自然的善。卢梭后来承认,“一切在让–雅克才华横溢时期出自他笔下的作品都带有不可能认不出、更不可能模仿的印迹。他的音乐,他的散文,他的诗歌,总之那些年当中他创作的一切都带有某种色彩,其色调是别人永远无法企及的”。

卢梭显然希望表达出他思维方式中这种几乎是神秘性的成分。他希望激发、转变——并启示他的读者。因此《第二篇对话》中充满了异乎寻常的警句和令人震惊的断言:“心灵使感官堕落。”“理性产生利己主义,反思进一步强化了它。”“所有人都前去迎接他们的枷锁。”但这种夸张的修辞手法背后隐含着崇高的目标:它邀请读者抛弃既定真理,紧紧抓住基本的问题。卢梭的目的在于激发读者进行自我审视,承认被文明的沉淀物所遮蔽的自然情感,比如,人们在看到他人身体遭受痛苦时产生的本能同情心——卢梭称之为“同情”(pity)。

首先,“思考人类心灵最初的和最简单的活动”揭示了自由意志的原始力量。正如卢梭在《论不平等的起源》一段关键的话中所解释的:“在一切动物之中,区别人的主要特点的,与其说是人的悟性,不如说是人的自由主动者的资格。自然支配着一切动物,禽兽总是服从;人虽然也受到同样的支配,却认为自己有服从或反抗的自由。而人特别是因为他能意识到这种自由，因而才显示出他的精神的灵性。”

卢梭一般而言接受布丰（Buffon，公元1707—1788）等现代科学家持有的自然观。布丰用“机械定律”而非亚里士多德的目的论来解释不同种类动物的内在属性。比如，卢梭认为同情是人的一种本能属性，因此适用于纯粹的机械论解释。与狄德罗和约翰·洛克（John Locke，公元1632—1704）等英国哲学家一样，卢梭也认为我们关于世界的直接知识源于感觉：我们关于这个世界的许多观点可以解释为物理感官的必然结果。

但和狄德罗不同，卢梭从来不因此认为“自由这个词是毫无意义的”。关于自由，卢梭毫不避讳自己是一名笛卡尔主义者——即使他为道德和政治上的自由意志赋予的激进含义哪怕是笛卡尔本人也会大为震惊。

卢梭认为自由是一种神秘的天赋力量，其核心是一种神秘莫测的自发性，无须物质原因而发动某种行为的神奇能力。“一切不是因为另一个运动而产生的运动（motion），只能来自一种自发的、自由的行动（action）；没有生命的物体只能因为别的运动而运动，没有哪一个真正的行动是没有意志的……每一个行动的原理都植根于某种自由存在物的意志之中。”

因为卢梭认为我们每个人都有自由意志，人“不只是一个被动的有感觉的生物，而是一个主动的有智慧的生物”。或者，借用康德类似的说法，“人身上具有一种独立于感性冲动的强迫而自行规定自己的能力”。

因此，在卢梭看来，笛卡尔形而上学学说的实践意义在于：由于具有自行规定自己的能力，人类不仅仅是一种本能的动物，也是能够选择的动物。人们不时自由做出的选择体现为习惯这种形式。本能总是固定的，而习惯作为意志的结果是可以变化的。本能属于不自觉的、不可更易的物质领域，习惯却是可以改变的：它们属于自觉的、本质上不确定的“道德”（如卢梭所说）领域。总之，自由使人类可以重新开始，可以养成新的习惯，甚至自发地建立起灵魂或社会的新制度。

在《第二篇论文》中，卢梭没有为人类拥有自由意志这一大胆的声明提供任何经验证据。事实上，在宣称自由的原则时，他必须"把所有事实搁置一旁"。这是因为他所描述的自由不属于可感现象的自然领域，它并非人类本质中可以观察到的部分，而是人的"形而上学"一面的那个部分，因此自由的概念无法用自然科学加以说明。

那么我们如何知道我们的意志真正是自由的？卢梭深思熟虑后对这个显而易见的问题给出的答案既简单又令人泄气：我们不知道。我们也无法知道。

萨瓦牧师说，"我们不知道"。萨瓦牧师是卢梭在其论教育的著名小说《爱弥儿》中虚构的一位精神挚友。他重复了蒙田的怀疑："我们不了解我们自己，我们不懂得我们的天性和我们能动的本原。"如果怀疑论者认为意志是先定的，那么我们没有办法反驳他。我们只能描述伴随着意志的作用而产生的内在的自发感——我们也可以请别的人向内观看，看看他能不能在其中发现类似的感觉。任何反对进行这种精神实践的人都可能弄错或误解——或者完全认不出来——这种绝非不言而喻的感觉。

毕竟，在我们自己的社会中——卢梭在《第二篇论文》中描述的社会和政治灾难明确表现了这一点——自由的感觉几乎消失殆尽。它已被扭曲、被遮蔽、被深深地隐藏起来，因此很难得到承认。人生而自由，却无往不在枷锁之中。

由于具有这种反抗自然律令的不可思议的"精神"能力，人类只要能一致地行使自由，就能发展出一种卢梭所说的"可完善性"。这篇论文和卢梭的其他著作清楚地表明，人类的自由意志易受影响、"可完善化"，其含义丰富多彩，令人目眩。根据卢梭的叙述，大部分古典思想家——特别是柏拉图和亚里士多德——是错误的。他们错误地认为理性能力是天生的，人类因为天生具有固定的推理形式，自然地被引向一种普遍的终极完美状态，一个正确的终极目标。

关于自由及其必然推论“可完善性”的原则表明，人类的可能性不仅多姿多彩，实际上永无止境。面对可能的障碍，人的习惯和风俗会自动改变——可能变得更好，也可能变得更糟。由导师仔细地加以监督或通过共同的律法进行管理，可以人为地形成或再塑习惯和风俗——仍是可能变得更好，也可能变得更糟。实际上，这种本质上不确定的自由的力量把人类变成了一种注定不能思考永恒真理的动物，人类只能以不断变化的方式对付不断变化的习惯和风俗，在此过程中形成了独一无二的历史，看起来就像是一份延绵不绝的关于恶的记录。

这还没完。就在《第二篇论文》的叙述最令人难以忍受的地方，就在一切看来令人如此绝望的时候，卢梭戏剧性地回到了那条为了“正确地判断”而制定的伟大原则，即自由的原则。恶本质上是人为的，是社会的产物。因此，根本没有理由去承受恶。

相反，人们可以增强自己的意志，以便抵制文明的诱惑，并以这种方式获得一种美德（卢梭和塞涅卡一样，将这个词作为其道德哲学的核心）的标准。我们也可以有效地与他人一起实施我们的自由意志，以便改变那些法律和风俗，正是它们令人们默默忍受在极不平等的环境下生活。因此，卢梭在《第二篇论文》中讲述的故事的结尾还有待完成。这个结局取决于我们。我们的历史命运——在一种尽管不确定但却关键的意义上——掌握在我们自己手中，这正是自由的意义。卢梭提出要反对只会灌输“盲目服从”的政体，他提醒我们，人只能遵照自然的命令行动，要一再声明其基本的自由。“无论这些短促而频繁的革命的结果如何”——是一个新的开端，还是重新堕入恶习——“任何人都不能抱怨别人的不公正，他只能怨恨自己的过错或不幸。”

《第二篇论文》中出现了关于人类处境的一种新的思考方式——这件事非比寻常，它解释了为何尽管卢梭的写作对人类的堕落作了极为悲观的描述，仍传递出一种极具感染力的气氛（这是激动人心的发现所独有的那种气氛）。正如黑格尔（Hegel）在两代之后所指出的，“自由的原则在卢梭这里出现了，它把这种无限的力量给予了把自己理解为无限者的人”。

黑格尔慷慨的评价在当时经历了激烈的争论。卢梭不仅没有赢得1754年科学院的征文竞赛奖，这篇新论文还使法国启蒙运动最强大也最杰出的代表伏尔泰对他产生了至死不变的敌意。

伏尔泰（公元1694—1776）比卢梭和狄德罗年长一代，因在1734年出版的《哲学通信》（*Philosophical Letters*）中对迷信和基督教的偏见进行了直言不讳的批评而声名远扬。他本名弗朗索瓦-马利·阿鲁埃（François-Marie Arouet），因为精明的投资获得了财产上的独立，之后给自己换了一个新名字。随后几年内，伏尔泰撰写诗歌、戏剧、科幻、历史，还写了大量哲学、科学和政治文章，以启蒙运动的正义领袖而自豪，在公共争论中左右公众舆论。1755年，他在瑞士定居，先住在日内瓦，然后在城外购置了一处豪华地产，在那里为友人和仰慕者表演自己的戏剧。

卢梭在《第一篇对话》中隐晦地批评了伏尔泰，奚落他的真实姓名：“大名鼎鼎的阿鲁埃，请告诉我们，为了我们的矫揉造作的精妙纤巧，你牺牲了多少雄浑豪壮的美啊！为了那些琐碎事物中的轻佻格调，你付出了怎样的伟大为其代价啊！”但他仍然公开表示仰慕伏尔泰的才华，并送给他一份《第二篇论文》副本——收到了著名的回复：“先生，我收到了您的反人类的新著……从来没有人用这么多的才智来让我们变得愚蠢。”

跟着是一封轻率的回信。伏尔泰嘲笑卢梭的论文自相矛盾：“如果我追求我的第一天职，既不会读也不会写，那么我无疑会更快乐。然而，如果现在废除文字，我将被剥夺我仅有的唯一快乐。”尽管如此，卢梭坚持他的论文是真诚的。一年后，卢梭回了一封长信，为自己对神意的独特信念做了辩护，并表明他相信一个好的社会绝不会容忍不宽容的人，包括那些“想迫使人们什么都不信的不宽容的无信仰者”——比如说伏尔泰。

分歧点是多方面的。卢梭坚持以本名出版他的书，而阿鲁埃戴上了伏尔泰的面具；讽刺是伏尔泰的强项，卢梭却极度真诚；作为一个上流社会家庭的享乐主义者，伏尔泰不理解卢梭的孤独品位和他朴素的生活方式。卢梭尽管排斥关于常识和理性的主张，却坚持关于信仰的说法。最重要的是，卢梭轻率地、甚至不计后果地表达自己的政治观点，正如伏尔泰辛辣地指出的，他“臧否国王和共和国，哪怕没人要他这样做”。最后一点，卢梭本应因为离经叛道而在自己的家乡日内瓦获得名声和影响力，现在这里却成了伏尔泰居住的地方。

日内瓦和它的政治前景越来越使卢梭着迷。自从1750年出版《论科学与艺术》以来，卢梭就公开声称自己是“日内瓦公民”——尽管他几年前因为皈依天主教而被剥夺了公民身份。1754年完成《论不平等的起源》之后，卢梭决定作一则致谢序言，赞美日内瓦（他将其描述为理想的民主故乡）的美德。不久后，他回到日内瓦，放弃了天主教，再次成为日内瓦的真正公民。

他的故乡一如既往地两极分化。一头是统治阶级，致力于维护其贵族特权，津津有味地欣赏伏尔泰的城堡提供的文雅戏剧；另一头是广大的牧师和工匠，坚持认为普通市民在城市管理中应发挥更大的作用，并为法国的精英在娱乐上引人注目的消费而瞠目结舌。

卢梭在某些地区受到了热烈欢迎，在另一些地区则反应冷淡。对一部分官员和统治阶层的精英而言，他不自觉地被怀疑为一个下等人，一个宗教叛徒。但教授和牧师们蜂拥到他身边，他在父亲曾工作和生活过的圣-热尔维郊区成了制表匠们的英雄。

在故乡短暂待了一段时间后，卢梭再次隐居法国。实际上，相对于积极公民的责任，他更偏向于哲学家的闲适。他选择在巴黎郊区自我流放，这样可以自由地思考，无须担忧审查或是政治活动带来的困难和危险。卢梭后来说道：“某些情况下，人们在祖国之外比他们生活在祖国的怀抱中更能为同胞做出贡献。”

卢梭过着一种田园隐居式生活，靠抄谱和更不稳定的著作销售挣点收入，作为补充，还依靠一些富裕朋友的接济。他或是进行突击写作，或是陷入长久的沉思，两者交替进行。在独自漫步沉思时，卢梭发现自己的精神提升了。拥有斯多亚主义美德的现代人形象出现在他心中，形成了“一种真正的新景象”和一幅充满了绝对的爱的图景。他回忆说：“我根据自己的意愿构建了一个黄金时代，由于不可能抵达真实的存在，我被抛入幻想之境，发现现存之物没有一样值得我为之狂喜的，因此，我在一个理想的世界中培育了这种狂喜，并以我充满创造性的想象力很快地让那些依据我自己的心创造的人们居住在这个世界之中。”

因此他开始创作《朱丽，或新爱洛伊斯》（*Julie, or the New Héloïse*），一则书信体浪漫故事，背景主要设在瑞士。正如卢梭在序言中的尖刻评价，其特点在于，写信的人“不是法国人，不是久经世故者，不是学者也不是哲学家，而是乡下人，外国人，离群索居者，年轻人，几乎还是小孩子，他们在浪漫的幻想中，把自己头脑里天真的狂热当作人生的哲学”。（有人可能会说，他们和卢梭本人不无相似。）

卢梭从未如此高产。除了创作小说外，他还继续为一篇关于政治权利的论文积累笔记，并偶尔撰写另一篇文章，设想如何能让孩子们过上一种道德的生活。

公元1758年，《百科全书》最后一卷，即第七卷，分散了卢梭一部分精力。其中，关于日内瓦的冗长词条由狄德罗的同事和合编者达朗贝尔（d'Alembert）编成。该词条包含了一个具有煽动性的提议，指出日内瓦应当建立一座城市剧场，以便“将雅典的文雅与斯巴达的审慎结合在一起”。卢梭担心这种错误的观念可能会对祖国产生影响，怒不可遏地连续写作三周，作成一篇慷慨激昂的回信。

尽管公开目标是达朗贝尔，但卢梭也含蓄地抨击了伏尔泰，因为伏尔泰一直在自己的居所内为当地士绅演出戏剧，以迎合新生的对巴黎式娱乐方式的品位。尽管卢梭写过戏剧，还曾让自己的一出戏剧在巴黎上演，但他在这段道德感高涨的时期，觉得自己不得不“违背自身利益而写作。投身真理之中（Vitamimpendere vero）——这是我选择的座右铭，我认为自己当得起这句话”。肤浅的戏剧对巴黎这类堕落之都或许危害不大，但对于像日内瓦这样正直的共和政体，它们具有灾难性的腐蚀作用。卢梭认为，最好鼓励普通公民参与人数众多的市民节日，或者，更好的是，在一所工匠经常光顾的政治俱乐部讨论公民道德——他从不考虑日内瓦许多重要人物喜欢在伏尔泰家里欢度良宵，并且实际上对卢梭赞同的非正式政治圈子表示反对。

卢梭《致达朗贝尔的信》（*Letter to d'Alembert*）1758年出版时，可以预料伏尔泰愤怒异常。他在（私下）写给达朗贝尔的信中抱怨“这个极端的疯子”和伪君子“写了一部糟糕的戏剧之后就撰文批评剧院，还批评养育了他的法国，他从第欧根尼的浴盆里找到了四五块腐朽的板子，就自己爬进去狂吠”。

雪上加霜的是，卢梭的这封信还隐秘地攻击了狄德罗，而他的老朋友此时正遭到法国神职人员的激烈批评。从这以后，卢梭自命为文学界的流亡者，朋友圈中的弃儿，而这些朋友们一开始曾帮助他走上文学生涯。

对他以往的朋友们来说，他最近的姿态简直令人无法忍受。但卢梭竟找到了愿意庇护他的赞助人。卢梭或许是那个时代最具颠覆性的作者，但如果没有那些富有同情心的公爵、王子和伯爵的支持，他都不可能存活。这些人使他得以独自一人继续像从前那样沉思冥想和写作。

针对《致达朗贝尔的信》的争论使他广受关注，就像他的戏剧曾获得长久的关注一样。但1761年《朱丽，或新爱洛伊斯》的出版，使卢梭在无数读者眼中从一个著名哲学家摇身一变，成为万众瞩目的道德典范。

一位来信者声称：“人们必须窒息，必须放弃书本，必须哭泣”，“必须写信给你，告诉你我因情绪满怀而激动得说不出话，告诉你我在哭泣”。另一位来信者写道：“先生，您神圣的著作是一场所向披靡的大火，自从我读了您伟大的著作，我内心燃烧着对美德的爱，我的心，我曾经以为它已经熄灭，如今却跳动得比以往更强烈。感觉再次降临于我：爱、同情、美德、甜蜜的友谊永远征服了我的灵魂。”

卢梭在《朱丽》的序言中承认了这个悖谬之处：《致达朗贝尔的信》的作者同时也写了一部热情洋溢的浪漫故事，描写“居住在阿尔卑斯山脚下一座小城中的两个情人”，他指出，哪怕是小说也可以有些用处——只要它们“把所有人为之物搁置一旁，使一切回归自然”；并且“让人们热爱一种普通而简单的生活”（就像《朱丽》中描绘的那样）。

《朱丽》迅速被译为英语和德语，在多家出版社排印出多种版本，成为18世纪最畅销的著作之一。卢梭从未像现在这样有名。

他的浪漫小说使读者重新产生了对古典美德以及同情等自然情感的热爱，作者从未阻止读者假设“我自己就是这部小说的主人公”。与此同时，卢梭正忙着完成被他视为毕生事业巅峰的两部著作。他比以往任何时候都更坚定，试图清晰有力地传达出这一启示：“人性本善，是[他们的]制度使他们变坏。”

第一部篇幅较长的著作是《爱弥儿》，以想象的方式对教育制度作了隐晦的批判，叙述了一个假想的年轻人由一名与世隔绝的教师在理想环境下将其抚养长大的故事。第二部著作是《社会契约论》，在卢梭心里占有更重要的地位。他后来承认，“在我已经动笔写的那些作品之中，我长久以来就在构思，搞得最有兴味，并想以毕生的精力去搞，而且，依我主观的看法，将来最能使我成名的，就是我那部《政治制度论》（*Political Institutions*）”。

自由意志的概念将再次发挥关键作用：在《爱弥儿》中，精心培养高尚的意志能使个人抵制堕落社会的诱惑；在《社会契约论》中，卢梭所说的“公共意志”——共同执行的高尚意志——能使人们在自治的团体中管理好自我。道德自由要求个人发展出力量，以抵制那些无法控制的外部事件分散其注意力，从而完善卢梭所定义的“美德”（和塞涅卡一样），而政治自由要求积极参与公共事务。两种自由的形式都扩大并人为地增强了人类意志的力量，从而使他“只想他能够得到的东西，只做他喜欢做的事情”。卢梭在《爱弥儿》中对“真正自由的人”给出了最简洁明了的描述。

卢梭再次贬低了理性在正直的生活中的地位。他认为，使人类行善并避免为恶的是自由意志的正确抒发，而不是理性或获得知识。柏拉图认为，关于善的知识只能为少数人掌握或接近（这明显为由哲人王统治的政权提供了辩护），取代这种观点，卢梭阐述了自己关于善的观点：善是不受限制、不被破坏地执行每一个灵魂与生俱来的自由意志。这为人民主权论提供了辩护。确保这种形式的自由的关键是将个人的自由意志整合在一起，比如周期性地举行所有公民都能面对面交流的集会。这是一种非个人化的权力形式，受限于共同利益的内容。

这是一个激进的观点。当时欧洲大部分国家的政府中，国王仍行使着不受约束的权力。卢梭正是在这样的背景下开出了民主的药方。它在卢梭的故乡日内瓦更是一个颠覆性的想法，在这里，有效政治权力仍掌握在一个小镇委员会手中，由少数富有的精英加以控制。

1762年4月，《社会契约论》和《爱弥儿》几乎同时出版。卢梭甚至没有试图获得正式批准就出版了《社会契约论》。自从《第一篇论文》面世后，他一直以一名公开叛道者的身份，过着有惊无险的生活，这一点与他的老朋友狄德罗截然相异（1749年被捕后，狄德罗私下保留了自己最具煽动性的著作，直到去世后才予以出版）。但卢梭将这两本书一起出版，乃是严重误判了法国和日内瓦的教会及政府官员的容忍度。

不论是在法国还是日内瓦，问题的根源都主要不是《社会契约论》，而是《爱弥儿》第四卷中的长文。在这一部分，卢梭构想的教师向他想象的学生讲述了“萨瓦牧师”是如何作了一番特殊的“信仰自白”的。

卢梭的这位假想的牧师认为，强大而智慧的意志能使世界为之所动；上帝就是这一“意志”之名。这位牧师就像卢梭在《论不平等的起源》中那样，进一步将意志作为人类形而上学的一面，认为是意志将人与其他动物区分开来，使每一个人都与上帝类似，因此，部分地通过自由的感受，“我[可以]感觉到上帝在我之内”，人性的独特之处因而是某种超自然之物，某种神圣之物。那么，如何解释人类明显遭受着的永无休止的恶呢？为什么明智的上帝使其神圣的造物是自由的，却无往不在枷锁之中？

牧师处理这个问题的方法就像卢梭在《第二篇论文》中那样，乍看起来似乎相当传统：“出自造物主之手的东西，都是好的，而一到了人的手里，就全变坏了。”如果恶降临于人，人只能责备自己。“动物不能背离给它规定的规则”，但人可以自由背离，并且“常常不利于他自身”地背离。当人出于软弱堕入恶习时，这种“最初的堕落起源于他们的意志”。

但另一方面，卢梭的自由神学复活了基督教世界中最古老的异端之一，奥古斯丁将这种异端学说与伯拉纠的名字联系在一起。伯拉纠写作的时期约在公元5世纪，他提出了著名的命题：“神赋予人自由意志，以便他们能够通过纯洁和清白的生活接近神。”《爱弥儿》中也出现了非常相似的想法：“为了防止人变坏，难道就必须限制他只能按他的本能行事，把他变成一个畜生吗？不，我灵魂的神灵，我决不责难你按你的形象来创造我的灵魂，使我能像你那样自由、善良和快乐！”

和伯拉纠一样，卢梭坚持意志本善。自由的“正当性”（right）——在法语单词（droit）中有两层含义：“正当”和“直接”——来自自由本身：“我不能自由地希求对我来说是坏的东西。”卢梭坚持，即使我们身份极为卑微，但“我们所有的最初倾向都是正当的”。只要自由意志足够强大，不发生偏离，它就不会做错。因此所有不正当的行为都必须被认为是非自愿的，是外部原因产生的。牧师说：“我始终拥有意志力，但并不总是有力量去执行它。”如果意志本身是无罪的，那么恶的根源必定不能在形而上学领域或精神领域中寻找，而要在物质领域中寻找：身体的弱点；外物压倒一切的诱惑力；偏见，不必要的激情，以及在绝大多数人身上同时产生了这两者的腐败社会。

这是个坏消息。

在卢梭和伯拉纠看来，好消息是，自由意志的神圣力量给了人类重新开始的力量。将恶定义为一种不好的习惯，而非由亚当的原罪引起的不可避免的影响，实际上是将恶弱化成了一种人的“过失”，它可以通过人的自由意志行为加以纠正。此外，如果可以在物质因果领域中找到恶的原因，那么“堕落，以及任何可能由此产生的救赎，都可以用纯粹的自然方式加以解释”。

声称人类拥有一种改变自身的独立能力，正是这一点被奥古斯丁和基督教主流传统斥为异端。奥古斯丁说，“既然因为人可能由于意志、由于自由选择而堕落，他就不可能（仅仅在意志的作用下）重生”，“没有人能够摆脱恶……除非神的恩典降临”。

先是在信奉天主教的巴黎，然后又在信奉新教的日内瓦，卢梭类似的异端学说迅速遭到了教会当局的谴责。在这两个城市中，他的著作被烧毁，神学理论遭到谴责。在日内瓦，官方还审查他的政治理论，宣布“作者的神就是极端自由”，并谴责他支持“周期性的集会——这是法律明文禁止的，它将使自由比奴役更容易遭到破坏”。

为了免遭逮捕，1762年6月8日卢梭被迫逃亡巴黎。不久，日内瓦当局签发了如果他涉足该市就逮捕他的命令。卢梭在瑞士讷沙泰尔（Neuchâtel）省的莫底埃（Môtiers）小镇找到了庇护所，该省当时受普鲁士国王弗里德里希大帝的保护。这位专制君主既不担心卢梭非正统的神学观点，也不怕他激进的政治理论。

卢梭几乎在欧洲各地都遭到官方的指责，但他仍不悔改。“一切道德的基本原则（我在所有著作中都论证了这一点，并在[爱弥儿]中尽我最大的努力试图清晰地阐述这一点）在于，人本性是善的，热爱正义和秩序，人心之中没有原罪，自然的最初动机永远是正确的。”1764年底，卢梭宣布放弃日内瓦公民身份后，直接向家乡的敌人发难，宣称“民主制度无疑是政治艺术的杰作”——在18世纪的背景下，这句话极具煽动性。

正当日内瓦因为卢梭最新的论战而处于风口浪尖时，出现了一本名为《公民的感触》（*The Sentiment of Citizens*）的匿名小册子。它长达八页，表面说由一名加尔文派牧师所作，实际上是伏尔泰写的。伏尔泰在关于《社会契约论》的吵闹中，与寡头统治集团站在同一阵线上。（“要以最严格的法律惩罚他”，他私下给一位日内瓦的朋友写道，敦促他把卢梭作为“一个亵渎神灵的颠覆分子，他亵渎基督而自称基督徒，想颠覆祖国却自称公民。”）伏尔泰的文章提出了一些关于卢梭的虚假指控，但也拿准了他的死穴，描述了这个所谓的真理和美德的骑士是如何偷偷地把私生子抛弃“在孤儿院门口”的。

多年来，只有少数人知道卢梭的秘密。感谢伏尔泰，现在全世界都知道了这个秘密。

麻烦事接踵而至。卢梭为自己及其观点辩护的最新出版物在欧洲各个城市相继遭到禁止和焚毁。在莫底埃，他每日的散步成为公众嘲笑他的机会，当地的一名牧师在讲道时有力地批驳了他的罪孽，以至于教区居民感到有必要往他的住所扔石头。1765年10月下旬，他离开了纳沙泰尔，不知去往何处。法国的老朋友提供了支援，但他不敢接受。流浪了几个星期之后，他最终在英国找到了庇护，1766年1月抵达后，由英国著名的历史学家、散文家和哲学家大卫·休谟（David Hume，公元1711—1776）陪同，后者当时在英国驻巴黎大使馆任代办。

休谟对卢梭的第一印象很好：

> 卢梭身材矮小，如果他不是有着世界上最精巧的面相，我的意思是，最具表现力的面容的话，他可能会很难看。他的谦虚看起来不像是通常的方式，而是因为不知道自己的优点：他

> 在天赋的冲动而不是寻常能力的指引下写作、讲话和行动时，似乎忘记了这种冲动的力量。我相当确信，他有时相信自己拥有一种与神直接沟通而获得的灵感。他有时陷入狂喜状态，数个小时维持同一个姿势不动。这个例子难道不能解释苏格拉底为何有这样的天赋，又为何会出现狂喜状态吗？我认为卢梭在许多方面很像苏格拉底。

但休谟与这位法国的苏格拉底之间的关系注定是紧张的：休谟讲法语，但卢梭既不会说也听不懂英语（尽管能读一点）。休谟天生热爱交际，性格友善，卢梭却害羞而笨拙。休谟是有名的不动声色和面无表情，并且为自己“在一切情感上都非常有节度”而感到自豪，卢梭却十分坦率，极易引起情绪波动。然而，伦敦文学界大部分人都唯休谟马首是瞻，欢迎这位著名的流放者来到这个传说中的公民自由之乡。

卢梭希望能在某个偏远的农村安居，却接受了一个富裕仰慕者的援助，住进了英国中部的一座豪宅中。这样的隐退令人沮丧。随着时间的流逝，卢梭感到前所未有的孤立无援，他开始相信自己成了一个巨大而黑暗的“阴谋”的目标，其目的在于毁坏他的名誉，使他的生活变得苦不堪言。

卢梭的妄想症因为他事实上正遭遇迫害而显得更加可怜。他不断地被从一个国家驱逐到另一个国家，不仅遭到政府和教会的谴责，也受到了老朋友和以往同事的指责。当他猜测（这一点上他并没有错）休谟偷偷地开启写给他的信（休谟向朋友解释说，这是为了给卢梭省钱，休谟认为有些信不重要，不值得花钱回复）时，他开始认为（这一点上他却错了）休谟是他最大的敌人之一。

随之而来的是悲惨的闹剧。卢梭在一次去伦敦的旅行时拜访了休谟。晚饭后，他注意到休谟盯着他看，大为惊恐，忽而又讨厌起自己的妄想症，抱紧休谟说，“不！不！大卫·休谟不是出卖朋友的人！如果他不是最好的人，他一定会是最坏的”。休谟一反常态地回抱住他，试图抚慰他的朋友，说道："什么，我亲爱的先生。"（Quoidonc, mon cher monsieur）但卢梭在随后的一封重述这件事的信中进行解释时，又因为（他所认为的）休谟的冷淡和有所保留而感到恼怒。

两人的信件越来越带有指责意味，并且，休谟根据卢梭在巴黎的一些敌人的建议，用法语和英语出版了所有信件。这些信的出版使卢梭看起来十分可笑。正如伦敦的一名讽刺作家所写，卢梭判断休谟背叛的证据"显然就是休谟盯着他看，然后说了一句'我亲爱的先生'，又拍了拍他的背"。卢梭惊惶不定，与泰蕾兹遽然返回法国，为免遭逮捕而隐姓埋名。他不相信任何人，比以往任何时候都更加确信自己是一个巨大阴谋的受害者，四处游荡，重新开始了年轻时就已熟知的流浪生活。在这样无根无绊的状态下，他开始撰写自己的童年和少年时代——这本自传日积月累，最终形成了几卷本的《忏悔录》，存心与奥古斯丁的著作形成比较。

有些回忆使他感到安慰，还有一些则令他痛苦万分。不可避免的，他不得不接受那最为臭名昭著的罪行的惩罚，他回忆了将自己与泰蕾兹所生的孩子抛弃到育婴堂时所处的境况："当我因为无力抚养我的几个孩子而把他们交由国家教育的时候，当我准备让他们成为工人、农民而不是冒险家和财富追求者的时候，我还以为是做了一个公民和慈父应做的事。"然而，即便他试着这样做，也显然无法解除甚至是转移这种内疚的重负。他只能假装自己并不后悔，在临终时声称，他在关于培养孩子的洞见（在他的著作中得到了详细的阐述）中发现了"对我的牺牲的补偿"，并苍白地宣称："《新爱洛伊斯》和《爱弥儿》竟是一个不喜爱孩子的人所作，这无疑是世界上最不可思议的事。"

1770年，完成《忏悔录》的草稿，并与泰蕾兹缔结了为时过晚的婚姻之后，卢梭与妻子搬回巴黎，希望在这里恢复已经败坏的名声。这对夫妇搬进一座公寓，卢梭开始向公众开设朗诵会，内容选自《忏悔录》。1770年12月至1771年5月期间，他至少举办了三次这样的朗诵会。

据一名目击者所说（不一定可信），有一次，卢梭一连阅读了17个小时，只短暂停顿休息了一下。当他读到被遗弃的孩子这个主题时，讲述了自己对这件事的说法，然后停了下来，仿佛有人在大胆地批评他的行为。“唯一的反应是黯然沉默，”直到观众起身安慰作者，“他和我们所有人全都热泪盈眶。”

卢梭在这些公开露面的场合下并没有遭到彻底的反对。他结束朗读会时声称他说的都是真话，并说“如果有人知道有些事情和我刚才所叙述的相反，哪怕那些事情经过了一千次证明，他所知道的也只是谎言和欺骗。如果他不肯在我在世的时候和我一起深究并查明这些事实，他就是不爱正义，不爱真理”，是一个“理应被掐死的坏人”。

警察局局长勒令卢梭停止之后，他再也没有公开露面。他最后一次试图为自己辩解遭到反对之后，感到更加与世隔绝，孤独，绝望地被人误解。

接下来几年内，他断断续续地以一种不同的方式为自己辩护，撰写了三篇内心对话录，将之命名为《卢梭，评判让-雅克》（*Rousseau，Judge of Jean-Jacques*）。这是一种非常特殊的文本，作者在其中想象了一个不知名的“法国人”与一个假想的名为“卢梭”的人相互对话，两人为了如何评价那个写了《朱丽》、《爱弥儿》等作品的人的道德品质而辩论，此人在整篇对话中都被称为“让-雅克”。法国人根据他听到的流言，认为让-雅克是个怪物，而“卢梭”基于他读的书，相信让-雅克一定是个好人。法国人向“卢梭”挑衅，让他去拜访让-雅克并观察此人的行为；“卢梭”则让法国人去阅读他的书。

在《忏悔录》中，卢梭邀请读者担任他品行的裁判；而在这些对话中，作者通过一个名为“卢梭”的虚构人物，将裁判权转移到了撰写《忏悔录》的人手里：“他虽然不太善良，但是没有恶意；他心灵健全，但是软弱；他非常热爱德行，但没有身体力行；他热爱善行，但自己做得很少。说到犯罪，我像确信我的存在一样确信，犯罪的念头从未靠近他的心，仇恨也是如此。这就是我对他的道德品质所作观察的总结。”“卢梭”甚至告诉法国人，让-雅克正在创作一系列对话，“与我们的谈话可能产生的这种对话很类似”。

他在这段“兴奋期”，即从1749年到15年后《山中来信》（*Letters Written from the Mountain*）问世期间，试图分享自己关于人性本善的喜讯，邀请其他人共同从事一种普罗米修斯式的追求，一劳永逸地使人类摆脱邪恶的制度。在他看来，正是这些制度产生了普遍的奴役，消灭了普遍的自由。

但正如卢梭本人在《爱弥儿》中所展现的，这并非唯一的高尚方案，因为人不仅能自由地行动，也能自由地克制其行动，他可以像斯多亚主义者那样，宁可选择闲暇而放弃公共生活的义务。事实上，那些努力过一种公共美德生活的人使自己成了命运的人质，不得不承受外部力量和因素，这些力量和因素远远超出了个人想要控制并引向一个好结果的意志力，甚至也超出了社会的普遍意志力。

卢梭在临终遗嘱《一个孤独漫步者的遐想》（*Reveries of a Solitary Walker*）中吐露真言：“美德的动机不过是一个陷阱……我懂得了，我从此所能做的唯一好事就是无所作为，免得在无意中，在不知不觉中做出坏事。”

这是一个惊人的大转变。卢梭现在不得不承认“德尔菲神庙的格言‘认识你自己’不像我在《忏悔录》中所相信的那样容易遵守”，“敢于公然宣称高尚的美德”而没有必备的勇气和力量在实践中过一种与之相一致的生活，“就是狂妄和轻率”。

同时，他承认“要我违反我的天性行事，那总是不可能的”，他既能理解斯多亚式的自我约束对功成名就的需求，同时又憎恨这种需求。他超越了这种憎恨，宣称已为自己选择了一种新的道德观，一种新的生活方式：“我在眼下的处境中，除了无拘无束地追随我的天性之外，不再有其他任何行为准则。”但这并不意味着卢梭现在准备按照每个一闪而过的念头去行事。他不愿束缚自己的意志，但又害怕按照不受约束的意志去行事带来的后果，最终选择了意愿不再有所意愿，以一种彻底麻木不仁的状态生存下去。

这也正是卢梭一生长途漂泊最后终结的地方：退回安详宁静，遗世独立，不作抵抗。他生命的最后几个月在阿蒙农维拉（Ermenonville）的一个城堡度过，位于巴黎以北25英里处。他的一个仰慕者德·加拉尔（de Garardin）侯爵在此地建了一座宽阔的花园，采用了卢梭在《朱丽》中描述过的自然风格。卢梭在这里心满意足地搜集资料，记录他的白日梦，在《一个孤独漫步者的遐想》的字里行间回味往昔的经历。通过将意志的作用仅仅限制在想象和回忆上，卢梭在最后的日子里，终于能够或多或少无拘无束地追随自己的天性——这个善良的人沉陷于自己的想法之中，重新品味那些他感到最“彻底的自由”的时刻，它们尽管转瞬即逝却很甜蜜。

1778年7月2日，他在66岁生日四天之后去世，身边只有泰蕾兹一人。谣言说卢梭曾开枪自杀，但他死后不久检查他尸体的医生宣布死因为中风——1897年再次确证了这一消息，当时当局希望澄清四处流布的谣言，重新检查了他的骸骨，没有发现枪伤的迹象。

卢梭被埋葬在城堡的地下，位于观赏湖中间的一座小岛上。据说泰蕾兹·勒瓦瑟尔在他去世后不久曾说过：“如果我的丈夫不是圣人，还会有谁是？”

1781年《忏悔录》在他逝世后出版，随后几年内，卢梭成了一个准宗教崇拜的对象。人们频频去阿蒙农维拉的白杨树岛（Isle of Poplars）他的墓地所在处朝圣，以至于1788年竟出版了一部去往该地的指南。游客们组织起降神会悼念亡者，并燔祭狄德罗对卢梭的批评，以此证明他们的团结一致。在一次这样的降神会之后，一名皈依者大呼，“是他本人在与我交谈……神圣的卢梭，一个如此善良、单纯和崇高的人！”卢梭的简朴在他穿过的木屐等遗物中彰显无遗。一位前来拜访的公爵夫人在阿蒙农维拉花了一个下午穿着这双木屐蹒跚而行，或许是想分享（无论多么间接）这位匠人之子那种平民的善良。

1794年，在攻占巴士底狱五年之后，法国大革命开始之时——很多人认为是卢梭激励了这一划时代的事件——哲学家的尸骨被挖掘出来，经由一场延续三天的公开游行转移至巴黎。法国议会为了表示对卢梭的尊敬召开了一次特别会议，一名背负着他尸体的随从在巴黎街道上绕来绕去，走向先贤祠。革命者已经把这座教堂变成了安葬法国伟人的陵墓。

卢梭被安葬在此地——对这个流浪哲学家来说，这是一种具有讽刺意味的神化。尽管为时已晚，他最终认识到，永远不要试图去符合他在著作中传达给后人的那种完美的人和完美公民的形象。

康德

KANT

康德油画肖像，由18世纪德国学校一位不知名的艺术家所作。康德虽然将“真正的哲学”这一古典理想尊为一种生活方式，但他自己的生活基本就是构思学术讲座，深入地思考自己的论述，阐述基于纯粹理性和抽象道德原则的原理。

（Private collection/The Bridgeman Art Library International）

用一个亲密友人的尖酸评价来说，这位被公认为现代最伟大的哲学家是一名“小个子教师”。伊曼纽尔·康德（Immanuel Kant）以教授为职业，他个子矮小，身体虚弱而内心辽阔；前额宽广，目光深远。他在锤炼思想方面卓有天赋，一直在长时间深入地思考两个很大程度上由他发明的概念：意志自律和纯粹理性的限度。作为自我克制的典范，康德从未结过婚，几乎不去旅行，也很少离开他出生的城市柯尼斯堡（Konigsberg，位于东普鲁士）。与此形成鲜明对比的是，康德让自己的心灵自由徜徉，并通过严格的道德义务感和知性真诚感来约束自己的想象力。

在接近半个世纪内，柯尼斯堡大学就是他的宇宙中心。他年复一年，每周讲课16—25个小时，内容涵盖许多不同的主题：逻辑学、形而上学、人类学、自然地理学、道德哲学、自然法学、自然宗教学、理论物理学、数学、教育学、机械学、矿物学，一门名为“哲学百科全书”的课，甚至还可能教过烟火制造术。每学年不讲课的四个月中，他就撰写学术论文和专著，其中大部分以德语写就，有许多只针对职业同行的小圈子。康德是第一个完全在学术环境下工作的现代哲学家，他对哲学的核心贡献在于他撰写的论著。

奠定了他后世声名的著作是《纯粹理性批判》（*The Critique of Pure Reason*），于1781年出版。正如米歇尔·福柯所说，康德批判后的世界“似乎是一座有待建立的城市，而不是一个已然给定的宇宙”。但这个令人兴奋的前景是用极其严峻朴实的文字进行表达的。

诗人海因里希·海涅（Heinrich Heine，公元1797—1856）声称“很难描写伊曼纽尔·康德的生平，因为他既没有生活过，也没有经历过什么”。由于康德卷帙浩繁的著作都体现出了一种典型的客观性——他不会去写《忏悔录》——一名传记作者决定详细描述“他的个性是如何与他的著作日益协调一致，以至最终完全消融”，以此作为对他生活的记述。

但康德仰慕卢梭，欣赏他依照古代对真正哲学家的理解，千辛万苦地致力于用自己的生活方式来展现自己的原则。康德也认识到，现代的纯粹研究如果脱离了哲学的生活这种古典理解，将是有局限的。他在一次演讲中声称：“如果我们考察伊壁鸠鲁、苏格拉底、芝诺等古希腊哲学家，就会发现其学问的主要目标始终是人的目的，以及实现这一目的的手段。因此他们比现代人更忠于哲学家的真正内涵，而我们现在遇到的哲学家只不过是一个理性大师罢了。”

和卢梭一样，康德出身低微，父亲约翰·格奥尔格·康德（Johann Georg Kant）是一名马鞍匠。康德1724年4月在柯尼斯堡出生，是约翰和安娜·雷吉娜（Anna Regina）的第四个孩子。他被取名为埃玛努埃尔（Emanuel），毕生都非常珍视这个名字的希伯来语含义：“与上帝同在。”（他后来改变了拼法，因为Immanuel这个译法更符合希伯来语原义）康德夫妇共育有九名孩子，只有五名存活下来，伊曼纽尔是家中的长子。

康德的父亲是行会中的一名工匠，因为能够自力更生而心满意足。父母都信奉新教虔信派。这是路德教的一种极端形式，18世纪上半叶在普鲁士很有影响。虔信派立足于每日的灵魂审查，希望获得灵魂重生——由生来的下贱之身转化为更神圣的生命形式。受罚的人之子重生为“神之子”，从此放弃世俗的快乐，去从事公共慈善行为。尽管具有这种自我牺牲的精神，虔信派仍不仅吸引了像康德的父母这样的劳苦大众，也吸引了国王弗里德里希·威廉一世

（Frederick William I），后者将这种革新运动变成了国教。

康德后来（他这时早已公开放弃了父母那令人压抑的信条）对一个朋友说，“当然一直有人对虔信派指指点点。够了！那些真正严肃的虔信派教徒散发出尊贵的气质，并拥有作为一个人所能拥有的最高贵的品质，即静穆、愉悦和不受任何激情扰动的内在安宁”。他们的榜样对这个年轻人产生了持久的影响，尽管康德对有计划的自我审视的厌恶也同样持久。

康德在当地小学学习一段时间后，八岁时被送到腓特烈学院（Collegium Fridericianuum）。这是一所严格的虔信派学校，培养学生从事神职或文官工作。学校制度森严，课程包括《旧约》和《新约》、路德的《小教理问答》和《大教理问答》、希伯来语、希腊语和拉丁语；康德还学过法语、少量数学和一些哲学。学习往往是死记硬背，不断地重复和背诵。反省是必修课。每个希望在教堂仪式上领受圣餐的学生都必须事先做一次关于“其精神状态”的报告，交给一名精神导师。

康德后来警告说，这些实践会产生“激情和疯狂”。他回忆起自己被那些宗教狂热主义的教师所“奴役”时，感到不寒而栗。但康德也不是对所有活动都不感兴趣：他喜欢拉丁文教师，有一段时间内曾沉迷于塞涅卡，津津有味地背诵他说过的话。

他是一个模范学生，几乎所有课程都得分最高。当时柯尼斯堡是一个繁荣的港口城市，约有四万五千人。该市建立于1255年，自1340年以来就是汉萨同盟一员，1701年前一直是普鲁士的首都。它还容纳了普鲁士驻军和各种国家办事处，和柏林一样是普鲁士最重要的城市之一。作为区域贸易中心，它吸引了来自立陶宛、波兰、俄国（也有荷兰、英格兰这样的海洋国家）等周边国家的商人。这里是重要的犹太社区，其中也有大量来自法国的胡格诺派避难者。尽管位处东普鲁士东部边境的偏远一隅，其守旧程度远不及德国其他大多数大学城市。

1740年，康德进入柯尼斯堡的阿尔贝蒂娜大学。阿尔贝蒂娜是该地区唯一一所大学，是普鲁士最重要的机构之一，吸引了世界各地的学生。作为一所路德派大学，阿尔贝蒂娜根据虔信派的准则进行过改革，不接受天主教徒或犹太人（尽管申请者必须提交关于希伯来《摩西五经》部分内容的分析），此外还要对至少两部新约福音书的希腊文本进行解读。

所有学生必须学习哲学。哲学被视为“较低级”的学科，是医学、法学和神学这三门“较高级”学科的入门。大部分学生很快就展开神学研究，希望被任命为牧师或神学教授。但康德并不如此：尽管阿尔贝蒂娜大学在物理学和数学方面实力不强，他仍然全身心地投入了自然哲学，并急切地希望发表自己的研究。

康德并没有集中精力撰写一篇拉丁论文（这能使他在高中或大学获得教学资格），而采取了非同寻常的方式，撰写并出版了一部德文著作：《论对活力的正确评价》（*The Estimation of the Living Forces*），试图调解一场晦涩难懂的争议：关于如何测量动能，莱布尼茨的追随者和笛卡尔的追随者意见不一。

这部著作问世不久，康德离开了阿尔贝蒂娜，既没有提交所需的论文，也没有参加毕业考试。接下来几年内，他靠给当地贵族的孩子们做家庭辅导挣钱，同时继续写作以满足毕业的要求。1755年，他完成了第二部德文论著：《自然通史与天体理论》（*General Natural History and Theory of the Heavens*）。

康德在《自然通史与天体理论》中指出，是物理定律而非偶然性在支配着宇宙，上帝创造了这些定律，宇宙由此和谐地展开，此后无须神作任何干预。他对牛顿科学原理的认可并未阻止他深入思考太阳系的性质：他假设其他行星上可能有生命，并推测居住在木星和土星上的生物拥有远高于人类的认知能力，他们的智力会使牛顿看起来就像个孩子。

对任何一个希望在大学中获得一份学术职业的人而言，如果十年前出版这样一本书（鉴于它与虔信派正统的分歧），都是一种挑衅的乃至自杀性的行为。但到1755年，康德的唯物主义物理学方法与弗里德里希·威廉二世（Frederick William II，更多以腓特烈大帝为人熟知，康德将《自然通史与天体理论》献给了这位君主）的观点完全一致。

1740年，腓特烈大帝在父亲去世后成为普鲁士国王，他在虔信派的严格戒律下被抚养大，成了终身的反教权主义者。他当上国王后做的第一件事就是废除虔信派为事实上的国教。他崇尚宗教宽容，认为每个人都有权依据自己的能力获救。他还取消了司法酷刑，并试图建立一种普遍的公共教育系统，获得了一定的成功。他对巴黎哲学家的新理论和开放的研究很是内行，曾让伏尔泰充当柏林的思想门面（1750年到1753年间，这位法国人在此地住了三年）。

腓特烈大帝不光是一个亲法主义者，更是一位全能君主，一名杰出的指挥官。他将普鲁士军队的规模翻了一番，并通过一系列大胆的军事活动（被冠名为七年战争，公元1756—1763），大大拓展了普鲁士治下的领土。1786年他漫长的统治结束之时，腓特烈已经将普鲁士从一个小公国转变为一个崛起的大陆强权，形成了一种独一无二的精神特质：即无拘无束的进取心和毫不松懈的纪律性和责任感，这彻底改变了普鲁士生活的方方面面。

阿尔贝蒂娜大学无疑感受到了腓特烈的影响。普鲁士以往各位君主禁止的哲学观点如今可以自由地探究而不受惩罚。随着国外著作迅速译为德文，可以公开辩论的观点也开始增多。（例如，大卫·休谟1748年在英国出版的《人类理解研究》（*Enquiry Concerning Human Understanding*）七年后有了德文译本，康德在讲座课程中及时补充了对休谟的参考。）但是，知识界有一件事改变缓慢：辩论的经院气息，这要求（并鼓励）对教义的微妙之处进行吹毛求疵的辩论，圈外人（即任何没有掌握阿尔贝蒂娜教导的哲学辩论技术的人）简直完全不知所云。

《自然通史与天体理论》出版后，康德在大学对三篇学位论文进行了答辩，全部按要求以拉丁文写就：第一篇论火，第二篇论形而上学认识的第一原理，第三篇论莱布尼茨哲学与牛顿物理学之间的关系。完成这些论文并通过口语考试后，他获得了编外讲师资格，可以为学生开设收费讲座（这是他唯一的收入来源——只有正教授才能直接从大学领薪）。这些年中，康德和其他有志于成为教授的编外讲师一样饱受经济的压力。我们在阅读他幸存下来的讲座笔记时发现，尽管有些难以相信，但康德讲课比大部分年轻的同事都更生动活泼，较少僵化呆板。因此，他迅速发展出一批追随者。有了稳定收入后，他为自己租下了更宽敞的房间。

1758年，在腓特烈大帝进军萨克森并引发七年战争两年之后，普鲁士被迫将柯尼斯堡割让给俄国五年之久。一些居民感到愤恨，但包括康德在内的另一些人则发现他们的命运有了好转。俄国人有财富也有品位享受生活中的精妙之物。康德的讲座开始有官员参加，他被邀请参加筵席，在宴会上喝潘趣酒成为新的风尚。他开始讲究时髦，休闲时打台球和玩纸牌，并告诉学生“宁愿当体面的傻瓜，也不做丢脸的傻瓜”。他身着金色滚边的外套，腰佩仪式用剑，与俄国的官员和柯尼斯堡的精英一同出席晚宴——他说，“不让任何人因自己产生不快甚至是怪异的印象，这是做人的义务”。

据说女性很高兴康德陪伴一旁。尽管康德在演讲中赞美婚姻的美德是一种文明的制度，但他这一生从未亲身体验过的诸多寻常快乐中，夫妻幸福和性行为显然是其中两种。

传说他曾被一位漂亮的孀妇吸引。“他计算自己的收入和支出，日复一日地推迟决定”，待他完成成本-效益分析之后，她早已选了另一名求婚者。还有一次，一位来自威斯特伐利亚的年轻女人使他感到非常快乐，但他又犹豫了，等他下定决心向她求婚时，她已经收拾行李回家了。

与此同时，康德忙于与学术对手进行各种技术辩论，他们要和他竞争为数不多的付费听哲学课的学生。有关的主题包括决定论和自由意志的限制，以及人类生活的世界是否是所有可能的世界中最好的一个。莱布尼茨坚持这一点，康德这一时期也倾向于表示同意，哪怕是在灾难性的1755年里斯本大地震之后（伏尔泰在《老实人》[*Candide*]中就这件事取笑了莱布尼茨的乐观）。

正如他最富有同情心的传记作者对康德这一时期的总结："他的思想和生活尚缺乏真正的激情。"他在试图解决日常问题时——他的学生这些年中已经开始向他请教——会用一些陈词滥调来作结。

他在一篇论生活意义的文章中（写于他的一名22岁的学生突然去世之后不久）声称："每个人都为自己此生的命运制订计划。婚姻的幸福与一长串快乐和计划构成了放映机内的幻灯片，他自己为这部放映机添色着彩，在想象中一再地放映。死亡结束了这场光影的游戏，远远地向我们展现它自身……当我们正沉浸于梦境之中时，我们真正的命运将我们引向一条完全不同的道路上。我们真正获得的东西很少与我们期待的一致，我们发现每迈出一步，我们的希望亦随之破灭……直至死亡，那看来总是遥不可及的死亡，骤然结束了整个游戏。"充满说教而又陈词滥调——这也正是这位老学究这一时期的道德风格。

1762年，俄国从柯尼斯堡撤军。普鲁士驻军回到城里时，国王为了让官员提升素养，命令他们去城里的军校上课。康德有时会去那里演讲。他的社交圈继续扩大，学术声望也不断提高。1764年，他在柏林科学院学报上发表了《自然神论与道德原则》（*Principles of Natural Thedogy and Morality*），名声远传到普鲁士之外。

康德的职业前景从未如此光明。他从讲座中挣了不少钱，足以聘请一名私人仆从马丁·兰珀（Martin Lampe）。马丁接下来四十年都会陪在康德身边，确保主人有干净的衣服、整洁的房间，并能按时醒来。

但这一时期，由于长期受让-雅克·卢梭的哲学熏陶，又担忧自己的身体健康（后来发展成了慢性病），再加上与英国一位有学问的商人约瑟夫·格林（Joseph Green）萌生了友谊，康德决定修正"他自己在这个世界中的命运"。

18世纪60年代中期，他开始在理论和实践上遵守一种新的生活制度，期望立足于他后来所说的（以一种典型的烦琐方式）"与内在的行为准则本身保持绝对一致”，为自己打造一种新的道德品质。

约瑟夫·格林体现了康德所说的这种观念与实践的“绝对一致”。用康德早期的一位传记作者的话来说，他是“一个性格罕见的人，正直不阿，品行高贵”，在日常生活中“遵循着一成不变却莫名其妙的生活规则”，非常看重守时。

格林和康德一样也是个单身汉。格林坚决遵循“准则”——个人行为规则。除了从事商业活动以外，格林还非常博学，热衷于当时的哲学及重要哲学家的奇闻逸事：1776年他在从英国写给康德的信中，转播了那一年卢梭拜访休谟这一不幸事件的所有最新流言。

遇见格林之前，康德过着一种相当传统的生活。他工作很努力但也会让自己放松，喜欢在镇里消磨夜晚，有时还会饮酒过量，但格林成为他最好的朋友之后，康德开始遵循一种更为节制的固定生活方式。大多数日子里，他早晨五点起床，喝一两杯淡茶，抽一斗烟——他只允许自己每天抽一斗烟，尽管有拜访者说随着年龄的增长，他的烟斗也变得更大。然后准备讲稿。从1771年以来，他讲座的第一节课都在早上7点（这是教育部规定的），另外还有一节讲座，持续到11点或12点。然后开始写作，直到去当地一家小酒馆吃每天的正餐。

午饭后散步，在格林家门前停下来，开始每天的午后谈话。下午7点整离开格林的家。回家后再工作一会儿，阅读、备课或是写作。

一份完全可以预测的时间表。海因里希·海涅讥笑说，每当康德分毫不差地出门散步时，柯尼斯堡的居民就“友善地向他问候，并对好他们的表”。根据他的朋友、他最早的传记作家之一路易斯·厄恩斯特·博罗夫斯基（Louis Ernst Borowski），他的准时行为反映了他“不断地努力恪守深思熟虑的准则（至少在他看来，它们是有充分依据的原则），他渴望无论事情轻重大小，都努力订立各种准则。他总是从这些准则开始，最终也总是回到这些准则”。

康德很快就发现这种严格的生活方式有助于他“有些脆弱的健康”。康德在晚年著作之一《学科之争》（*The Conflict of the*

Faculties）中有一段罕见的自传性话语，承认“我天生有疑病症倾向”，因为“胸腔狭窄，使我心脏和肺的活动余地很小”。早年时身体的不适“甚至让我感到厌世”。

康德脱胎换骨后，在讲座和理论著作中不止一处明确讨论了疑病症，将其定义为一种“认知能力”的疾病——一种精神疾病。罹患这种精神疾病的人不断抱怨想象中的疾病，可能会误解其真正的健康状态。康德为自己的疑病症提出的治疗方法是，围绕着严格的准则和“吸引人注意力的职业”，确立固定的行为模式。他相信，如果疑病症患者能够习惯性地投身于“刻意为之的分心”，对身体不适的抱怨就会彻底消失。

康德就像一名斯多亚主义者那样，通过这种方式“坚定地维持心灵控制其病态感受的力量”。他说，他越是认真地致力于这种“刻意为之的分心”，就越不会感到不适。后来，康德将自己的长寿归功于四十岁以后遵循的严格生活制度。虽然他仍不时地为自己的健康而焦虑，但他写道，“通过将注意力从这种感觉上转移开去，似乎它与我毫无关系，我控制了它对我的思想和行为的影响”。

康德深信可以预计的习惯能够治疗想象的疾病，因此能拥有强大的动力，像他的朋友格林那样严格地遵守这些准则。但康德也认为，审慎规划的生活能使信念和行为理性地统一起来。他声称“个性要求一种准则，这只能来自理性和道德实践原则”。在同一篇文章中，康德继续说，建立一种真正有道德的“个性”，“只能通过一次爆发”，它相当于“某种重生，仿佛为自己立下了某种庄重的誓言”，“在厌倦了本能的动摇状态之后突如其来地显示出来”。

尽管没有证据表明康德曾有过这种爆发性的顿悟——和奥古斯丁在花园里，笛卡尔在夜里做梦，或是卢梭在去往范塞纳的路上不同——但有迹象表明，他的确经历了“某种重生”，不仅是因为他与约瑟夫·格林的友谊，也因为他对让-雅克·卢梭的着迷。

康德在卢梭大部分著作出版时就阅读过：从1751年的《第一篇对话》到1762年的《社会契约论》。相传1762年康德第一次阅读《爱弥儿》时，平生唯一一次中断了他的日程表。卢梭的肖像是他书房内唯一的画像。康德在自己《论优美感与崇高感》（*Observations on the Feeling of the Beautiful and the Sublime*）的副本上附上了大量"评注"，写道："我倾向于做一名探究者，一心渴求知识，期望无止境地增进它，但也为自己的每一个进步而感到满足。我曾经认为光是这一点就已构成了人类的荣耀，我鄙视一无所知的人们。是卢梭纠正了我。"

他在1765年记下这些"评注"时，已经熟知卢梭的许多著作，或许是为了克服自己原始的激情："我必须熟读卢梭，直到那表达的美已经不再打动我，然后我方能理性地看他。"阅读卢梭引发了一系列相互关联的想法，他这一时期的思考就围绕着这些想法而展开：当代道德的腐败，知识的界限，自由意志的力量，意志在自由地自发行动时潜在的善，屈从意志时产生的恶——以及对"存在着一个与自然秩序相一致的完美的世界（道德的世界）"的信念。

和卢梭一样，康德相信我们可以发现一种道德的科学，它能向人们展示"如何正确地履行造物指派给他的任务"。同样和卢梭一样，他认为建立这种科学面临着极大的障碍："万物如流水般逝过，人们口味多变，境况不一，一切都无法确定，令人困惑。我能在哪里找到让人们无须再转移的自然的固定点？"因为人类的天性已经堕落，"自然的第一原理变得模棱两可，无法看清"。自由意志（康德和卢梭都将其视为人类的形而上学本质）不受限定的自发性使问题变得更为复杂。尽管康德在文章中将卢梭与牛顿联系在一起，但他也注意到了物理对象与精神探索之间的鲜明差异。物理探索产生确定性的知识，而道德探究潜在地不受限定，因为它不可避免是形而上学的："物质运动确实保持着某种明确的规则，但人的自我意志没有规则。"

正如一位著名德国学者所言，"我们可以把整个康德哲学说成是这样一种尝试的结果：即试图将哲学家的思想转变为一种合乎科学且普遍适用的理论"。这是一个很高的要求，因为卢梭的思考是狂想式的，他浮想联翩的内省激烈而狂热：卢梭的工作明显反映了由蒙田确立的法国的伦理思想传统。康德虽然钦佩蒙田，但他本人关于“合乎科学”的概念则源于莱布尼茨和沃尔夫（Christian Wolff）的德国传统，后二者都致力于在利用思辨理性上能实现彻底的精确性，并试图将可理解的宇宙解释为一个整体。将对卢梭的思考转变为“普遍适用的理论”向康德提出的挑战既实实在在又“体系化”——用康德的术语来说，他与莱布尼茨和沃尔夫一样，用这个词来形容他认为是系统的知识结构。

解决所有这些挑战将花去他数年时间。但与此同时，他确定了新的生活制度，每天留出一段时间进行严谨的思考。正如康德向以往的一名学生所解释的，哲学家“温柔而敏感的宁静”极为适合“神秘主义者渴望的”狂喜，但他的哲学生活将致力于冷静的推理，着力不为变幻莫测的强烈感情和任性冲动所影响。

1769年和1770年，康德分别收到了爱尔兰根和耶拿的教书聘请，但他不愿破坏自己的生活制度，拒绝了这两所学校。几年后他向一位朋友承认：“一切改变都令我害怕，哪怕它可能大幅改善我的处境。我只想身处这样一种环境，在其中，我的精神（它高度敏感但除此之外无忧无扰）和我的身体（它更加麻烦但从未真正患病）能同时保持忙碌而不至于太紧张，我已经成功地得到了想要的这种环境。”

最后，1770年3月，阿尔贝蒂娜空出了一个正教授席位，康德被任命为逻辑和形而上学教师，这使他除了讲座费以外，还能获得一笔微薄却稳定的薪水。不像他的一些同事，康德小心地攒下这笔钱，并谨慎地进行投资。他开设正教授必须开设的免费讲座，但不让任何人两次出席同样的免费讲座课程（尽管他乐于欢迎那些听众重复听他其他的付费课程）。

1770年8月21日，康德发表了拉丁文就职论文《论感性世界和理智世界的形式与原则》（*On the Form and Principles of the Sensible and Intelligible World*），首次公开表明他的思想是如何从对卢梭的反思转变而来的。和《第二篇对话》的作者以及《爱弥儿》中的萨瓦牧师一样，康德对两个世界作了明确的区分。但卢梭将因果的自然界（用物理学来解释）与自由意志的道德世界（通过形而上学来理解）区分开来，而康德提出了“感性世界”（mundus sensibilis，与现象[phenomena]或显现物有关）和“理智世界”（mundus intelligibilis，与本体[noumena]或物自体有关）。康德指出，这种“本体的完美”（perfectio noumenon）理论意义上是“最高存在，是上帝”，实践意义上是“道德完善”。

同时，康德的就职论文也明确表现了对卢梭哲学关键部分的修正。卢梭强调同情，而康德旨在“确定准则和第一原理，它们始终是客观的，能告诉我们应当如何支持或否定某物，应当行动还是不行动”，它们独立于一切自然的道德情感。终其一生，康德的主要问题是，“道德判断原理是什么？……也就是说，道德的最高准则是什么，它们的最高法则是什么？”卢梭将推理的能力视同为怀疑，并最终根据一时兴起的冲动而行事，屈从于他所认为的自然倾向。与卢梭不同，康德走向了相反的方向，正如一位现代学者所指出的，他强调“道德情感依赖于先验逻辑和独立的理性原则”，并最终认为，行动只有出于深思熟虑的义务感才具有道德价值。

1770年12月，康德在普鲁士的少数几位哲学同行之一摩西·门德尔松（Moses Mendelssohn）阅读了就职论文后，对康德的风格（自发表以来已经引起了不止一个人的批评）表达了保留意见。门德尔松在写给康德的一封信中说道，“有些段落明显的晦涩难懂暗示我们，这项工作必定是一个更大的整体的一部分……既然你拥有获得众多读者的伟大写作天赋，我们希望你不要总是把自己的读者对象限于少数精通最新知识的专家，认为他们能够猜出公开发表的线索背后那些隐含的内容”。

门德尔松的希望落空了。康德要求自己，他的新哲学应当是一个无所不包的演绎体系，这使他失去了清晰表达的能力。他写的信和他后来的短文证明他能够简洁地写作，他那些最流行的关于人类学的讲座也偶尔会表现得机智风趣。但他的主要作品具有一种海涅所说的“晦涩而乏味的书袋式风格”。他关于逻辑和形而上学的讲座因晦涩难懂而臭名昭著。康德在一篇日记中说，“我的语言方式呈现出有害的外观；它散发出经院的气息，因此琐碎枯燥，事实上晦涩难懂，和天才相去甚远”。

历史学家阿道夫·弗朗茨·约瑟夫·巴齐克（Adolph Franz Joseph Baczko）曾是康德的听众之一，他回忆说，“我立即参加了他的讲座，但无法理解。考虑到人们对康德这个名字的评价，我又一向对自己的能力感到怀疑，我开始相信自己必须投注更多时间在学业上……我彻夜工作，二十小时不间断地苦读了不止一本书，但什么也没学到……我渐渐明白，康德的有些学生知道得比我还少。我开始相信，他们走进康德的讲座是为了获得名声。”

康德封闭在日常生活准则的小圈子中，全神贯注地思考他的新哲学，在学生眼中日益变成一个难以接近的圣人，他那不容置疑的雄辩常常令人难以理解。康德自己曾对一个朋友吐露，说他“与我的听众几乎没有私人方面的了解”。虽然他有理由相信他的许多学生都不知道他在说什么，但他拒绝修改讲课方式。（许多年后，有人写信要求他澄清某个学说的微妙之处，康德在回信中说：“我自己也不理解。这种过于拘泥于细节的精确已经不再适合我。”）就这样，康德作为共谋之一，在自己周围形成了一种奇特的个人崇拜，他选择只向那些已经“皈依”的学生讲课，而让不懂行的人心怀敬畏，目瞪口呆地看着讲台后面那位戴着扑粉假发的圣人。

1778年，普鲁士教育部长指定康德出任哈勒（Halle）大学的哲学教授一席，这是一所著名大学中一个有名望的职位。康德再次拒绝了，说他需要小心翼翼地“将命运已经为我纺好的纤细精微的生命之线尽可能绕得更长”。

他现在已经适应了自己的习惯，并希望与约瑟夫·格林维持亲密的友谊，但也不愿意放弃自己在当地贵族中的地位。这一年，著名的天文学家约翰·伯努利（Johann Bernoulli，公元1744—1807）途经柯尼斯堡，饭后在一位伯爵家里见到了康德，记录了他对这位教授的印象：“这位著名的哲学家在社交场上是个活泼而有涵养的人物。他有着优雅的生活方式，以至让人很难想象他身上会有这样一颗深深探求的心灵。但他的眼睛和面容流露出一种大智大慧。”

正如伯努利所说，康德已经有好多年没有出版任何重要著作了。十多年来，康德一直承诺新书“很快”就会问世，但预期的著作一再推迟。最后，在1781年，这部承诺了很久的著作终于出现了：800多页的大部头新著《纯粹理性批判》。

该书出版商约翰·格奥尔格·哈特科诺赫（Johann Georg Hartknoch）住在里加，但在哈勒出版了这本书；康德先把书给了柯尼斯堡的一个出版商，但后者拒绝了，担心这个大部头的销量会使他赚不回成本。

《纯粹理性批判》的第一位读者也许是康德在柯尼斯堡的老朋友约翰·格奥尔格·哈曼（Johann Georg Hamann），他说服哈特科诺赫等书一出版就寄给他。哈曼对一个通信者说，“很可能没有多少读者能理解它那学究性的内容”，但他也承认“如果你长期在这块沙漠地中艰难地跋涉，也会发现绿洲”。他私下里的评价更严厉：他把《纯粹理性批判》称作“桑丘·潘沙（Sancho Panza，塞万提斯的小说《堂吉诃德》中的重要人物，堂吉诃德的仆人）的先验哲学”。

鉴于这部新书风格沉闷乏味，不奇怪它没有立即获得认可。一个评论家声称《纯粹理性批判》是“人类高贵而精妙的理解力的一座丰碑”，但又警告说，这是为“形而上学教师”写的书，其内容“对于大多数阅读的公众而言是不可理解的”。

这本书的部分内容围绕一个看似简单的前提：只有从人类的立场（而不是从某个虚构的上帝的观点来看），我们才可以谈及时间、空间和物质的存在。我们对任何感知之物的了解，取决于我们在探究时采用的范畴和概念（它们由我们建构起来），也取决于我们关于世界的感觉经验。这两个部分都必不可少：用第一批判的套话来说，“没有内容的思想是空洞的，没有概念的直觉是盲目的”。

康德提出自己的新方法，部分是为了确保现代自然科学（以牛顿为代表）免遭怀疑论的攻击。在试图确立可靠知识的界限时，他感到必须在经验过程中产生的经验知识与他所说的“先验理念”之间划清界限，后者由思辨理性形成，关注超越于一切可能经验之上的东西，比如：关于上帝存在的观念、灵魂的不朽、意志的自由。正如他在《纯粹理性批判》第一句话中所说，“人类理性有一种特殊的命运……它为一些它无法摆脱的问题所困扰，因为这些问题是由理性自身的本性向自己提出来的，但它又不能回答它们；因为这些问题超越了人类理性的一切能力”。

因此《纯粹理性批判》最有影响力的部分完全是否定的：它们证明了为什么所有试图证明上帝存在、灵魂不朽等诸如此类的努力都注定要失败。这些段落为康德在最早期的读者中赢得了激进的怀疑主义者的名声，并导致摩西·门德尔松说他是“彻底的摧毁者”。

康德本人对其批判的含义持有更为精妙的观点。以他对意志是自由的这一思辨观念的处理为例。康德在《纯粹理性批判》分析的所有“理性观念”中，自由意志也许是最重要的——无疑也是最自相矛盾的。如他所定义，这个观念“仅仅意味着绝对自发性的行动”，独立于物理的因果关系或“感性冲动带来的强迫”。因为康德认为没有办法明证意志是自由的，他承认，与自由相关的观念是无法解释的。但他也认为，“一部按照使每个人的自由可以与其他人的自由共存的那些法则的有关人的最大自由的宪法”是“必要的”理念，不能通过诉诸经验或经验证据加以否定，他在《纯粹理性批判》中写道：“人性必须停留于其上的那个最高的程度将是什么，因而在（自由社会的）理念及其实行之间必然留下的那道裂缝会有多大，这是任何人都不能也不应当加以规定的，而这恰好是因为，它就是自由，而自由是可以超出每个被给定的界限的。”

因此，第二个方面是所谓的康德的“哥白尼革命”：他提出人类（卢梭也曾提出过）能够在实践中为自己构建道德和政治的世界，超越于他们所知道的关于物质宇宙的事实。哲学不应满足于列出关于我们的认识的形式限制，它还必须创造康德所说的“使用我们的理性的最高准则的科学”，部分地通过阐述能使人类明智地在不同的目的之间做出选择的“先验理念”；部分地通过表明抽象的黄金法则（“对别人做你希望他们对你做的事情”成为康德著名的绝对命令：“根据也能作为一个普遍法则的准则去行动”）如何提供了可靠的道德罗盘，它将使每个人“在每一种情况下分辨什么是善，什么是恶，什么符合义务，什么违背义务。”

每个人都被要求通过谨慎地执行自己的理性意志来实现一个完美的道德世界：“完善你自己——简单说来就是‘为善，使你自己配享幸福，成为一个善的人，而不仅仅是幸福的人’可以被视为道德原则。”有些时候，康德似乎持有一种普罗米修斯式的期望，相信人类如果得到恰当的启蒙，当“良心、正义和公平而不是权力占据主导地位”时，人们可能达到“尽可能的完美”，这种完美将成为“地球上神的王国”。

即使只对《纯粹理性批判》作一个简短的总结，正如他早期的传记作者之一所说，它也是“一座藏有各种矿石和矿脉的富矿。常常会发生这样的事：倾向最不一致的人们都已经找到，或想象他们找到了他们寻求的矿石，因为每个人要么只在一个特定的矿脉那里劳作，要么就误解了他所发现的金属的性质”。

康德对如何理解他的巨著有明确的看法。因为他性情敏感——也因为他认为这是一个系统的理论，必须作为一个整体加以掌握——他愤怒地回应了批评，并以一种全新的文学热情回应了《纯粹理性批判》引发的大量反应。随后那些年中，他笔下源源不断地涌出论文和专著，似乎全神贯注于一劳永逸地澄清他的原始意图，并阐释他关于道德、自然科学、历史、政治、宗教、艺术、逻辑——人类经验的整个范围——的新思考方式的完整含义。

第一批判问世时康德57岁，随后15年内他拼命写作，创作了大量令他举世闻名的著作。这些年惊人的高产无疑使康德付出了昂贵的代价。为了写书，这位伟大的自由理论家感到前所未有地不得不限制他自身的自发性，严格控制自己的生活。他在相当可观的程度上将自己变成了一种思想机器，应当责无旁贷地征服“感性的冲动”，最好还要高效地设计范畴和建立论据。

他的日常生活主要包括教学和写作，并以这种方式成了一名典型的现代哲学家，一位主要因其著作而闻名的带薪教授。和卢梭一样，康德认可作为一种生活方式的“真正的哲学”的古典理想，但康德本人选择了一种系统探究的成熟生活方式。实际上，他这些年来将自己重塑为一个“理性工匠”的典范——将哲学作为一种统一的科学加以实践的典范，致力于尽可能独立于个人特质，为他所认识的一切提供完整而准确的说明。

1783年，他发表短文《未来形而上学导论》（*Prolegomena to Any Future Metaphysics*），旨在回应对他的批判，并澄清《纯粹理性批判》的含义。第二年他在一本杂志上发表了两篇文章：“世界公民观点之下的普遍历史观念”（Idea for a Universal History of Mankind）和“什么是启蒙？”（What is Enlightenment?），面向更一般的读者。随后又发表了更多论文：1785年，《道德形而上学基础》（*Groundwork of the Metaphysics of Morals*），1786年，《自然科学的形而上学基础》（*Metaphysical Foundations of Natural Science*）。

这一年，一本文学杂志发表了一系列关于康德的《纯粹理性批判》的信件，首次引发了公众对这种新的思想体系的兴趣。一个同事从耶拿写道，“我告诉你一个事实，你可以看出这里的学生多么努力地学习你的《纯粹理性批判》：几周前有两名学生进行了一场决斗，因为其中一人对另一个说，他不理解你的书，要花上三十年时间才能理解这本书，然后还要再花上三十年时间才能对此说点什么”。

1787年，康德出版了大幅修订的《纯粹理性批判》第二版。不知为何，他的哲学忽然间成为时尚。柏林的高等官员们讨论它的价值，商人也大唱赞歌。他的书开始大卖。一名通信者告诉康德他遇到一个去海牙旅行的人，独自在酒店房间内花了几个小时仔细研读

《纯粹理性批判》。落在康德身上的赞美无以复加。在普鲁士，他被誉为现代苏格拉底，将柏拉图和亚里士多德集于一身的德国人。一位崇拜者写道："上帝说，要有光，于是有了康德哲学。"

趁着第一批判的流行，康德1788年出版第二批判《实践理性批判》（*Critique of Practical Reason*），1790年出版第三批判《判断力批判》（*Critique of Judgement*），随后出版另外两部重要著作：1792年《纯然理性界限内的宗教》（*Religion within the Bounds of Mere Reason*），1797年《道德形而上学》（*The Metaphysics of Morals*）。所有这些著作都大量印刷，在讲德语的国家获得了广泛的读者。

康德在创作这一大批文章时，修改或限定了《纯粹理性批判》中的大量观点。他在《道德形而上学基础》第一次重述了他的道德哲学，宣称"意志的自律"是"道德的最高原则"，自由不是神父或国王一时心血来潮的命令，而是道德的来源，这才是正确的理解。根据《纯粹理性批判》，既然意志的自由是一个无法证明的"形而上学"假设，康德不得不承认他的"道德的最高原则"将哲学置于"一种危险之境"。他后来在论道德、政治和历史的文章中，致力于阐明正确地行使自由意志的合理原则，将义务置于欲望之上，责任置于情绪之上，制定一些有时违背常识的道德箴言（例如，他严肃地宣称，没有婚姻的"肉体享受""本质上就是野蛮的"）。

和卢梭不同，康德从未认真考虑过"人性本善"这一观念。相反，康德警告说"人是一种动物"，有着不受拘束的欲望和激情，"在成功地找到那条唯一真实的道路之前，都曾尝试过所有可能的歧途"。这样的反省揭示了人心内"实际存在的恶"。因此，我们邪恶的冲动必须由自我强加的行为规则加以规范和约束。不幸的是，人"对他的同类必定会滥用自己的自由；尽管作为有理性的生物他也希望有一条法律来规定大家的自由界限，然而他自私的动物倾向性却在尽可能地诱使他把自己排除在外。因此他就需要有一个主人来打破他的意志，并迫使他去服从一种可以使人人都得以自由的普遍有效的意志”。康德关于自由的全新原则提出了一个难题，无论如何，对这个难题的统一解答“是不可能的，因为从造就人类的这种弯曲的木材中，是造不出什么完全笔直的东西的”。20世纪的自由哲学家以赛亚·伯林（Isaiah Berlin）对这一评论大加赞扬，并以此警告人们抵制那种“独一无二、包罗一切、永久有效的体系”。

康德不愿意看到自己的观点因为颠覆性而遭到审查或禁止，这些年来想出各种办法来表达自己的哲学，以便与普鲁士通行的道德和政治观点大致相容。例如，他关于“弯曲的木材”和人需要有一个“主人”的评论，使他关于自由意志的观念具备了合法的资格，并使他对普遍历史的论述与路德教关于人类意志的“奴役”的教义大体一致，也与普鲁士的纪律和管束大体一致。

此外，康德非常清楚，人类过一种不确定的生活的能力大不相同。因此，不同的人需要不同类型的信仰来管理他们的生活。康德在自己的生活中感到没有必要相信上帝存在或灵魂不朽。在这一点上他遵守着《纯粹理性批判》的严格戒律：就像是一位后世的苏格拉底，他唯一知道的就是他不知道，他永远也不可能知道灵魂是否不朽，上帝是否存在。

但基于经验，他不得不承认，大部分人的需求与他不同。像他的仆人马丁·兰珀这样的普通人不仅渴望知道“我能知道什么”的确定答案，还需要回答其他三个关键问题：“我应当做什么？我应当期望什么？人是什么？”

似乎为了弥补教学生活的沉闷无趣，康德设想了一种死后的生活，在那里，拥有善良意志的普通人也可以合理地认为自己配享永生。康德在《实践理性批判》的一段典型的佶屈聱牙的话语中，坦率地声称自由、不朽和上帝都是“应现实地将诸客体归之于它们的概念。因为实践理性不可避免地为了自己的而且是实践上绝对必要的至善客体的可能性而需要它们实存，而理论理性也就由此而被授权去预设它们”——尽管他很快就警告说，不会出于“理论的意图”而进一步利用这个想法。

康德求助于这种曲折的诡辩术引起了海因里希·海涅（Heinrich Heine，公元1797—1856）的嘲弄：

> 悲剧之后是一出闹剧。康德扮演了一个冷面无私的哲学家，他攻进天国，杀死了全体守卫，世界的最高主宰未经辩护便倒在血泊之中，再也没有天父的慈悲，没有今生受苦来世善报，灵魂不朽已经到了弥留之际——发出阵阵喘息和呻吟——而老兰珀站在一旁，腋下挟着他的那把伞，满脸流淌着冰凉的汗水和眼泪。于是康德就怜悯起来，并表示他不仅是一个伟大的哲学家，而且也是一个善良的人，于是，他考虑了一番之后，就半是真诚半开玩笑地说："老兰珀一定要有一个上帝，否则这个可怜的人就不能幸福——人生在世应当享有幸福——实践理性这样告诉我们——好吧，不妨也让实践理性保证上帝的存在吧。"于是，康德就根据这些推论，在理论理性和实践理性之间做出区分，并且就像使用一根魔杖一般，用实践理性使得那个被理论理性杀死的自然神论的尸体复活了。

海涅说得有些道理。但康德的宗教观也使我们想起他一开始对卢梭的回应所具有的平等主义本质（"我学会了尊重人类"），他在《纯粹理性批判》接近结束时肯定了这一点："最高的哲学在人类本性的根本目的方面，除了人类本性已赋予哪怕最普通的知性的那种指导作用以外，也不能带来更多东西。"根据康德对这一任务的理解，要"尊重人类"，部分地意味着要构建一个哲学框架，能够满足像他的仆人兰珀这类普通人的精神需求。

尽管作了这些让步，康德仍平静而坚定地继续坚持，没有哪一个真正的哲学家会满足于纯粹的假设或是惯常规定的信仰和习惯，无论为了适应"最常见的理解"这些假设或常规是多么必要。他从未许诺给自己一座玫瑰园——他只向自己许诺：坚决遵照为自己制定的一致准则而行动，并依据自己的研究所揭示的道德律做应当做的事，会产生一种“智性的满足”。正如他在给朋友的一封信中所解释的，这个朋友问他关于信仰和祷告的观点，他说自己是“这样一个人，我相信在最终的时刻，只有对我们内心最隐秘的看法进行最纯粹的坦白，才能经得起考验。我和约伯一样，认为奉承上帝和进行内心忏悔，但却不能使之与我们自由信奉的内容保持一致，这是一种罪过，或许是出于恐惧而不得不如此”。

康德最喜欢的格言之一是“要勇于认识！”他批评人类“自我强加的不成熟”，并推测，随着思想自由传播得更为广泛，人类合理假设的各种信念必定会不可避免地发生变化，而我们最珍视的“理性观念”也可能发生改变，因为它是自由的精髓，能打破“任何一个提出的界限”。

但在试验这些界限时，康德极为谨慎。他在论启蒙的文章中表达了自己对腓特烈大帝一句格言的欣赏：“可以争辩，随便争多少，随便争什么，但是要听话！”让那些最常见的理解变得“有能力掌握自由”只能一步步来。“启蒙一个时代”是“非常缓慢而艰辛的”过程，因为担心会遭到审查的镇压，他警告同事们不要急躁，避免做出关于智性独立的所谓的“放肆”论断。

康德是在1786年发出这些警告的，他的担心很有理由。德国启蒙运动的支持者腓特烈大帝最近去世了，人们预计随着弗里德里希·威廉二世继位，公民自由会发生倒退。无论怎样，康德开始认为自己是理性的化身，是一个公众人物，不仅应当关心思想自由，也应当关心如何去帮助证明对自由施加限制的合理性——如果必要的话，要进行自我审查。他的谨慎——有时近乎懦弱——是很显著的：新国王给了康德一笔年薪，并为他成为柏林科学院成员铺平了道路。

这些年中他塑造了一副威严堂皇的形象。一位去柯尼斯堡的游客回忆说：“他头戴精致的扑粉假发”，他的“丝质袜子和皮鞋也是体面绅士的寻常穿戴”。这名游客还注意到一次学校的典礼在柯尼斯堡教堂结束时，康德与其他教授一起列队前进，他总是“过门而不入”，几乎毫不掩饰对组织化的宗教机构和仪式的漠不关心。

1789年法国大革命爆发时，康德也没有掩饰他对革命者的钦佩。根据这些年中他的一个密友所说，“他活在革命里，行走在革命里，即使大恐怖的消息传来，他的希望还是那么坚定。当他听见共和国缔造成功时，激动地呼叫：‘让您的子民们安息吧，因为我看见了世界的荣光。’”他的老朋友们为他感同身受的政治热情寻找借口，认为这是他性格中的“古怪”之处，而不是更严重的道德缺陷。

尽管他在朋友中公开表现出对组织化的宗教的蔑视以及对法国大革命的赞赏，但他对陌生人很是戒备。如果他了解到拜访者反对大革命，就会建议避免讨论此话题。1793年他甚至更进一步，发表了一篇文章，在其中谴责了任何形式的反抗：含蓄地回应了最近在德国对“形而上学”促成了法国大革命的指控，康德认为，对一个国家“最高立法权的任何反对”，“任何一种叛乱，对于整个国家都是最严重、最应受惩罚的罪行，因为它摧毁了国家的基础。这一禁令是无条件的”。

（在大约写于同一时期的一个私人笔记本中，康德指出法国国王已将最高立法权转移给1789年的三级会议。这是一个漂亮的诡辩，暗示了法国大革命技术上说来并非叛乱。这样一种推理思路无疑有助于康德说服自己，他在宣布“无条件”反对叛乱时，并非一个彻底的伪君子。）

康德也担心不断有人影射他是一名无神论者，或者说他的哲学导致了不道德。他向学术界的一些朋友施加压力，要求他们为他辩护针对他的指控。但他对柏林的审查也有些漫不经心，并在《纯然理性界限内的宗教》中大胆地断言，“除了善的生活方式之外”——他的实践哲学关注的主要焦点——“凡是人自认为为了让上帝喜悦，”比如说，通过盲目地遵循一些教义问答，“都是纯然的宗教妄想和对上帝的伪侍奉。”

1794年初《纯然理性界限内的宗教》再版时，法国大革命分子处决了国王路易十六，而康德即将过70岁生日，获得的待遇如同“柯尼斯堡的国王”一般。他的哲学已经成为德国新一代哲学家的试金石，当年轻一代的思想家——费希特、谢林、黑格尔——开始从事自己的事业时，出现了无数支持或反对康德的书籍和文章。

正是在这种情况下，1794年10月1日，弗里德里希·威廉二世国王的一名顾问在国王的授意下写信给康德，信中指出，“我们的至尊很久以来就已经怀着很大的不满，注意到您是怎样滥用您的哲学来歪曲和贬低基督教许多主要的和基本的教义的……我们要求你为自己的行为做出认真的辩解”。

很长一段时间以来，康德的赫赫声名帮他挡住了皇家的责难。但面对这封信，他在彻底屈服之前作了一个简短的辩解。他在一封日期为10月12日的信中写道：“作为陛下您的忠实臣民，我发现，为了回避嫌疑，我将绝对保证完全放弃一切有关宗教主题的公开讲座。”

尽管缺乏勇气，康德卑微的回复与他很久以前为自己确立的道德观是完全一致的。正如他在近三十年前向摩西·门德尔松所坦承的，“我尽管对许多事怀有最明确的信念和最满意的态度，但永远不会有勇气去说，我永远也不会说我不想的事”。和在他之前之后的许多著名哲学家一样，康德最渴望的首先是和平与安宁，他精心阐述了一整套非凡的方式让自己相信，无论环境如何变化，自己总是道德一致、观点正确的。

1797年11月弗里德里希·威廉二世去世，康德解除了不开设任何关于宗教主题的讲座或出版相关著作的承诺，因为他极谨慎地只向一个人（作为陛下您的忠实臣民）而不是所有君主作了这一承诺。他立即于1798年出版了关于宗教事务的新著作《学科之争》，并在序言中附上与弗里德里希·威廉二世的完整通信，接下来是奉承新国王弗里德里希·威廉三世的话——“一位开明的政治家”，他将“保障科学领域里的文化进步”。

这部著作问世时，康德已基本从大学退休。学者们继续向这位伟人求教，一些人震惊地发现他的智力已大大衰退。一位拜访者指出，“康德不再阅读他的著作，不能立即明白自己从前写过的东西”。在他漫长一生中的最后几年，这些老年痴呆症的早期症候使这位哲学领地的“柯尼斯堡国王”沦为往昔自我的影子。

他的习惯变得越来越刻板，行为越来越唯我主义，对自己行为的合理化解释也越来越古怪。他确信他的健康状况取决于天气，经常去看他的风标、温度计、气压计和湿度计。他相信流汗是一种应当坚决避免的恶。如果他在夏季的某一天散步时，感觉自己濒临于流汗的边缘，他会一动不动地站在阴凉处，直到危险过去。“睡觉成为一个固定而复杂的仪式，其中的一个部分是他的手表必须挂在钉子上，位于气压计和温度计之间。”关于这位伟大的自由思想的支持者的闲言碎语也越来越尖刻。

和他的英雄卢梭不同（卢梭在最后的日子里似乎达到了某种宁静），康德陷于恐惧之中，因为暴力的梦而吓得直颤抖：“几乎每天晚上他都想象自己周围全是小偷和杀人犯”，几乎每天早晨他刚一醒来，就会误会他那“急忙赶来抚慰和帮助他”的仆人是个杀手。

康德缓慢衰退期间，他忠诚的同事们继续基于他的旧讲稿准备出版一些新著：1798年的《实用人类学》（*Anthropology from a Pragmatic Point of View*），1800年的《逻辑学》（*Logic*），1802年的《自然地理学》（*Physical Geography*），1803年的《论教育》（*On Pedagogy*）。令人惊讶的是，康德本人还在断断续续地写一篇以前计划过的新论文，他记笔记，列大纲，起草一些片段。文章有几个不同的标题，包括“从形而上学到物理学”（Transition from Metaphysics to Physics）、“观念体系中的先验哲学的最高观点”（The Highest Point of View of Transcendental Philosophy in the System of Ideas），等等。有一段话中，康德宣称要基于推理证明自然中存在着一种原始的动力，一种以太，没有它就没有经验对象。学者们仍在争论这些最终手稿的价值，但有一点可以明确：康德对以太的描述只是一种他曾试图在《纯粹理性批判》中予以取消的思辨理论。

1804年2月11日，康德说了最后一句话。一个朋友来访时，康德接过一杯掺水的酒，只说了一句，“这很好”。第二天，距80岁生日还有两个月的这天，康德逝世了。

许多年后，为了纪念康德的《纯粹理性批判》出版一百周年，柯尼斯堡募资建立了一座纪念碑。1870年，他的遗体被挖掘出来，准备转移到新的安息处。柯尼斯堡医学系的两名教授利用这个机会拍下了康德头骨的照片，并仔细地做了测量。挖掘本身就是一个充满节日气氛的公众事件，观测在隆重的仪式中进行。精确测量证明，康德的前额宽广而隆起，头骨不同寻常的大小则表明，他的大脑明显大于“德国一般男性”。

第二年，康德被重新埋葬在柯尼斯堡教堂外的一座大教堂中。这座教堂有着巨大的玫瑰色斑岩门廊，是柯尼斯堡在二战及随后被苏联吞并后幸存下来为数不多的几座建筑之一。苏联解体以来，新人成群结队地来这里开婚礼派对已经成为一种习俗，他们来到康德而不是列宁的纪念碑前，庆祝誓言，喝香槟酒，并留下鲜花。纪念碑上有一块青铜匾，用德文和俄文两种文字刻着《实践理性批判》中的一段话：

“有两样东西，人们越是经常持久地对之凝神思索，它们就越是使内心充满常新而日增的惊奇和敬畏：我头上的星空和我心中的道德律。”

爱默生

EMERSON

拉尔夫·沃尔多·爱默生肖像，19世纪美国不知名摄影师拍摄。作为最流行的公共演说家之一，爱默生以一种沉思默想的姿态说服了大量公众，使所有人无论生活状态如何，都会欣赏乃至模仿一位独一无二的自学成才的诗人和思想家的精神成就。

（Private collection/The Bridgeman Art Library International）

19世纪的一项成就是哲学在现代研究大学中的制度化，它首先发生在欧洲，随后蔓延到美国。康德在德国的继承人接受了学校的教育，撰写的文章极为抽象，推理枯燥无味，充满辩护色彩，以至于只有专家能看。这些教授往往清除了诗意的词汇，即便是在描绘想象力和自由意志的创造潜力时，或是与康德一同期待“哲学的千禧年，它建立在一个作为世界共和国的多民族联盟之上，期待一种永恒的和平状态”时，也是如此。

同时，先是在英格兰，然后又在新英格兰，出现了不同但又相似的文学和思想运动。这种运动从德国唯心主义者那里受到鼓舞，希望将哲学变成一种诗歌的类型，或是一种后基督教的新式布道，或同时变为两者。英国作家托马斯·卡莱尔（Thomas Carlyle）在其1834年出版的著作中杜撰了“自然的超自然主义”（Natural Supernaturalism）一词，描述了这一运动部分地通过采用康德等德国哲学家的学说（无论是否有道理），试图将人神性化、将神人性化的浪漫主义倾向。

结果，美国出现了一种现象：哲学家成为大众英雄。18世纪末法国对卢梭的崇拜在许多方面预示了这一现象。

以拉尔夫·沃尔多·爱默生（Ralph Waldo Emerson）为代表，哲学第一次作为一种人人平等的“自我修养”，走近了庞大的民主社会中的所有成员。爱默生为美国的思想带来了如此深刻的变革，以至于约翰·杜威（John Dewey，公元1859—1952，或许是爱默生最伟大的继承人）称他为“民主的哲学家”，“堪与柏拉图相提并论的新世界公民”。

康德的现代传记作家可以可靠地宣称传主的个性“与他的著作日益协调一致，以至最终完全消融”，但爱默生的当代传记作家不能这样说。情形正好相反。他最早期的传记作家之一奥利弗·温德尔·霍姆斯（Oliver Wendell Holmes，公元1809—1894）指出，“他在不同的作品中完整地描绘了自己，细心的读者能看到他性格的所有方面，除了那些关于他的特定琐事以外，几乎没有更多需要知道的了”。爱默生记录了大量这类事件，说明他日常的外在生活，也在一系列日记、日志和笔记（他一生中大部分时期内都保留着它们）中记下了自己的感受和思考。此外，他的大量信件也留存下来。以这种自发性的、前所未有的逐月自传写作方式，积累成长达38卷的现代学术规制版本，使我们能在最微小的细节上如实地重建这位“康科德（Concord）贤哲”的生活。

爱默生以惊人的开放态度进行反思性的写作，恢复了一种古老的哲学生活方式，而这种生活方式正是康德及其追随者们所刻意忽略的：德国唯心主义者尽管会谈论自律甚至是自我审视（比如康德），但他们通常不会让自己的任何一种写作陷于可能被解释为自白的危险之中。

相比之下，爱默生以他的日志为媒介，不仅进行自我反思、自我批评，也进行自我改造。读者在这些文字中，能够观察到作者重塑他自身——这真是非同寻常的景观，在以往哲学家的生活中是绝无仅有的（蒙田留下的唯一日志记录了他1580—1581年间在德国、瑞士、意大利的旅行，卢梭在《忏悔录》中只向读者提供了一种回顾性的叙述，描述了他不断发展的自我）。

爱默生的非凡旅程开始于1803年的波士顿，他是家里八个孩子中的第四个（六个男孩中的第三个），母亲鲁思·哈斯金斯（Ruth

Haskins），父亲牧师威廉·爱默生（William Emerson）。用他第一个权威传记作家杰姆斯·埃利奥特·卡伯特（James Elliot Cabot）的话来说，他的“血管中有几支流动着‘痛苦的牧师’的血脉”。

爱默生的父亲23岁时被任命为哈佛大学公理会牧师。哈佛大学位于马萨诸塞州，距这个大家庭在康科德的第一个家有12英里。和他的祖辈一样，父亲对文学和宗教很感兴趣，加入了波士顿的圈子。这个圈子总体而言政治上保守，宗教观点上自由（倾向于一种后来被称为一神论的观点，认为上帝只有一位，耶稣与上帝不同，比上帝低等，强调宗教生活最重要的目的不是忏悔而是心灵的教化）。

威廉·爱默生在拉尔夫·沃尔多八岁时去世，撇下了贫困的家庭。孩子们由母亲在姑母玛丽·穆迪·爱默生（Mary Moody Emerson）的帮助下抚养长大。玛丽·穆迪发挥了重要的影响，她管教严格，要求很多，对爱默生的孩子们的期望极高，是一个空想家和神秘主义者。她自学成才，自称是“自然神论的虔信派”，如饥似渴地阅读了大量书籍，从柏拉图到普罗提诺，从卢梭到柯勒律治（Coleridge），都在她的阅读范围之内。她告诫孩子们“藐视琐碎之事”，要志存高远，宣扬一种严格的、不容忍任何反对或犹疑的基督教新教教义。

父亲去世一年后，爱默生进了波士顿公立拉丁语学校，学习希腊文和拉丁文，也学习如何有力而雄辩地在公共场合讲话。他求知若渴，开始了解到不少经典——柏拉图、西塞罗、塔西佗——和现代英语文学，知道了莎士比亚、弥尔顿（Milton）和约翰逊（Johnson）博士，写了一些诗歌。1817年，他毫不费力地进入哈佛大学，当时才14岁，不足班里的平均年龄。

哈佛大学这些年中迫使学生坚持严厉的生活制度。规章要求参加早晚的公共祈祷，并严格遵守安息日的规定。自然地流露欢乐的情感可能会遭到罚款。和在拉丁语学校一样，记忆和诵读是教学的首选手段。爱默生似乎一直在自我约束方面表现突出，因此没有遇到什么麻烦。他被选入一个学生俱乐部，每周会面讨论各种问题，如“深入研究深奥的形而上学问题是否有利于学生？”以及“戏剧化的表达是否有利于道德？”——爱默生（和他之前的卢梭一样）对后一个问题的答案是否。

大学三年级上到一半时，爱默生的生活发生了重要的转折。他略去了名字中的第一个词（这样就可以简洁地自称沃尔多）之后不久，决心开始写日志，并将之命名为“广阔的世界”（The Wide World）——他在这里记录旧观念和“新想法”，讨论内心的各种哲学和文学问题，并尝试写诗，满足对诗歌日益增长的兴趣。直到17世纪，写日记都很罕见，但在爱默生成长的精神环境中，它早已成为日常生活的核心部分。正如他所熟知的，他的祖辈和亲戚中有许多人一直在记录他们的个人经历或者说“年鉴”（Almanack，姑母玛丽·穆迪·爱默生就这样称呼她每天的记录）。

一开始，他用日志直接进行灵魂的考察，对此玛丽·穆迪很是赞赏，这种考察将成为爱默生私人生活、最终也将成为他外在性格的明确特征。随着时间的推移，日志变得更加无序也更为宽泛。私下里，他随意地记下（他后来这样描述他的日志内容）“支离破碎的梦境和鲁莽行为，不成体系、不负责任的讽刺文章，以及各种零乱的遐想，我漫无目的地在森林和草原中无休止地散步，只找到了这些可怜的木片和草莓”。实际上，爱默生一生都虔诚地保持着自己的日志，不经意间用260多本笔记创建了一幅“思想者”的镶嵌肖像画。

大概在同一时期，爱默生开始写日记，他还深入研究各位古代哲学家的生活，阅读第欧根尼·拉尔修、色诺芬和柏拉图关于苏格拉底的论述，以便完成“一篇论苏格拉底的论文”，这是他第一次回顾关于苏格拉底的精灵的不同论述，该话题成为他终生的兴趣。他也第一次读了“人类曾写下的最非凡的著作”：蒙田的《随笔集》。

18岁从哈佛毕业后，爱默生接受了一份在女子学校教学的工作，他的哥哥威廉在波士顿建立了这所学校。他的日志表明，作为一名“男教师”度过余生，这样的前景使他充满恐惧。他继续广泛阅读：小说、历史、莎士比亚、塞涅卡的《道德书简》、大卫·休谟，爱默生认为必须以某种方式回答休谟关于宗教信仰价值的怀疑论。与此同时，他的日记里出现了一个新的志向。

1823年3月23日，他告诫自己说："不要再不信任你的能力，上帝把我们性格中的元素放在了我们自己手中，铁和铜，银和金，随心所欲地去选择和塑造吧！"

1823年，沃尔多在20岁生日前不久与威廉一起签署了"信仰宣言"——信仰上帝、耶稣基督、《圣经》的神圣性——该宣言在波士顿的基督教第一教堂成员之间广泛流传。威廉随后去了德国学习神学和哲学，让沃尔多管理这所女子学校。但沃尔多已经在攒钱准备进入哈佛大学神学院。尽管有些疑虑，但比起教学来他更喜欢布道，因此准备追随父亲的步伐。

私下里，他仿佛通过某种自我断言来击溃怀疑论（和之前的笛卡尔一样）似的，不止一次记录过在纯粹的存在中体验到突然来袭的狂喜："为什么我不能以彻底的自由去行动、讲话、写作、思考？……我对宇宙说，全能者！如果你不是我的母亲，回到混乱，如果你愿意，我将仍然存在。我活着……一颗星接着一颗星，一个世界接着一个世界，一个系统接着一个系统被摧毁了——但我应当活着。"

和姑母玛丽一样，爱默生愿意从这种顿悟中领受道德的意义。但他的情绪更多表现为沮丧而非兴高采烈，他一生中的叙述不断增多，对狂喜的描述总是辅以别的更洞穿人心的记载。几个月之后，爱默生在一个极为详细的日志条目中，以冷酷无情的准确性评价了自己的长处和弱点。

他认为，他拥有"丰富的想象力，以及因此拥有对诗之美的敏锐品位"，但是，他承认，"我的推理能力相当薄弱"。他详细列举了各种恶习：不喜欢社交场合，是"一个喜欢懒散的人"（这是他最喜欢的自我贬低的主题），缺乏自信，说了和做了太多出于羞愧而非信仰的事。

然而，他写道，"我希望在神性中茁壮成长"，因为"对神圣主题最高级的推理"是"道德想象力的成果"而非"推理机器"（他这样称洛克和休谟这类哲学家）的产物。布道是他的长处之一，他继承了“对雄辩的热爱”，并且对“西塞罗想要的某种伟大的、不可估量的事物”热血沸腾。

1825年2月爱默生正式进入神学院，1826年10月10日，获得了正式的布道许可。三年后，他成了波士顿老北教堂的初级牧师。尽管每星期需要写一篇新的布道使他感到有压力，但他获得了丰厚的补偿。

1827年，爱默生爱上了埃伦·塔克（Ellen Tucker）。她是一个有抱负的诗人，一位独立的女性，两年后与爱默生结婚。他在日志中描述了他们的结合如何在他心中唤起了“某种敬畏：我知道我的缺点，我知道我有许多罪过；上帝的仁慈使我感到自己更加罪孽深重。我以谦卑的感恩将自己托付给他的善。我感觉到自己彻底的依赖”。

他前景似乎一片大好，然而爱默生总是因为忧虑和各种身体不适而感到苦恼。他的视力和肺困扰着他，他很可能染上了当时肆虐波士顿的肺结核疫病，而这对他妻子的影响更严重。他在日记中写道，“我对自己所有的意图都感到怀疑，这令我焦虑不安”。在公共场合，他宣讲信徒期待的布道，但私下里，在日志中，他对这个职业的怀疑与日俱增。

休谟反对有一个全能而仁慈的上帝存在，一开始这个论据占据了他的头脑，姑母玛丽担心他已经“满脑子都是他那种思维方式，没办法使他摆脱”。在寻求新的信念来源时，爱默生在必修的圣经注释外，又重新开始阅读柏拉图。根据他的理解，柏拉图援引了“神圣的统一性的观念”——这对于那些努力克服有关神存在的怀疑的学生而言，是一个有益的观念。

他身边就有一位宗教辩才榜样：威廉·埃勒里·钱宁（William Ellery Channing，公元1780—1842）。钱宁是这一代最有影响的一神论演说家，也是爱默生家族的朋友，曾给沃尔多提供过一份阅读书目。他从钱宁这里接受了“自我修养”的信条，这位年长者将其说成是：“每个人都必须对自己实施的照料，即充分地展开并完善其天性”，为此需要“遵从、明确并塑造”一种灵魂（神意规定它是自由和“无限”的）。

1826年春，爱默生在阅读英国和美国的宗教书籍以外，又重新发现了蒙田。他在《随笔集》中找到了一种可以作为宗教信仰基础的怀疑论——也找到了一种“自我修养”的类型，既不受道德限制的约束，也无须满足逻辑一致性的需求。“对我而言它就好像是我自己在某个前世写的书，如此真挚地说出了我的思想和经历。”

柯勒律治的《思维之助》（*Aids to Reflection*）也使他感受良多，其中汇集了许多格言警句和精神修行，目标在于将德国唯心主义与基督教柏拉图主义的将灵魂向上帝提升结合在一起。柯勒律治比康德更截然（但不如康德那样谨慎）地区分了心灵的两种能力：一是理解，受限于对感官印象的依赖；一是理性，超越了这种限制，从而能使人直觉地认知，并习惯于超感官的神秘之物（在柯勒律治看来，这证明了他本人信仰的英国国教的基本要义）。爱默生后来这样评价柯勒律治：“他所关注的人的理性正是神性证明自身或是道成肉身的能力。他对神圣理性的敬畏是真正哲学性的，这使他认为每个人都是宇宙这个众神之殿的神圣客体。”

柯勒律治关于狂喜的散文增强了爱默生内心的信念，即“上帝的形象”体现在人类“理性和自由意志”的神圣力量之中，这一信念与钱宁的基督教道德完善主义是一致的。与此同时，蒙田教会了他如何利用灵活的语言来表达一种能对灵魂的“流溢和运动”做出积极反应的“自我修养”的理念。柏拉图为他提供了一幅至高无上的统一的图景。埃伦则使他十分幸福，成为他生活的依靠和祈祷的伴侣。

爱默生逐渐形成了核心的信念。他在日志中简述了自己对皈依的理解，这种灵魂朝真理的转向柏拉图在《理想国》中描绘过，奥古斯丁在米兰花园中经历过，卢梭在去往范塞纳的路上体验过：他对自己解释说，它就“像是曙色微明之后，地球随着转动越来越明亮，直到某个时刻眼睛忽然看到了太阳。灵魂感知到上帝也是如此”。

他对会众宣讲了这一福音：他重新确立了对理性和人类灵魂的神圣能力的信心。1830年他发布了题为“相信你自己”的重要布道：“更加专注地倾听我们的灵魂，我们不能在通常的意义上变得更为自私，而应当远离鄙俗，回守住真理和上帝。因为灵魂的全部价值即取决于它包含有神圣的原则这一事实，我们内心深处总能听到这永恒的居住者的声音。”

然而，爱默生本人的自信即将因为“尘世中善的彻底崩溃”而动摇。1830年秋，埃伦染上了慢性结核病，卧病在床，不住地咯血。1831年2月8日她去世时，爱默生的精神崩溃了。

正如他在一首写于六月的诗中所说：

> 时光流逝
> 我只无动于衷
> 我生命的芬芳已然消失
> 如同花儿开过一样

他的职业危机迫在眉睫。也许能在洞见的瞬间直觉感知到上帝吧，但他私下承认，“不能理智地认识上帝”——上帝的存在不能逻辑地证明，不能向任何选择怀疑的人确定无疑地证明它。爱默生比以往任何时候都更如饥似渴地阅读，包括化学、动物学、天文学，等等，形成了对自然科学的持久兴趣。但他的新阅读唤醒了旧有的怀疑。他在1831年12月28日的日志中写道，“我在书房时我的信仰是完美的，但与人交谈时它就破碎一地，四分五裂，变得混乱不堪”。

几天后他记录道：“我有时会想，人身上最好的那一部分对牧师的身份最为抗拒。”他继续说道，困难“在于我们不去创造一个我们自己的世界，而陷入既定的机制，并且不得不让我们自己适应这些机制，使自己变得有用。在我看来，这种适应极大地损失了统一性，当然也消解了许多力量”。

他不愿牺牲自己日益增强的思想自由意识——对他而言，这是他对自己独一无二的能力越来越有信心的来源——决定公开发表他从最近阅读的对自然的现代科学理解中得出的结论。1832年5月

27日的一次布道中，他公开宣扬在私下写的内容："我认为哥白尼天文学使神学的赎罪方案变得令人难以置信，它的影响是不可抗拒的。"仿佛这还不够挑衅似的，他又给教堂写了一封信，解释说他不能再昧着良心管理圣餐仪式，因为他已经开始认为，规定的圣餐形式将本应是完全精神性的、强烈的内在体验贬低为一种仪式，将与神合一贬低为一种仪式。

六月，教堂会见了这位初级牧师，同意他可以自由地保持自己的信仰，但圣餐仪式仍必须保留为教堂仪式的一部分。

爱默生回归内心，那个夏天在新罕布什尔州的怀特山度过了几周。

他说，"在山里的一个好处是可以重新考虑生活"。爱默生在7月6日的日志条目中思考道，如果作正确的理解，"宗教"既非"轻信"，也不是空洞的仪式，而是"一种生活。它是人的规则和基石。它不是需要获得、需要添加的其他东西，而是使你的能力获得新生。它是做正确的事。它是爱，它是服务，它是思考"。

一周后，他写道，"我将思考。我将感觉。我将成为潜藏在心底的神圣原则的工具，生命只需向这种原则轻轻一瞥，便足以确定它的存在"。

他想成为"现代的普鲁塔克"，记述那些获得过神启的伟人，如苏格拉底、柏拉图、乔治·福克斯（George Fox，16世纪的宗教理想家，在英国创立了公谊会），等等。

他感到自己也受过类似的启示："上帝就是我们在他之中。"激情——感觉被上帝充盈——是天才的标记：苏格拉底、耶稣、路德、弥尔顿，"每个伟大的人，每个思想坚定的人都拥有这种信念"。他一个月后写道："我们想要生活"，"我们想要的是这些杰出人物的品质，而不是他们的著作或遗物。"

他独自一人在山中完成了个人信仰的飞跃。他放弃了教会机构，追随着自身的激情，无论自己被它引向何方："当我们学会将和他人相处与独处保持一致时，我们就将迈入真正的天堂。"

九月，他提出了正式申请，请求第二教堂解除他的“牧师职责”。

“我将自由——我还不能”，不久后他在一首诗中写道：

请求你上帝，从今以后，
我将永远卸下人们意见的枷锁。
我将像鸟一样无忧无虑，与上帝同在。

他不止一次将“真正的哲学是唯一真正的先知”作为座右铭。几周后他在一个笔记本中召唤马丁·路德的灵魂：“我站在这里，我不能不这样。上帝帮助我。阿门！”

他免除神职后获得了新生，这一次，是生为一名哲学家——一个非常独特的哲学家，也是一位先知，以挑衅的态度准备声明他关于如何“与上帝同在”的独特理解。爱默生是一个和柏拉图一样的神秘主义者，但对理性的辩证法缺乏耐心；一个和奥古斯丁一样不安分的探求者，但宁愿信赖自己也不愿意信赖上帝的恩典；一个和蒙田一样的随笔作家，但不像蒙田那样不相信道德的完善；一个和康德一样的唯心主义者，但对将自己的各种思考创立成一个思想体系不感兴趣。也许是最伟大的爱默生哲学支持者斯坦利·卡维尔（Stanley Cavell）评论说，“在每一个步骤，或每一个层次，解释都是最终的”。“不存在一个层次，所有解释都在这里汇集，都在这里终结。美国人可以将这视为一种开放的道路，将哲学家视为思想的流浪者。”

爱默生放弃了房屋，卖掉了家具，并在1832年圣诞节那天坐船去了欧洲。接下来的几个月，他从那不勒斯到了罗马、威尼斯、巴黎，然后又去伦敦和苏格兰；后来去了利物浦，9月驶往美国。旅程中，他向众多哲学家、诗人、作家——约翰·斯图亚特·穆勒、华兹华斯（Wordsworth）、柯勒律治、卡莱尔（Carlyle）——毛遂自荐，并且（一定程度上以苏格拉底为试金石，评价他遇到的各位伟人）对自己的才能和信念获得了新的信心。

欧洲旅行临近结束时，他在日志中写道："同时说服虔敬的信徒和哲学家意味着什么？让我们来听听这个新事物，""它十分古老。完美就是完善，这是一个古老的启示。"——他不假思索地将这个新柏拉图主义的等式用在信任或信仰上。继续说道：

> 一个人管理自我所需的全部品质都包含在他自身之内。他生来就是自主的。发生在他身上的所有真正的善或恶都只可能来自他自己。只有他自己能对自己行善或是为恶。没有什么可以赋予他或是从他这里取走，总是会有所补偿。人的灵魂与世间存在的一切——更确切地说，与人所知道的一切——存在着某种一致性……生命的目的似乎就在于让一个人认识自己。人不是为了描述给他的未来而活着，而是通过活在真正的当下，为了真正的未来而活着。最高的启示在于：上帝在每个人之中。我

最后的这个"我"孤零零地出现在这段话中，没有一个句号用来锚定思想的链条。当然，正如笛卡尔的"我思，故我在"一样，整段话并不是一段真正的推理。它是对一种核心信念的自发宣言，除了纯粹的信念以外没有任何依据。但爱默生对这个没有根据的信念坚定不移：一旦说出口，这一核心信念的要点在爱默生的余生之中都将保持不变。他坚定不移，利用一切方式宣扬这种独有的民主和平等的信仰（即上帝在每个人之中），表现出坚贞的意志。

然而，不论他对自己的信心多么坚定，都必须想法谋生。如期继承埃伦的地产后，爱默生基本可以过一种有教养的上流社会生活，但他还需要额外挣些收入。他开始在波士顿周边地区偶尔做些布道，感觉自己"如果健康和机会允许，发誓要证明所有必然的真理都是显而易见的；上帝的教义不会诉诸一本书"——哪怕是《圣经》；"所有人都错误地接受了基督教，比如认为它是一种理论体系"，（他们之所以是错误的是）因为"它是生活的准则，而非信仰的准则"。

他还决定尝试一些新事物，准备主要通过整理他在日记和笔记中记录的想法、观点和观察，向外行听众开设一些讲座。

爱默生后来说道，“演讲是一种新的文学，它抛开了所有的传统、时间、地点、环境。它是崇高权力的工具，演奏各种音符的百音琴。但只有当演说家本人也大为激动，并且与任何一名会众一样将自己作为听众时，演说家才会成功。在这种状态下，你才会，并且应该（请求你上帝！）在云端看到电流从天际的一端亮彻另一端”。

1833年11月他30岁时，在共济会教堂为波士顿的自然史学会作了第一次公开演讲，题为“论自然史”。很快又继之以更多演讲，组织方是各种致力于知识传播的协会，包括波士顿力学研究所、美国教导研究所、当地的许多宗教团体和学院、美国实用知识扩散学会，等等。其中，美国实用知识扩散学会1835年赞助他首次开设了系列公开讲座，主题是论传记文学。爱默生在这些讲座中简述了米开朗琪罗、马丁·路德、埃德蒙·伯克（Edmund Burke）等一系列杰出人物的生活。

这段时期，美国所谓的书院运动在新英格兰的几乎每一座城镇都设立了当地讲座办事处，形成了一张庞大且不断扩充的网络。根据运动创始人约西亚·霍尔布鲁克（Josiah Holbrook）的设想，通过每周开设讲座、成立图书馆、进行辩论、巡回展览（这些活动常常与当地的学校和文化协会联合举办）来提供一种社区教育，书院运动将缩小贫富差距。19世纪40年代初，美国约有3500—4000个社区设有资助公共讲座的协会——在中西部新成立的城镇中，这些协会有时是最早建立的机构，说明当地的居民接受了开设公共讲座的“文化”。

有接近半个世纪，爱默生主要通过开设讲座而非教学或写作谋生（他因演讲成名很久之后，才于1856出版了第一部著作《英国人的特质》[*English Traits*]，获利也很有限）。

1833年到1881年间，除了在英格兰和苏格兰开设了64场讲座外，爱默生至少在美国的22个州和加拿大开设了1469场讲座，至少在283座城镇露过面，平均每年发布47场讲座。爱默生在讲台上重述自己私下里的想法，“讲话的声音比耳语响亮不了多少”，成了听众的精神之友。这个朋友能独立思考，与他们并无不同，但是他脱离了康德所形容的“自我强加的不成熟”的无知的愚昧状态。

为了赢得那些不仅期待启蒙也想要快乐的普通听众，爱默生在巡回演讲中使用了各种修辞方法，其中有些与神学院布道课程中教给牧师的修辞法类似。他定期从日志中挖掘材料——1834年，他发誓“要在公开讲座这类地方讲述我沉思的内容，我是为了思考而思考，而不是为了在公众场合讲课而思考”——润饰了自己的随笔，使句子更为简洁。他通过暗示和影射而非直接陈述来阐述观点，一般避免理性的辩论，极为擅长不断地使用隐喻。例如，他并不去证明美的整体大于各部分之和这个命题，而是用一系列具体——而令人入迷——的例子来引出这个他在早期演讲中（最早发表于1834年）提出的一般观点：“田野的芬芳超过了任何一朵花的香气，棱镜折射的光芒无法媲美日落的混合之光。一座山坡表达了迄今任何笔端也描述不出的内容。”

他考验着听众（他们不知道他将去往何方）的想象力，很少在话语中提出具体的“寓意”。他声称：“用比喻来说明真理有助于促进理解力，用幻想为生活赋予准则有助于增强意志力。”他欲言又止和支离破碎的风格不可避免地产生了一些问题，但他始终拒绝直截了当地说清楚，相反，他连缀在一起的语句常常像是不合逻辑的推论，形成了一种既具体又抽象，既具警句色彩又难以捉摸的风格。可以肯定，听众十分困惑，但他们仍为听到的东西而深深陶醉，也许他们感到以某种方式受到了爱默生话语的启发。

由于继承了埃伦地产中分给他的那一部分，并从演讲和布道中获得了一些积蓄，1835年，爱默生在康科德村购置了一处房屋，距波士顿约有一两个小时的马车路程。这年一月，他与普利茅斯的丽迪雅·杰克逊（Lydia Jackson）订婚，九月结婚。他曾决定“如果不是完全由我自己完成，不发表任何演讲、诗和著作”，现在则开始努力兑现这看似简单的承诺。

除了越来越多的公开讲座外——那年秋天，他准备在波士顿发表一系列论英语文学的讲座——他开始筛选日志和笔记本，寻找材料，打算整理成一部专著，作为传达他人生哲学的某种“新约”。作为起点，他从1833年11月5日第一次公开演讲“自然史的利用”中选了几段话。

他告诉听众：“你会对大自然取之不尽的巨大财富印象深刻。”“真实比想象更加不可思议。”仔细考察自然那丰富的多样性，演讲者感觉自己“产生了一种独特的信念”，相信没有“一种形式如此怪诞、如此野蛮或如此美丽”，以至于它不是“人类观察者自身某种东西的表达。我们感到，那条蠕虫、那爬动的蝎子与人之间存在着某种不可思议的联系。我被一种奇特的同情感动了。我说我将聆听这个邀请。我将成为一名自然主义者。”

爱默生的这些话写于达尔文的《物种起源》出版25年前，表现出一种敏锐的感悟力：通过对“一”的神秘沉思，他看到了自然整体那看似无序中的统一性。爱默生在《自然》（*Nature*）第一版的序言中引用了普罗提诺（作为一个伟大的新柏拉图主义者，普罗提诺为奥古斯丁走向神提供了榜样）的一段话。爱默生还借鉴了瑞典神秘主义者伊曼纽尔·史威登堡（Emanuel Swedenborg，公元1688—1772，其神学观念是基督教和新柏拉图主义的混合）的洞见：“人是一种小型的天堂，他与精神世界以及真正的天堂是一致的。”——人是“一”的缩影，在他自身之内即统合了精神世界与自然世界、心灵与物质。在自然整体的美中，爱默生发现了我们心中的上帝的外在反映。他详尽地阐述了这一核心信念，既没有诉诸《圣经》或已有教会的权威，也没有诉诸任何经验依据或逻辑论证。

他在给未来的妻子丽迪雅的一封信中写道：“我生来就是一个诗人。这是我的天性，我的职业。当然，我的歌唱非常‘沙哑’，它大多数时候表现为散文的形式。但我仍是一个诗人，我能感知到灵魂和物质的和谐，尤其是能感知到是此物与彼物间对应关系的和谐，并且热爱这种和谐，在这个意义上，我是一个诗人。日落、森林、暴风雪、某个河景，对我而言比许多朋友更为重要。”

在急于超越新英格兰的崇拜形式和精神探索方面，他并非孤身一人。1836年夏，爱默生在从事个人的——从而是异端的——“新约”写作时，开始定期接触一些志趣相投的朋友，形成了一个逐渐扩大的圈子，其中有：玛格丽特·富勒（Margaret Fuller）、奥雷斯蒂斯·布朗森（Orestes Brownson）、希欧多尔·帕克（Theodore Parker）、布朗森·奥尔科特（Bronson Alcott），他们也和他一样因为既定的制度而苦恼，和他一样深受美国出版的柯勒律治的《思维之助》的影响。

保罗在致罗马人书中写道：“不要效法这个世界。只要心意更新而变化，叫你们察验何为神的旨意。”爱默生在《自然》中，同样命令自己的同时代人以全新的目光看世界：“我什么也不是；我看到一切；宇宙存在之流环绕着我；我是神的一部分。”

《自然》在波士顿被抢购一空，其夸张的修辞将读者分为两类：一部分人欣赏它的“诗意”，而那些在宗教和哲学方面持更正统观念的人则批评说，这种含混不清的思想是很危险的：“读者犹如置身一个不安的梦中，周围是非凡的美景，可以亲近无形体的灵魂，但又始终为一种不安的意识所烦扰，整个现象的组合真是荒诞不经。”

九个月后，优秀生联谊会（Phi Beta Kappa）需要有人在哈佛作年度讲座最终发言，他们找到了因第一部著作引发争议而声名大增的爱默生。优秀生联谊会成立于1776年，三年后被引入哈佛，是第一个以希腊文命名的大学协会，其内容包括徽章、拉丁文和希腊文训言、法律规范、精心制定的入会仪式、印章、特殊的握手方式，等等。作为该联谊会的新成员，爱默生了解它的传统，崇拜之前的演讲者如爱德华·艾维雷特（Edward Everett）的口才，后者在该联席会发表了激动人心的演讲，这帮他赢得了议会选举。这次演讲是一个机遇，但同时也是一种挑战：作为美国文学家的代表人物而获邀，现身于大学的小礼拜堂中，他将面向朋友和支持者们进行演讲，同时也要面临哈佛社团内部的批评。

爱默生通常尽力避免与人交锋。但演讲前些天，他做了一个关于决斗的梦，梦见因为决斗而遭到审讯。他在日志中记下了这个梦，并指出它或许带有某种预言的意味，于是打算作一场非同寻常的、富有挑衅性的演讲。主题为“希望”，指出“上帝对每个人说话”，并以此消除制度化的基督教必然产生的绝望，特别是反驳加尔文派对罪的强调，后者认为“人是堕落的，他遭到放逐；是一名流放者；他在尘世之中，而天堂在彼岸”。

1837年8月31日，哈佛大学毕业典礼后第二天，爱默生面对满屋子观众，演讲了“美国学者”这一主题。18岁的目击者詹姆斯·罗素·洛厄尔（James Russell Lowell）描述了“这一史无前例、盛况空前的事件……过道中挤得令人喘不过气，窗边人头攒动，充满激情。赞同的意见引发了高涨的热情，异议则引起了令人不快的沉默！”

作为“希望”的热心拥护者，爱默生在演讲中以一则寓言提出了他的希望。从前，人既未遭到放逐也没有堕落，而将自己体验为更伟大的统一性、体验为“一个人”的一部分。作为对比，今天的社会状态是“其中每一个人都好比从躯体上锯下的一段，它们昂然行走，形同怪物——是一截手指、一个头颈、一副肠胃、一只臂肘，但从来不是完整的人”。若能恢复在宇宙中的正常位置，美国学者就是所谓“思想着的人。但在堕落的状态下，他就倾向于成为一个单纯的思想者，或者更糟一些，变为别人思想的鹦鹉学舌者”。

此外，在哈佛大学监护人的管理下，学校形成了一种文化：阻碍创造力、独创性、以新奇的视角观察这个世界的能力——而正是这些标志着爱默生所说的“思想着的人”。人应当唤醒这些沉睡的能力，应当沉思自然的奇妙，向伟大著作的作者学习，而不要盲目模仿著作中的教义，应观察全部体验（哪怕是最普通的感觉）是如何“如同桑叶变成了软缎……生活就是我们的字典……我不愿意把我与这个充满了行动的世界隔开，不愿意把一棵橡树栽在花盆里”。

这位演讲家俯瞰着可敬的听众，描述了仿佛真实存在着的美国学者——“循规蹈矩、怠惰、柔顺。已经看到了所有这一切导致的悲剧性结果。”爱默生设想了另一种选择，他以劝诫作为总结，回到了他一开始的寓言的形象：“整个理性都在你身上沉睡。它能让你去知道一切，敢于去做一切……我们要用自己的双足行走，我们要用自己的双手劳动，我们要说出属于我们自己的心里话……一个真正由一个个人组成的国家将首次出现在这个世界上，因为每个人都相信他自己被圣灵感召，而这圣灵也将感召所有的人。”

几年后，奥利弗·温德尔·霍姆斯描述了爱默生的演讲对他那一代学生的影响。他回忆说，“这场伟大的演讲是我们思想上的独立宣言”。“学术界的尊严，更不用说规范，都大受震动……他的证明有一种朴实的风格，严肃的教授和稳重的牧师们尚不习惯于在如此庄严的场合下领略这种风格。但年轻人听过这场讲座之后，就如同听到一位先知向他们宣告，‘你主耶和华就是如此说的。’没有一个听众会忘记这场演讲。”

爱默生的风格和主旨将听众区分了开来（就像《自然》的出版一样）。在霍姆斯看来如同先知般的预言，其他人却认为“云里雾里、模糊不清、无法理解”。但爱默生演说首次印刷的500份文稿一个月内就卖光了。在剑桥和波士顿，人们对爱默生的讨论比以前任何时候都更多。不到一年后，爱默生利用新获得的名声，决定在哈佛礼拜堂对蜂拥而至的人群再发表一次演讲，阐明有关他哲学的分歧。

这一次的听众是哈佛神学院的毕业班。这个一年一度的演讲面向的是实际从事基督教神职工作的毕业生。爱默生这一次的靶子是精神上的顺从，特别是当代的基督教牧师：“人们把启示说成是某个很久以前赋予我们的事，并且说它已经完成，就好像上帝已经死了一样。”因为“不再宣扬灵魂”，教会加速了“信仰的死亡”。爱默生指出，只有宣扬灵魂才能带来救赎：“你自己是圣灵的一个新生的诗人——把一切顺从抛在身后，让人们直接亲近上帝吧。首先要注意而且只需要注意的是：时尚、习俗、权威、娱乐、金钱对你而言什么都不是——它们不是缚于你双眼上的绷带，使你无法看清——要接受无限的心灵的特权。”

一神论的中坚分子咬住了爱默生放下的钩子，他们与其他教派的保守主义者站在了同一条战线上，将这个背教者驱逐出会，并谴责了他的种种异端邪说。随后用宣传册发起了战争，指责爱默生是一个“既不虔诚也缺乏正确判断力”的人，一个“无信仰者、无神论者”，一个自由撰文的神秘主义者，他的告诫将削弱社会秩序的牢固堡垒。

更开明的神学家则为他辩护，比如，几个月后奥雷斯蒂斯·布朗森宽厚地总结了“神学院致辞”，称赞爱默生的努力“诱使人们独立思考一切，讲话也完全发自内心最真诚的信念”。但分歧进一步加剧了：接下来的近三十年内，爱默生再也没有获邀在哈佛演讲。

这几个月中，神学院的一名教授曾在爱默生家里待过一晚，他在日记中描述道：“他在这场风暴中极为平静。对我的异议和评论作了最坦率的回答。我从未见过如此平静、镇定而单纯的灵魂，始终寻求真理，生活在智慧之中，热爱人类和善。”

对于学界对他演讲的反应，爱默生私下里在日志中记录了他的失望。他写道：“这是一个精神贫乏的时代。”“为数众多的胆小鬼们在卧室窗边大喊大叫、色厉内荏，他们对真理或上帝没有信心。他们做着白日梦，认为除非他们支持真理，鞭打抨击真理的人士，朝他们扔石头，真理将不能证明自身。关于神的宗教和上帝存在，他们的思考似乎取决于我们说了什么。”至于他自己以及他观察这个世界的新方式，他又写道，他是“一个信仰者，一个有着自觉信仰的心灵”，他的信仰“绝不会因为其他人尚未看到他能看到的事实而受到影响”。

爱默生任由他人挑剔他的神学含义，在公共场合下表现得泰然自若。与教会脱离关系后，他可以不受束缚地教导“关于永恒的启示的教义”——开设了一场又一场公共讲座。

这场争论使爱默生成为公众好奇的对象，来听他演讲的听众越来越多。据他的第一遗稿保管人詹姆斯·埃利奥特·卡伯特（James Elliot Cabot）观察，1838年12月5日，为了在他的一系列关于人生普遍主题的讲座中先睹为快，人们聚集在共济会教堂："到场人数极多，其中大多数人无疑是自由派基督徒，他们的宽容并未因为他离开剑桥讲台而受到影响。"据卡伯特所说，他们来不是为了听他的观点——大多数人认为这些观点"太不切实际，含混不清，与任何一个踏实可靠的世人的观点都不相一致"。尽管如此，日益增多的公众"喜欢接受他的影响，这个人显然从青年时期以来就过着一种神圣的生活，并在演讲时使他们感到，这才是正常的生存模式"。

爱默生宣称："真正的布道者会以这种方式为人所知，他将自己的生活——流淌着思想激情的生活——一点点分发给众人。"他的经历为他提供了在日志中思考的原材料，这些沉思成为他讲座的基础，讲座又使他得以将自己的思想公开，从而在实践中体现了他所谓的"自信"或"自立"的基本美德。

正如爱默生所阐述的，这种美德需要灵魂进行某种平衡，既要在每个人心中点燃神圣的火花，同时又要使听众心存敬畏，提醒他们有些人实现了崇高的成就。这些人是他最喜欢的，他们堪称希望的灯塔和哲学生活的典范，如柏拉图、蒙田，等等，"要接受羞耻、精神上的空虚和荒芜，这是真实的本性赋予你的"。他如此讲道，宣扬自己的禁欲主义，一种塞涅卡式的自我批判的斯多亚主义精神，"退居，隐蔽；锁上门，关好窗；然后迎接幽闭的雨水下落。追忆神灵。独自祷告和唱诵。吸收并纠正以往的经验。将它与新的神圣生活相融合，与神一起成长"。

和柏拉图一样，爱默生坚持认为灵魂有希望发生转向，从黑暗的世界转向纯粹洞见的世界。但和这位伟大前辈不一样的是，他对制度没有耐心，对政治没有激情，对培养弟子没有兴趣——的确，鼓励任何人追随他的引导都将削弱而非增强自信的核心美德。这些因素部分地解释了他为何与所谓的超验主义俱乐部（Transcendental Club）中的朋友保持一定的距离。该俱乐部在不同时期的成员包括了乔治·瑞普利（George Ripley）、布朗森·奥尔科特、希欧多尔·帕克、亨利·大卫·梭罗（Henry David Thoreau）和玛格丽特·富勒，也解释了爱默生为何拒绝成立一所他自己的学校，并拒绝加入布鲁克农场。布鲁克农场是一个乌托邦式的公社，位于马萨诸塞州的西罗克斯伯里，由乔治·瑞普利与一些被爱默生的教导所激励的改革者共同创立。（此外，与他的许多朋友以及他最喜欢的大部分先驱不同，爱默生有一个妻子和三名孩子。除了实现“思想着的人”这个宏伟愿景之外，他还有一个传统的家庭需要抚养。）

现在，爱默生是新英格兰地区一种新改革精神的最杰出代表。他的公开露面成为某种集体会议，看起来就像以这位憔悴的演说家为灵媒在召唤幽灵。无疑，由于在演讲界名声日盛，爱默生计划出版一部堪与蒙田的《随笔集》相媲美的散文集。为了实现这一目标，他没有采取简单的办法，即在最好的讲座中挑选一部分予以出版，而决定利用索引（为了这个目的，他从1838年就开始为日志编制内容索引）重新发掘自己的日志。关于某一给定的主题，他系统地摘录出日志中最好的段落，将他最内在、最有特色的思考以随笔形式写出来，以便激发读者独立思考。爱默生在一篇随笔中总结了他试图传达的目标：经过审视的人生，“那种方式、思想和幸福必然是全新的、截然不同的”，他措辞谨慎，修改、否定并更激进地表达了基督对本人的描述：“道路、真理、生命。”（《约翰福音》）

十月下旬，爱默生忙于他的《随笔集》时，又出现过一次预言性的梦境，他在日记中把它记了下来。“我梦见自己漂浮在伟大的以太之中，看到这个世界也在不远处漂浮，但缩至一个苹果大小。然后一位天使将它攥在手中，把它带给我，对我说‘你必须吃掉它’，于是我吃了这个世界。”

以这种典型的《圣经》象征含义——同时援引了泛神论的圣餐礼和吃禁果——他的梦重新提出了奥古斯丁、笛卡尔以及每位受制于神启的哲学家所经历过的恼人疑惑。他们接受这些启示时似乎总认为它们源于高处，如果洞见来自下方呢？如果它是恶魔的一个陷阱呢？

爱默生在第一套《随笔集》的核心文章“自立”（Self-Reliance）中，明确地提出了人们的反驳，但他只是轻蔑地甚至是漫不经心地顺便说了一句，就打发了这一反驳：“倘若我是魔鬼之子，那么就让我靠魔鬼生活好了。”

爱默生现在遭遇到多重进退两难的困境，在写作过程中陷入前后不一和自相矛盾。正如他著名的风趣话所欣然承认的：“愚蠢地追求始终如一是没头脑的表现”，他在《随笔集》中对不合逻辑的推理的自如运用已经直抵以往的蒙田大师的伟大水准。

他几乎比以往任何一位哲学家都更干劲十足地提出，要将自我反省作为解放和幸福的关键，作为人类欣欣向荣的前提条件。但在爱默生的《随笔集》中，哲学生活几乎就像犬儒主义者第欧根尼用他那公共浴盆和含义模糊的俏皮话所展现的一样，是不可思议的。尽管一再歌颂理性，但爱默生的思想并不受制于经验证据、逻辑论据、《圣经》以及任何固化的精神修行（旨在让长期修行者在某个启示的瞬间直觉地了知真相）。

爱默生在寻找智慧时，以一种极具特色的方式遵从着古老的德尔菲神谕“认识你自己”，而这首先要求勇于遵从一个看似简单的命令：每个人都应当持续地深入探索他独一无二、深不可测的经验世界，在不断地寻找内在的神（至今尚未发现任何令人信服的证据）时，既不要忽视单一也不要忽视普遍，既不要忽视寻常之事也不要忽视远大梦想，既不要忽视内在推理也不要忽视外在原因。

他并非传统的牧师，但他的演讲方式赢得了一些真正的皈依者。正如超验主义作家和女性主义先锋玛格丽特·富勒在评论爱默生三年后出版的第二套《随笔集》时所说，爱默生的原创随笔“获得了一个细心、体贴、聪明的读者圈，鉴于这一时期我国和英国的环境，这个读者圈人数众多”。

第一套《随笔集》在英国出版，由爱默生的朋友卡莱尔作序，其影响或许比在国内更广。尽管同时代的大部分英国评论家不喜欢这部著作支离破碎、欲言又止的风格，爱默生仍被广泛地誉为是美国独一无二的“智慧老师”。1847年在英国巡回演讲结束后，爱默生荣归故里，如同一名得胜归来的将军，是英语高雅文化圈中贡献给新世界的一个天才。

随着他的名声越来越大，整个北美的听众都来听他演讲。随后十年，爱默生去了更远的地方，从纽约、费城、巴尔的摩到蒙特利尔和多伦多，从芝加哥、圣路易斯到旧金山，往来于北美大陆，在甚至更小的城镇也发表了无数演讲。几乎每到一处，他都吸引了众多各种层次的听众，男男男女，老老少少，有牧师、教师、当地的名人，也有工人、文员、商人、农村搬来的人——他们来这里是因为有机会见到这位伟人，并听他演讲“直觉和灵感”、“英国”、“口才”等主题。

他们听到的演说谈不上有什么激情和才华，间或夹杂着一些令人难忘的格言警句，其他部分则难以捉摸，一言难尽。《辛辛那提资讯日报》（Cincinnati Daily Enquirer）报道了爱默生在该市的一次讲座：“尽管那种警句式的、有些突兀且不连贯的风格使人们极为难以理解他讲话的线索，人们仍十分专心地聆听了这场讲座。”这名困惑的记者转而关注这位康科德圣人的外观：“爱默生先生是个高个子，足有六英尺高，但骨骼清瘦”，穿着一件“朴素的黑色外套，大小不太合适”。他鼻子“很大，双眉高耸，聚在一处。很少看听众的脸”，并不努力假装在作即兴演讲。“他以锐角的角度面向听众……除了在身侧挥动一下左手之外，几乎没有其他身体动作，思想的能量就像电池中的电一样，正在从那个点上逃逸开去。”他以一种深思熟虑的冷静神色阅读预先准备好的文本，“习惯性地将眼珠向后转动，似乎需要向内观看自己一样”。

爱默生就像P.T.巴纳姆[①]（P. T. Barnum，他这些年游历各讲学场所，发布了“节制的优点”、“生活中的成功”等讲座）一样当众演出，在这样的环境下，他沉湎于思考的外观——即便在公共场合

① P.T.巴纳姆（公元1810—1891），美国巡回演出团老板和马戏团老板，以展现畸形人的表演而闻名，同时也是一名作家、出版商、慈善家。喜欢大肆宣传，经常夸大其词，以吸引那些好奇和容易上当的观众。——译者注

也深陷于思考——似乎让公众重拾信心，相信每个人无论生活状态如何，都能欣赏并赞美一位典范哲学家的成就。

以这种方式表现“思想着的人”不可避免地成为一种讽刺。爱默生的自立观念有可能演变为一种通用的钱币，将教化变成对自立精神的浅薄激励，满足于伪超验主义者的口号（“成就你所能成就的一切”）——直到今天这仍是美国通俗文化的典型特征。他也承认，他的讲座有变成“一出埃莱夫西斯秘仪[①]木偶剧”的危险。

另一方面，爱默生隐晦的语言在一定程度上阻止了庸俗的误解。正如《辛辛那提资讯日报》记者所说，总结爱默生的讲座内容“就像清晨带着一瓶打开塞子的汽水去朋友那里，问他味道怎么样”。尽管他和大多数演讲家一样，在公开场合通常避免争议话题和时事，但他在19世纪50年代时感到必须更坦率地详尽谈论国内一件日益紧迫的事：美国的奴隶制及其废除。当时，废奴主义者和本国恐怖分子约翰·布朗（John Brown）对哈普斯渡口发动了一场血腥的武装袭击，失败被捕后，爱默生宣称布朗的死“将使绞刑架与十字架一样光荣”，引起了一场轻微的骚乱。

南方在萨姆特堡首开战火发动南北战争四个月后，爱默生出版了《生活的准则》（*The Conduct of Life*），这是他的第六卷散文集，也是最后一部主要出版物（尽管后来还会另外出版两部讲座选集）。战争期间，他仍积极开设讲座，地点主要在新英格兰，但也会去中西部和加拿大，在国内的声望也在持续增长。战争之后，爱默生更是比以往任何时候都更受欢迎。

---

① 埃莱夫西斯秘仪（Eleusinian Mysteries），古希腊秘传宗教。相传大地女神得墨忒耳的女儿被冥王哈得斯拐走。她寻找女儿时在埃莱夫西斯停留，让王室建神庙供她隐居，并传授给他们礼拜她的仪式。秘仪在秋季举办，仪式开始时，以庄严的前进行列从雅典行至埃莱夫西斯的神庙，接下来在海水中作浸浴仪式，连续三天斋戒，然后完成秘密仪式。正式入教表示获得拯救并享有身后福祉。——译者注

1867年，他终于被邀请回到哈佛——巧的是，仍是为优秀生联谊会作年度演讲。这一年也是他巡回演讲的高峰：他完成了80场讲座，地点包括马萨诸塞、俄亥俄、纽约、密歇根、伊利诺斯、爱荷华、明尼苏达、堪萨斯、密苏里、宾夕法尼亚、缅因和新罕布什尔。除了在南方（这里无法原谅他对约翰·布朗的赞美）以外，他成了美国的圣人。

但他的精力已经开始衰退。他开始挖掘早期未发表的讲座，为演讲搜集材料。1872年，他做讲座时常常记错，1875年，他停止了写日志。

和康德一样，爱默生一生最后几年注定要陷入更深的精神迷惑。他这些年大多数时候住在康科德的家中，偶尔与虔诚的妻子一同参加教会仪式，临时中断一下单调的生活，导致人们猜测这位年老的异教徒或许会重返一神论教——这是一个误解，他要求儿子爱德华予以纠正。令人惊讶的是，1880年，他竭尽全力在康科德的学园为朋友和邻居们做了第一百场讲座——他入场时，人们起立鼓掌欢迎他的到来。

两年后，1882年4月，爱默生得了肺炎。一个朋友在他去世前不久来照料他，看到他躺在床上，健康急剧恶化，“不停地（清醒时）用他圆润低沉的声音（这时还尚未变弱）重复一些句子的片段，几乎就像在背诵。与他单独在一起时，听着这些显然竭力想要表达点儿什么的语句，在深夜里显得既古怪又庄严；他的声音几乎一如既往地深沉动听”。4月27日，这位老演说家去世时，康科德镇上的钟敲了79次——再多活一个月，爱默生就79岁了。

尼 采

NIETZSCHE

尼采死亡面具的理想复制品，1910年由捷克雕塑家鲁道夫·绍德克（Rudolf Saudek，公元1880—1965）用石膏制成。尼采曾宣称："由于虚假日增，也就是说，由于人们肤浅地解释每一思想深邃的人所说的每一句话，走的每一步路，表露的每一个生命迹象，因而在其周围会渐渐生长出假面具。"

（Private collection/Archives Charmet/The Bridgeman Art Library International）

晚年时，弗里德里希·尼采（Friedrich Nietzsche）非常典型地夸耀其作品的千变万化。他写道："鉴于我的内心状态极其多样，因此，我能够表现多种多样的风格——具有任何人曾经具备的多方面的风格技巧。"他的风格确实极为多变，在写于1872年至1889年之间的十四部著作中，他的写作方式多种多样——夸张、讽刺、幽默、真诚、辩论、散文、诗歌、小说、由于踌躇不定而充满矛盾和不一致的零碎警句集——尼采（似乎是故意如此）使人们不停地争论应当如何理解他的作品集。一位德国讽刺作家曾调侃说："告诉我你需要什么，我会给你引上一句尼采的话。"

如果说尼采著作的意义含混不清，他的生活轨迹却绝不如此。1864年，尼采在22岁时进了波恩大学，学习哲学和神学，显然已经开始着手他将毕生追求的事业：确切地回答一些尽管直接却很棘手的问题："我为什么活着？我应当从生活中认识到什么教训？我是如何变成我现在这样的，以及我究竟为什么受这种如此存在的煎熬呢？"

致力于回答这些问题将引领着这位研究哲学与神学的学生远离奥古斯丁和路德，走向苏格拉底及其追随者（其中有些人给尼采留下了很深的印象）所青睐的那种开放式探究。他曾经因为第欧根尼不知羞耻的行为和蒙田的即兴写作方式而大受震撼。

但他也迷恋于爱默生劝诫性的辞藻——最后，他将一种与之类似的预言性话语分派给了他最引以为傲的虚构人物，一个他命名为查拉图斯特拉（Zarathustra）的巡回布道师。1889年，尼采因麻痹性痴呆而归于沉寂，此前那多产的17年内，他撰写的大部分著作无人问津。但到了他去世的1900年时，他很可能成了世界上最著名的哲学家：一个普罗米修斯式的能自我创造的神话人物。

1844年，尼采出生于普鲁士，父亲是一名牧师，在吕岑镇（Röcken）的一个乡村小教堂照管着为数不多的路德派教众。尼采四岁时，父亲去世，年仅36岁，死时双目失明，精神失常，患上了脑肿瘤（当时的医生称为“脑软化症”）。这一经历使尼采怀疑，他自己是不是也“注定是一个匆匆过客，是生命的一段回忆，而不是生命本身”。

尼采是一个喜欢反省的神童，12岁时便写了第一篇自传。他断断续续地写些日志，并且，贯穿整个创作时期都详尽地将自己的想法记在笔记本中。1863年他19岁时在另外一篇自传文章中问道：“我们应当如何描绘生活、描述我们认识之人的特性呢？”这一时期，他已经开始思考“命运”和“自由意志”，并慎重考虑这些形而上学观念将如何对他的生活发挥作用，并且，为了寻找有关他自身天性的一些线索，他还在这些青少年时代的笔记中出乎意外地使用了一个生物上的比喻。尼采写道：“为了对天性进行一种比较研究，我们在植物界能发现最详尽的特征。”他回忆了他出生时的自然地理位置，“三大株枝繁叶茂的洋槐树荫下”有一处房屋，临近教堂和墓地，墓地中“满是十字架和倒落在地的墓碑”。他认为他生理上不够健康，但精神上是自觉的，作为神圣使命的一部分：“我生来就是墓地旁的一株植物，是生在教区里的人。”

缺席的父亲一直在场，甚至1850年他与母亲和妹妹搬到瑙姆堡市之后，尼采都感觉到他的存在，就像一位被截肢者觉得被截掉的肢体仍然在身上一样。他承认他有时依然能听到父亲的声音如幽灵般窃窃私语，轻声告诫。他在另一篇青少年时期的自传文章中吐露：“我所有的渴望都可以回溯到我亲爱的父亲的家乡，乘着思念和乡愁的翅膀，我常常飞往最初的幸福滋生的地方。”他长期身体状况不佳——学校医务室的患者登记册上列有他无数次的来访，其中一处对这名患者做了描述：“他强壮结实，眼神独具穿透力，眼睛近视，经常因头部这里疼那里痛而大为苦恼。”

十四岁时，尼采离家去了瑙姆堡附近的舒耳普福塔（Schulpforta）。这所寄宿学校因为培养了德国一些最杰出的诗人、哲学家和学者而闻名遐迩。学校讲授严格的古典课程，要求学习拉丁语和古希腊文学。学生五点起床，五点半开始祈祷和诵读《圣经》。每名男孩都被要求认真反思其行为和生活，这一点部分地是通过撰文论述各种规定的主题来完成。比如，题目可能为：充满嫉妒的灵魂可能真正快乐吗？尼采在写作中回答说：“嫉妒与爱不相容，而如果没有爱，一个人的品性中也就没有善了。”要求写这篇文章时，尼采因为不断将自己与有着纯洁心地和完善意志的基督徒典范作比较，已经成了一名道德判断的鉴赏家，对羞耻感和愧疚感极为熟悉。

作为有抱负的诗人和作曲家，这名年轻人不可抗拒地被贝多芬这样的浪漫主义天才典范所吸引。和歌德一样（尼采也认真研究过其著作），他以类似苏格拉底的方式，将创造力理解为致力于揭示并掌握自己独一无二的精灵。正如他在年轻时的一首诗中所写：

> 我要认识你，未认识者，
> 深深抓住我的灵魂者，
> 像暴风贯穿我的一生者，
> 你，不可捉摸者，我的亲戚！
> 我要认识你，甚至侍奉你。

古希腊文学训练使他醉心于索福克勒斯的《俄狄浦斯王》（*Oedipus Rex*）和柏拉图的《会饮篇》。和柏拉图对话中的阿尔喀比亚德一样，他沉迷于这一想法，认为寻求真理本质上是一种引起色欲的活动——是对死气沉沉的路德教义的一剂令人兴奋的解药。与此同时，他还阅读路德维希·费尔巴哈（Ludwig Feuerbach）的作品，这位特立独行的神学家认为，上帝观念是人类对自身自我创造的神圣力量的一种投射。他也阅读爱默生的随笔，并将其“庄严的自立”这一世俗学说铭记在心。1862年尼采在学校的一篇文章中写道：“一旦有可能通过强大的意志推翻过去整个世界，我们就会立刻加入独立的神的行列，于是，世界历史对我们来说只不过是一种梦幻般的自我沉迷状态，幕布落下，而人又会觉得自己像是一个与外界玩耍的孩子，像是一个早晨太阳升起时醒过来，笑嘻嘻将噩梦从额头抹去的孩子。”

尼采离开舒耳普福塔时，更像是一个异端而非基督徒，更像是一名唯美主义者而非未来的牧师。不过，他的家人对他追随父亲的脚步仍抱有一丝希望。1864年秋季尼采进入波恩大学时，的确尚未做出最后的抉择：他注册了神学，但仍继续学习希腊古典文学课程。

1865年春他在一封写给妹妹伊丽莎白的信中解释道：“当然，单靠信仰就能带来获救。”但什么样的信仰？它必须采取基督教的虔敬形式吗？“如果我们打从童年开始就相信，一切救赎都来自某个并非耶稣的人——比如说，来自穆罕默德，我们也会感受到同样的祝福，这一点难道不是确定的吗？”

尼采转到莱比锡大学几个月后，决定改辙易途，只注册语言学。他很快就令最杰出的教授弗里德里希·威廉·里奇尔（Friedrich Wilhelm Ritschl）印象深刻。里奇尔与特奥多尔·蒙森（Theodor Mommsen）合作主编了《拉丁铭文大全》（*Priscae Latinitatis Monumenta Epigraphica*）。该著作汇编了从远古时代到罗马共和国终结时的拉丁铭文，奠定了里奇尔作为现代碑铭学创始人之一的地位。

尼采加入了一个兄弟会，努力融入其他学生。但他的日志和笔记本表明，这个饱受折磨的年轻人经常生病，饱受幻觉之苦。他在一篇日志的条目中写道，“我害怕的不是我椅子后面那可怕的形象”，显然指的是他的精灵，“而是它的声音；不是它的言语，而是那个形象令人恐怖的发音不清和非人的声调。但愿它能像人一样讲话！”

到莱比锡不久后，尼采经历了一次较为令人愉快的显现。他在一篇自传中回忆说，一次他在一家二手书店浏览，“我看到了这本书，把它拿下来开始翻阅。然后一个精灵在我耳边小声说：‘把这本书带回家。’”

这本书由当时最流行的德国哲学家阿瑟·叔本华（Arthur Schopenhauer）所写。叔本华生于1788年，曾短暂地做过一段时期的大学教师。他写了一篇论文《论充足理由律的四重根》（*The Fourfold Root of the Principle of Sufficient Reason*），在柏林大学谋得一个教席。但1831年，他辞去教席，成为一名独立作家。1850年，他的短文集《附录与补遗》（*Parega and Paralipomena*）出乎意料地在德国成为畅销书，终于为他赢来了广泛的读者，也使这位不为人知的作者在人生的最后十年中成为一介名流。

叔本华具有将复杂的观念浓缩为醒目的格言的天赋：“风格赋予思想以价值”，“我们人生最初的观念通常来自幻觉而非事实”。“一神论是整个自然界的化身。”他在代表作《作为意志和表象的世界》（*The World as Will and Representation*）中指出，人类处境不可避免是痛苦的：

> 欲求和挣扎是人的全部本质，完全可以与不能解除的口渴相比拟。但是一切欲求的基地却是需要，缺陷，也就是痛苦；所以，人从来就是痛苦的，由于他的本质就是落在痛苦的手心里的。如果相反，人因为他易于获得的满足随即消除了他的可欲之物而缺少了欲求的对象，那么，可怕的空虚和无聊就会袭击他，即是说人的存在和生存本身就会成为他不可忍受的重负。所以人生是在痛苦和无聊之间像钟摆一样地来回摆动着。

尼采回忆他带着叔本华的书回家，希望“这位伟大的神秘天才的精神能对我产生奇迹”。他没有失望。在叔本华的书中，他“发现了一面镜子，以令人畏惧的庄严映照出世界、生活和我的内心”。他觉得自己被“一种自我认识甚至自我苦修的要求”攫住，并开始沉思“人类心灵的神化与转变”。

尽管发生了内在的蜕变，尼采在接下来三年中仍将大部分时间投入传统研究和学术写作上。为了赢得一份奖学金，他写了一篇论文，论述第欧根尼·拉尔修在创作《名哲言行录》时使用的文献。深入研究这部著作时，尼采逐渐熟悉了古希腊所有哲学家，其中有赫拉克利特，其“非凡的直觉思维力”（而非逻辑思维力）深受尼采钦佩；也有犬儒主义者第欧根尼，其臭名昭著的“像狗一样的”无耻成了他的另一种典范。

他以自己的学科为豪。但私下里，他承认已不再全心全意地将语言学作为一种职业。他在1869年写道：“也许我压根不属于那种语言学家，上帝用铜笔尖在他们的双眉上做了标记：这是一个语言学家。”“我回顾过去，看到自己如何从艺术转向哲学，从哲学转向科学，到了这里又转向更狭窄的领域，现在则是语言学，这”——他选择成为一名语言学学者——“简直就像是一种有意识的放弃。”

这几个月中，尼采在一名医生那里接受梅毒治疗——不清楚他是如何染病的，也不清楚他如果知道这一诊断的话会作何反应。因为在19世纪，梅毒不是简单的疾病，而是一种近于毒咒的折磨——不可能治愈，很难治疗，极有可能患上延续多年的虚弱症。梅毒首先始于溃疡、皮疹、发烧，然后进入不确定的潜伏期，这时疾病会悄然破坏血管、骨骼和神经。间歇性地出现一些新症候——激烈的头痛、呕吐、眩晕、癫痫、狂躁——最后便是麻痹性痴呆。

有一点是明确的：从现在开始，尼采将忍受慢性疼痛，并一直因为有可能变疯而惴惴不安——得知父亲是怎么去世的之后，这种恐惧更增强了。

尽管身体不好——他视力尤其不佳——1867年秋时，尼采得知他未能免除军役。他加入了驻扎在瑙姆堡的炮兵团，发现“我的哲学现在有机会给我带来实际用途了”。训练一个月后，他写信给朋友说：“我片刻也没有感到抑郁……我有时会躲在马腹下低声呼喊‘叔本华，救命！’”尼采在军队里只待了几个月，1868年3月在一次骑马事故中受伤，六个月后退役。（两年后普法战争爆发，他再次应征入伍，但又和上次一样因病退役。）

1869年1月，尼采的人生出现了转折点：他获得了巴塞尔大学希腊语言与文学教席，此时年方24岁，甚至还未完成学位论文。在里奇尔的推荐下，莱比锡大学根据他以往发表的几篇学术论文，匆忙为他授予了博士学位。瑞士各市中，巴塞尔相当独特，它临近德国和法国，是一个繁荣的国际商业中心，热情地欢迎一些思想自由的高级学者，如，社会人类学家先锋约翰·雅各布·巴霍芬（Johann Jakob Bachofen）、最伟大的艺术和文化史家之一雅各布·布克哈特，其最有名的著作为《意大利文艺复兴时期的文化》（*The Civilization of the Renaissance in Italy*）。

他年轻的同事中，最重要的是弗兰兹·奥弗贝克（Franz Overbeck）。奥弗贝克和尼采一样是一个反传统的异端思想家，他阐述了一种消极的神学，曾在笔记本中写道：“任何一个真实可靠地以自己的双足站立于世界上的人，都有勇气立于无物之境。只有没有上帝，才能像一个自由的人那样生活。”

奥弗贝克的妻子伊达（Ida）后来回忆说，尼采这些年中塑造了一种奇特的形象。他那双富于表情的双手和精心修剪的指甲给她留下了“一丝女性气息”的印象。他有些过分讲究外表，很关注外套和围巾，蓄着浓密的八字胡，总是修理得很整洁，并且仔细上蜡。伊达写道，尽管他形容举止精致优雅，但“让人觉得他十分内向，似乎患有某种疾病。他一般避免接触和交谈；但如果发生了这类接触和交流，他会表现出惊人的热诚和真挚，在对方看来有些过于直接。人们会立即感到必须告诉他一些他们认为重要的事”。

除了喜欢认真地讨论严肃的问题，奥弗贝克和尼采也都热爱音乐。他们第一次见面时，弹奏了勃拉姆斯的四手联弹钢琴曲，作为回应，尼采又弹奏了一首由他当时的偶像理查德·瓦格纳（Richard Wagner）创作的乐曲。

瓦格纳在德国音乐界已经是一个名人，当时住在临近巴塞尔的特里布森（Triebschen），卢塞恩湖附近的一个独立别墅中。他生于1813年，比尼采早一个时代。19世纪40年代时，因歌剧《漂泊的荷兰人》和《汤豪舍》而一举成名。与许多知识分子和艺术家一样，瓦格纳对1848年盛行欧洲的暴动十分兴奋，1849年参与了德累斯顿的一次叛乱被抓后，被迫流亡在外。

在这一年发表的一篇煽动文章中，瓦格纳呼吁在德国发动一场文化革命。他以古希腊的悲剧为榜样，提议创建一种新异教徒的艺术形式，取代基督教对德国精神的破坏性（在他看来的）影响，这种生活方式“借助神不可思议的爱，能够纠正人生存中的卑微、虚无、可悲等种种不幸”。瓦格纳不仅梦想着“一部完美的艺术品，表现了自由、快乐的公共生活”，还花了整整二十年创作了一部“完整的”艺术作品，将文字与图像、音乐与戏剧整合在一起，复兴了基督教之前的日耳曼精神，这就是《尼伯龙根之歌》：一部中世纪史诗，描述了日耳曼人关于命运与忠诚的理想，其特征表现为激烈的情绪和血腥的复仇行为。

瓦格纳1868年遇到尼采时，已经又完成了五部歌剧：《罗恩格林》、《特里斯坦与伊索尔德》、《纽伦堡的名歌手》、《莱茵的黄金》、《女武神》，并且，由于大赦，在慕尼黑能够看到这些剧目。但因为瓦格纳这几年爱上了科西玛·冯·比洛（Cosima von Bülow），作曲家李斯特年轻的女儿、德国著名批评家和指挥家汉斯·冯·比洛（Hans von Bülow）的妻子，他再次流亡在外。这一次，巴伐利亚的年轻国王支持了瓦格纳，将他和科西玛在特里布森安顿下来。

尼采第一次见瓦格纳是在莱比锡，两人讨论了叔本华和哲学，瓦格纳邀请年轻人再去拜访他。尼采几个月后搬到了巴塞尔，这样的拜访遂成为例行之事。瓦格拉和科西玛在特里布森的别墅简直是一座洛洛可式神殿，表现了主人古怪的天赋。室内装饰有粉色的缎质窗帘，摆着瓦格纳及皇家赞助人的各种塑像和画像。尼采每周日——这一天他是自由的——前往卢塞恩湖。巴塞尔的一个朋友回忆道，每周日的晚上，“他回来时神采奕奕，向我讲述各种美妙的见闻”。

瓦格纳这些年基于德国的传说，完成了伟大的四部歌剧《尼伯龙根的指环》，并打算在拜罗伊特建立一座新剧场，作为新的异教流行文化的中心，通过对艺术品的欣赏，将心灵强健美好的人们聚在一起，创建一个统一的民族共同体。瓦格纳的年纪足以做尼采的父亲，对尼采而言是一种令人敬畏的存在。尼采很难在作曲家自己的地盘上与之争锋（尽管尼采的确仍在作曲），但我们这位年轻的教授接受了榜样的挑战，他把学术谨慎当作耳边风，创作了一种散文诗体，歌颂瓦格纳宣称要表达的革命文化理念。

《悲剧的诞生》（*The Birth of Tragedy*）1871年完成，第二年发表。对于一个有抱负的语言学家而言，这是一部大胆的甚至有些鲁莽的著作，它赞美了梦与醉的艺术世界，指出古希腊的文化成就与当代德国面临的文化挑战之间有直接的联系。他声称，作为一部“从音乐中获得新生的现代悲剧神话”，瓦格纳的《尼伯龙根的指环》提出了这一挑战。尼采在巴塞尔大学的大部分同事——包括巴霍芬和布克哈特在内——都很欣赏尼采的大胆说法。瓦格纳本人自然也很满意。

但尼采仍不得不应付学术同行对他的批评。他的老导师里奇尔私下里嘲笑这本书，在信中说它是“一部伪美学著作，没有学问的宗教神谈，作者是一个幻想症患者”——这不是尼采最后一次发现以往的朋友们攻击他的理智。另一个公开发表的学术批评说尼采“无知，缺乏对真理的热爱”。

1871年，尼采感到自己与语言学日渐疏远，而对成为一名哲学家更感兴趣，因此，他以候选人的身份申请巴塞尔大学的哲学教席。不久就遭到拒绝，理由是缺乏正当的学术训练。

接下来几个月内，随着对他著作怀有敌意的批评开始出现，他陷入了自我怀疑。他是谁？他应当成为什么？他应当仍旧做一名古典学教授，过一种学者的生活吗？还是应当以论悲剧那部著作的风格，撰写更多富有争议的论述文化与艺术的文章？或者，应当不顾巴塞尔同事的断然拒绝，试图过一种哲学家的生活？

那将是一种什么样的生活？

1872年夏，尼采开始回答这些问题，思考着或许可以写一整本书来论述这个主题。尽管接下来的几个月内，他为一本名为《哲学家》（*The Philosopher*）的书起草了许多不同的大纲，但最终放弃了他的计划——不过他记下的大量笔记表明，他是如何摸索着为自己寻找一个新目标的。

在这些笔记本中，他亲切地写下最早的哲学家们，尽管起初并不奢望自己能追随他们的步伐。他钦佩泰勒斯——这位希腊哲人曾捍卫过“一个荒谬的观念……水是万物的本原和发源地”，因为泰勒斯为世界的起源提供了一种物理解释（不论多么错误），由此而抛弃了迷信，还因为他探讨了“万物为一”这个形而上学假设。但他更佩服苏格拉底，将其尊为古希腊哲学之神：“从他这里开始出现了一场道德的激流，一股难以置信的意志力引发了伦理的变革……作为通往美德的路径，认识使他的哲学特征与众不同。与欲望、冲动、愤怒等情绪进行的对抗，也引导着他自身与藏于深处的无知进行对抗。他是第一个生活着的哲学家……他的生活是一种由思想统治的生活！”

据尼采所说，泰勒斯的动机也是后来每一位真正哲学家（无疑包括他自己）的动机：“一个形而上学信念，其根源深藏在某种神秘直觉之中。”驱动苏格拉底的是一种纯粹的意志——认识的意志、真理的意志——根据尼采所说，也正是这种意志使后来每一位真正的哲学家与众不同。其结果是两种竞争性的动机不稳定地结合在一起：一种动机旨在实现纯粹由思想统治的生活，清除一切迷信，对理性的犹豫不决加以协调统一；另一种动机致力于获得某种神秘的直觉，某种或许能引发信仰剧变的体验。这两种特征加在一起，界定了所有真正的哲学家。

尼采指出，“如果一切都很顺利，这样的时刻就会到来：为了促进自己的德行和理智，人们宁愿将苏格拉底的回忆录而不是《圣经》拿在手里；同时，蒙田……被当作理解这位最朴实、最不朽的前辈（指苏格拉底）的先驱和指南”。

然而，模仿苏格拉底或蒙田并不是件简单的事，特别是尼采认为自己面临着这样的环境：“一个时代，如果它苦于只有所谓普及教育，却没有文化，即没有贯穿其生命的统一风格，那么，它就根本不会懂得拿哲学来做什么正确的事。当哲学被真理的守护神本身在大街和市场上宣告出来的时候，就尤其如此……没有人敢于身体力行哲学的法则，没有人怀着一种单纯的男子气的忠诚以哲学方式生活，这种忠诚曾迫使古人——不管他身在何处，不管他从事着什么——一旦向柱廊宣誓效忠，就必须像斯多亚学派（柱廊学派）那样行动。”

根据这一经典观点，哲学家最本质的创造是“他的生活（占据最重要的地位，甚于他[撰写]的著作）。他的生活是他的艺术品”。每一种名副其实的哲学都“必须能实现我所要求的：它必须能够使一个人凝神静气”，使他具有纯粹的意志和伟大的目标。但在现代商业社会的生活环境下，随着劳动的专业化和分工化，以及由此形成的整体文化的缺乏，“今天没有一种哲学能够做到这一点”。尼采审视周围，在笔记中写道，“我视力所及只有精神上的残疾人：他们受到的教育支离破碎，把他们都变成了残疾人”。

在尼采看来，成为一名真正的哲学家“由于达尔文主义（顺便说一下，我认为它是正确的）的可怕影响”而变得更加复杂。与19世纪的许多同行（如卡尔·马克思[Karl Marx]和赫伯特·斯宾塞[Herbert Spencer]）不同，尼采领会了达尔文自然选择这一科学理论的真正内涵：生物自然界（人是其中密不可分的一部分）本身就是随机变异的偶然产物。因此，意志远非某种超自然的和神秘莫测的本质存在，它本身必定是“自然的一种高度复杂的最终产物”。与康德以及黑格尔等接班人不同，尼采认为历史没有理性的目标：“人类在极为悠久的一段时间中并不存在……他们没有长远的任务和目标。”如果达尔文是正确的，那么，甚至理性本身最基本的工具——辩证提问、归纳法和演绎法、经验研究和逻辑分析——也必须被视为自然选择的意外结果。正如尼采以典型的夸张手法所写的，“人类只不过偶然间成了认识的存在”。

尼采推断说，如果我们与他人共享的文化缺乏统一性，如果历史没有目标，那么，任何有志于过一种深思熟虑的生活的人都必须学会自立（与爱默生一代之前的要求不无类似）：“他必须回归自己的真正需要，理清内心的混乱。他坦诚、有力而真实的性格必须在某个时候起而反对一味地随声附和、效法和模仿。”

这个志向也许并不太大，但它对更广泛文化的影响与瓦格纳的所有作曲一样具有潜在的革命性。尼采赞同地引用了爱默生的话：“爱默生说，‘如果伟大的上帝让一位思想家来到我们的星球的话，你们要留神。在这种情况下，一切都处于危险之中。这就像是在一座大城市里发生了一场火灾，在那里没有一个人知道，究竟什么还是安全的，以及它将在哪里结束。此时整个科学都有可能在明天经历一场逆转，此时不再有任何文学上的威望还配享所谓永恒的声誉；在这一时刻人之所以会珍视某些东西，仅仅是因为在他们的精神视野中出现的某种想法，就像一棵树托着自己的苹果那样，这些想法造成了当前的事物秩序。一种新等级的文化会迅速地使人类努力的整个体系经受彻底的变革。’”

尼采关于其真正使命的观念不断变化，由此产生了最早的成果：一组四篇文化批评。第一篇发表于1873年，抨击了《耶稣的生平》（*Life of Jesus*）的作者大卫·施特劳斯（David Strauss）；第二篇发表于1874年，抨击了黑格尔和利奥波德·冯·兰克（Leopold von Ranke）等历史学家所代表的传统历史认识价值观；第三篇也发表于1874年，称赞叔本华是真正哲学家的当代典范；最后一篇发表于1876年，是一篇关于他的老偶像瓦格纳的新文章。

论述历史和叔本华的两篇文章都间接地论述了哲学生活问题。但尼采在文章中尚未形成自己独特的哲学观点；他尚未体验到那种能赋予他“形而上学信念”的“神秘直觉”。

1872年5月22日，在瓦格纳59岁生日之际，尼采前往巴伐利亚的拜罗伊特镇，参加新剧院的落成仪式。瓦格纳夫妇当时正从卢塞恩搬到拜罗伊特的新别墅。尼采不顾一切地想成为他们内部圈子的一员，主动提出搬到拜罗伊特当瓦格纳的私人宣传家。这是一个疯狂的想法，瓦格纳劝阻了他。

这年秋天尼采回到巴塞尔，发现没有人参加他的研讨会，也没有人注册他讲荷马的讲座，而他论述古典修辞学的课程只吸引了两个人。

尽管缺乏学生，尼采这些年在思想上并不孤独。1873年夏天，尼采邂逅了保罗·瑞（Paul Rée），后者在接下来十年内将成为尼采最重要的对话者。瑞比尼采年轻五岁，是位胸怀大志的作家，他对《悲剧的诞生》印象深刻，将自己正在撰写的著作手稿拿给尼采看，两年后以《心理观察》（*Psychological Observations*）为题匿名出版。尼采读到这部出版的著作时——大胆地模仿了17世纪法国的道德家拉·罗什富科（La Rochefoucauld），以一系列格言组成——认出了这是由瑞所著，写了一封信称赞他。两人都热爱叔本华，并且都相信达尔文主义是一切试图对道德感的起源做出现代的自然主义说明的基础，而这正是瑞1877年出版的第二部著作的主题。

尼采的健康每况愈下，这使他正在推进的哲学研究变得有些困难。他深受偏头痛所苦，视力也越来越糟，很长一段时间内几近失明，不得不依赖于他人阅读和听写。1876年初他写信给一位朋友时（此时他32岁）说，“我父亲36岁上死于脑炎，我很可能会发作得更早”。他担忧自己的健康，也担心自己的著作影响力不如从前：他的新著中，没有一篇的读者数量堪比《悲剧的诞生》。与此同时，母亲也不断地给他施加压力，要求他稳定下来，找一个合适的妻子。

在描述尼采这些年经历的大量回忆录中，揭示得最为深入的是他以前的学生路德维希·冯·舍夫勒（Ludwig von Scheffler）。作为雅各布·布克哈特的门生，冯·舍夫勒精通奥古斯特·格拉夫·冯·普拉登（August Graf von Platen，1796—1835）的作品。普拉登是德国剧作家、诗人，其同性恋倾向因为海因里希·海涅而成了一桩公共丑闻，他关于同性恋苦楚的伟大主题由弗兰兹·舒伯特创作成曲："你不爱我"（Du liebst, mich nicht）。

冯·舍夫勒回忆说，尼采"中等身高，头陷在双肩中，身材矮胖却又偏弱"，他不像大学中其他许多教授那样穿着寒酸的外套，而是"穿着浅色裤子，短上衣，衣领上一枚精心系好的领结微微颤动着"，似乎在"暗示他外观的某种艺术性"。脸庞四周的一绺绺发丝并未打卷，也暗示着这一点。

讲柏拉图时，尼采"语速缓慢，经常吞吞吐吐，与其说在寻求某种表达方式，不如说在搜检印象中的某条格言。如果他的思路把他引往很远的地方，他的声音也随之下沉，降至最温柔的喃喃低语，仿佛有些犹疑不决似的"。他看起来很痛苦，似乎在坚韧地承受着某种若非他迫切渴望透彻地表达自己就行将毁灭的命运，"然而，他亲切的外观，他以话语向我们呈现世界观的方式，给我留下了某种全然不同的新印象。这个人周身似乎笼罩着一层云烟。我听讲时一再被这个问题抓牢：'他是谁？这个思想家，他将去往何处？'"

学期中途，这位教授在作了一次最阴郁的讲座之后，邀请冯·舍夫勒次日来寓所喝茶，令后者很是吃惊。冯·舍夫勒是布克哈特家的常客，他以为会在书房见到尼采，书房或许和那位历史学家家里的一样，书架和地板上都堆满了书。但是，尼采把他带到一所阳光充沛的公寓中，有一些"柔软的大扶手椅"，饰有"可爱花朵图案的白色花边椅罩"。到处都是刚剪下来的花，"玻璃瓶中，碗里，桌上，角落里，甚至墙上！一切都那么轻盈、芬芳、美妙！

轻薄的窗帘透过日光，使客人感觉并非获邀去了一位教授家里，而是去了心爱的女友家中”。

随后几周，两人课后常常交谈，直到有一天冯·舍夫勒拒绝了尼采请他一同去意大利度假的邀请。“我沮丧地朝下看着，找了一个听起来一定很冷漠的拒绝借口。尼采的双手立即从我手臂上滑落下去。”许多年后，他反思究竟发生了什么时，感到这位哲学家和诗人普拉登一样，因性取向而备受折磨：“在普拉登那里，我是从回忆录中发现此迹象的，他的回忆录说明了一切。而在尼采这里，我是从生活中、从直接的经验中认识到这一点的。”

尼采最激情洋溢的一段自传似乎是对这种折磨的一种回应，使人想起他在生活中的这段时期，是如何挣扎着想要解放自己并成为“自由的精神”的。在与冯·舍夫勒交谈后不久写的一段话中，尼采指出，追求自由的灵魂“震撼了，挣脱了，释放了，连自己都不明白，究竟发生了什么事。一种推力汹涌而来，犹如一道不可违抗的命令控制了它”，激起了

> 对自己的“义务”深怀蔑视，就像闪电一样；叛乱的、任性的要求宛如火山岩浆喷涌而出，要求的是远游、外邦、异化、降温、清醒、冰冻；对爱表现出满腔仇恨；也许还对曾经热爱和膜拜的一切回敬以亵渎；也许对自己的所作所为感到火辣辣的羞愧，同时又因自己有此所作所为而欢呼，这是迷醉的、欢呼的内心战栗，其中透露出一种胜利——是胜利吗？战胜了谁？战胜了什么？这种胜利充满了谜团和疑问，但毕竟是首次胜利：这样糟糕和痛苦的事正是大解脱历史的一部分。大解脱同时也是一种病态，能使人陷入毁灭。来看看这种首次爆发的、要求自主、自我价值确立的力量和意志吧，看看这种要求自由意志的意志吧：在狂放不羁的尝试中，在被解放者、被解脱者如今用以证实自己统治万有的怪事上，显露出多少病态呵！

人们“欲壑难填”地做着这些。

1876年秋和1877年冬，尼采以一直健康不佳为由，两次暂时丢下教学工作。他邀请保罗·瑞这段时间和他待在一起。这五个多月中，两人主要在那不勒斯湾的索伦托生活，每天接触并交换想法，瑞当时完成了《论道德感的起源》（*On the Origin of the Moral Sensations*），而尼采正在创作第一部格言性的著作：《人性的，太人性的：一本献给自由精神的书》（*Human, All too Human: A Book for Free Spirits*）。正是在这样的背景下，尼采第一次设想，人类或许生活在一个完全预定的因果世界中，这个世界没有为自由意志留下任何空间，因此也没有理由感到“内疚的自责和痛苦”。这个思想实验的含义与笛卡尔的怀疑一样激进。对尼采而言，它擦净了道德的石板：在这个思想实验结束时，没有为任何不证自明的道德情感留下余地。

尽管瑞和尼采在很多事上观点接近，但两人之间依然有着深刻的差异。尼采希望摆脱传统的道德要求，瑞则并不如此。和达尔文在《人类的由来》（*The Descent of Man*，1871）中一样，瑞将道德的起源归因于高等灵长类动物的善良本质，强调因为需要抚育无助的后代，才形成了利他行为的进化基础以及人类创造的生物基础（比如人类在各种不同的社会环境下都会制定出类似于黄金法则的规定）。

尼采则对许多习俗中存在的强有力的本能以及冲动成分印象更为深刻，他很快将这些迹象称为“权力意志”。他极力抵制卢梭、达尔文和瑞认为人性本善的观点，在别人最不可能发现的地方，在最引人注目的自我牺牲行为（比如基督教圣徒严于律己的苦行）中看到了残忍，“他以自我贬低来无情地痛斥自我崇拜，为自己纷乱的欲望、痛苦的罪孽和迷茫的观念而欣喜……最后，如果他还要有幻觉，要和亡灵和神灵对话，那么这其实是一种罕见的欲念，但也许是集所有欲念之大成的欲念”。

此外，和瑞不同，尼采认为人类需要神话、幻想和神秘的直觉。他甚至推测，进化的力量可能赋予了人“一个双重大脑，就像有两个脑室，一个主管科学感知，另一个专司非科学感知，两者并行不悖，而且独立可分；这是一种健康的要求。一个区域里是力量的源泉，另一个区域里是调节器：要以幻象、激情和片面性来升温，也得通过认知性的科学来预防过热导致的恶果”。

1877年夏，尼采一直在写《人性的，太人性的》，之后回到巴塞尔，重新开始担任教授。因为持续疼痛，加之深受头痛和视力衰退之苦，他找了一名新医生。医生与瓦格纳走得很近，就向作曲家询问关于诊断的意见。正如尼采后来所发现的，瓦格纳的回复是毁灭性的：他说他本人相信，尼采的健康状况每况愈下是因为“不正常的变态行为，还隐晦地提到了鸡奸”。（这在诸多真实或想象的出卖中尤为恶劣，正是这一点导致尼采后来激烈地反对这位昔日的偶像。）

也正是这名医生几个月后明确告诉尼采，他患了一种严重的脑疾（也许怀疑他的病人实际上出现了与梅毒有关的痴呆症早期症状）。在巴塞尔，关于尼采神智是否正常的谣言开始四处蔓延。

1878年秋，尼采以往的学生路德维希·冯·舍夫勒几个月内头一次回巴塞尔，决定去拜访他的老教授，亲自看看他怎么样了。人们警告他说尼采不接待访客，他站在巴塞尔郊区的街道上，从窗口向内窥视，看到尼采躬身伏在一张破桌子上，窄小的房间内堆满了炊具。冯·舍夫勒惊呆了：“他曾经就在我面前，坐在带有精致花边的椅子上，其女性气质的精致感官只能容忍四周都是美好之物。这还是那同一个人吗？”

1879年春，尼采正式向巴塞尔大学递交辞呈，理由是健康状况不佳。他获得了一小笔年金，这是他进入新的人生阶段中主要的收入来源。

从这以后，他成了居无定所的流浪汉，在德国、瑞士和意大利来回漂泊，遭受着慢性疼痛，癫痫反复地突然发作，如闪电般将他击倒，使他身体瘫痪，他双目布满云翳，精疲力竭，但仍期望表达关于哲学生活的一些新的、迄今为止尚未发现的可能性。

1880年，尼采在回复医生的新年问候中吐露，“我的存在是个可怕的负担。要不是因为我一直在做着最富有教益的实验，想看看在如此痛苦和几乎完全与世隔绝的情况下，精神和道德会出现什么样的问题，我也许早就抛掉了这个负担……总体而言，我比以往任何时候都更快乐。不过，我还是持续疼痛；每天有好几个小时感觉像是晕船，半瘫痪使我很难说话，接着又是剧烈的疼痛。”

他现在按时服用各种止痛药，其中有一部分含有强力镇静剂。但就在偏头痛和癫痫发作的间歇，他还能体验到强烈的喜悦时刻。尼采小心地记下了这些想法，在能够自己写作时就奋笔疾书。

1881年夏，尼采乘火车从意大利威内托大区的莱克阿罗温泉去了瑞士东部的格劳宾登州，距意大利边境不远。他最后在西尔斯-马利亚（Sils-Maria）的一家旅馆安顿下来。这个小村庄坐落在树木繁茂的阿尔卑斯山谷中的湖泊中央。他开始头一次认真地阅读哲学家斯宾诺莎。这位独立的荷兰思想家精通笛卡尔哲学，并且也和笛卡尔一样被怀疑是秘密的无神论者。尼采在给老朋友弗兰兹·奥弗贝克写信时说，“这位卓尔不群的、孤独的思想家是这样接近我，不仅在将知识变成最有力的激情这一总体倾向上与我一致，他理论中的五个要点也与我的不谋而合：他否定自由意志、意图、宇宙的道德秩序、无私和恶”。

几天后，他像往常一样穿过附近的草地，这时启示突然袭来。尼采在一张纸片上记下了这个时刻：“1881年8月初，在西尔斯-马利亚，海拔6500英尺，远超一切凡俗之上。”他在“永恒轮回”这个标题下仓促记下了一些神秘的思想：“对知识的热情……天真。作为实验品的个人。生活的镇痛剂、屈辱、安慰。新的重量：同一事物的永恒再现。”

他把喜讯转告给最亲密的同事之一：“一种思想出现在我的视野中，我从未见过与它相像的东西……哦，我的朋友，有些时候，我脑海会闪过这样的念头：我过着一种极为危险的生活，因为我是那种可能爆炸的机器。我情感的强烈让我战栗和大笑。有几次，我无法离开自己的房间，原因很可笑，我的眼睛在燃烧——为了什么呢？每一次，我都为自己前一天的散步而大哭——不是那种感伤的眼泪，而是快乐的泪水。我歌唱着，说的话也颠三倒四，内心充溢着那使我超越于所有其他人的对事物的洞见。”

在自身之外，他又构想出一个新的自我，并称之为“查拉图斯特拉”，将其作为一种能够传达他最近启示的虚构容器。查拉图斯特拉的原型是琐罗亚斯德（Zoroaster），传说中的波斯诗人、先知、琐罗亚斯德教派的创始人。现代学者认为他活跃于基督诞生之前一千年左右；在古希腊文中，这位先知的名字结合了“琐罗”（zoros，意为“纯粹的”）与“亚斯德”（astra，或者说“星星”[stars]），具有很大的感召力。希腊诗人和哲学家将琐罗亚斯德作为神秘智慧的源泉。他们描述了这位波斯人预言宇宙将四分五裂，真理与谎言的战争遍及世界。这场战争与尼采想象中的与自己的战争不无相似。他构想了一系列新的警句来介绍查拉图斯特拉这个人物，也表明了他对这种片言碎语的写作形式的信任。

第一个成果是《快乐的科学》（*The Gay Science*），主要写于1881年10月与1882年3月之间，在1882年晚些时候发表，并加上了爱默生的格言：“对诗人、哲学家、教徒而言，万物都是友好的、神圣的，万事都是有益的，每一天都是神圣的日子，每一个人都是神圣的人。”

在《快乐的科学》第四卷结尾“悲剧开始了”这一标题下，尼采的查拉图斯特拉首次亮相。尼采或许最著名的警句段落也出现在这本书中：它以“疯子”为题，描述了一个傻瓜，大白天手提点燃的灯笼（让我们想起第欧根尼），不断地大声呼喊“我找上帝！我找上帝！”（在这段警句的第一稿中，这个傻子名为查拉图斯特拉。）他又宣称：“上帝死了”，然后，问出了更高深莫测的话，“这伟大的业绩对于我们是否过于伟大？我们自己是否必须变成上帝，以便与这伟大的业绩相称？”

1882年4月，完成《快乐的科学》草稿后，尼采独自前往西西里岛，沉浸在日光之下，整日游览希腊遗址。他经由罗马返回时，老朋友保罗·瑞将他介绍给了此地一位年轻的俄国女子露·安德烈亚斯·莎乐美（Lou Andreas-Salomé）。另一个共同的朋友在尼采到来之前解释说，这名年轻女子似乎已经“在哲学思想上得出了与你一样的结论，即，抛弃一切形而上学假设的实践唯心主义”。尽管只有21岁，莎乐美已经精通西方哲学和神学、世界宗教、法国和德国文学。（她后来创作了许多小说和散文，成为一名心理分析学家，同时也是诗人里尔克[Rilke]的情人和弗洛伊德[Sigmund Freud]的密友。）

尽管莎乐美美貌惊人，后来成了一个红颜祸水式的女子，但1882时她公然宣称自己是处女，打扮得如同修女一般，身着一件黑色长袍，衣扣一直系到脖子。瑞觉得这是为他的精神导师做媒的一个不可多得的机会，建议尼采与她结婚：出于礼法要求，她需要一个思想配偶，而尼采也是如此。尼采此时尚未迷恋于莎乐美的魅力，有些犹疑不决，但瑞本人在这个时候已经爱上了莎乐美，而莎乐美对与尼采缔结一种权宜的婚姻毫无兴趣。因此三人想出了一个新点子，在巴黎组建一个柏拉图式的三人家庭。

尼采后来迷上了莎乐美，变得有些不可思议地唠叨。他突然间觉得自己能够不知疲倦地谈论他最深刻的直觉。他告诉她他在西尔斯-马利亚的洞见时刻以及撰写《快乐的科学》续篇的计划，认为她是“唯一对我的哲学中几乎不为人知的部分做好了准备的人”。而她则开始相信，哲学体系可以完全简化为“其作者的个人记录”——许多年前，尼采自己在关于前柏拉图哲学家的笔记和讲座中也认同这一观点。

还不止这些。据莎乐美所说，他们还谈到了性。多年后，她在1912年和1913年的日记中写道：“残忍的人同时也是受虐狂，在这个意义上，一切都与双性恋的问题有关。”这时她已经很熟悉弗洛伊德的著作，并且正在接受训练以成为一名精神分析学家。她继续说道：“我最先与之谈及这件事的人是尼采，他本人就是一个性虐狂。我记得谈话之后我们都不敢看对方的眼睛。”

十月时，莎乐美和保罗·瑞把尼采留在了罗马，表面上是在巴黎为他们设想的三人家庭寻找一处合适的公寓。但很快就真相大白：莎乐美和尼采往日的灵魂伴侣一起跑了。十二月，尼采搬到拉帕洛（Rapallo，临近热那亚的一个意大利港口城市）一所寄宿公寓中，这个深受羞辱的求婚者给两人寄去一封凄惨无比的信：“你们俩把我看作一个脾气暴躁的半疯之人，已经因为长期的孤独而变得昏乱不堪。对于我在服用了大量鸦片之后表现的这种状态——绝望——你们的确明察秋毫。但我并未因此丧失理性，我最终似乎恢复了理性。”

尼采再次孤身一人退回内心深处。他无法通过一种柏拉图式的家庭实现平静，又返回了查拉图斯特拉这个人物。延续几周的无精打采之后是欣喜若狂的灵感：他似乎在一种催眠状态下狂热地写作，1883年初时，仅仅花了十天就完成了《查拉图斯特拉如是说》（*Thus Spoke Zarathustra*）的第一部分，并立即将修改后的文章拿去发表。

接下来几个月内，他在躁狂与抑郁之间来回波动。但每当喜悦来临时，他就可以清晰地思考，并狂热地写作。在又一个持续高产的二十天内，他完成了查拉图斯特拉的第二部分和第三部分。尼采感到前所未有的快乐，在一封写给弗兰兹·奥弗贝克的信中解释说，这部新著“包含了我卸下全部重负时自我最清晰的形象”。

这几个月中，奥弗贝克一直是一个忠实的通信者和朋友，他痛苦地意识到了尼采疯狂的情绪波动。奥弗贝克几年后评论道：“尼采已经被查拉图斯特拉附体”，又补充说，“尼采总是真正以宗教的严肃性来将自己作为一个个体，这解释了他为何在认识的人面前表现出难以理解的两面性：一面是疯狂的本质，一个狂热者（他自己也时常承认这一点），一面是模范者。”奥弗贝克认为他的“自我崇拜”是有原因的。正如尼采在一封写于1882年底的信中所吐露的，写作《查拉图斯特拉如是说》给了他“极好的机会向自己证明”——也向爱默生证明——“‘万事都是有益的，每一天都是神圣的日子，每一个人都是神圣的人。’！！！”

尼采感到自己身处未知的水域。他不再是一个学者，不再在课堂上演讲。他不再像之前的蒙田那样，致力于某种宁静的平衡，满足于以宽容的态度分析人和动物的愚蠢和弱点。他是一个中了魔的人。

他在这一时期的笔记中写道：“当我年轻的时候，我操心哲学家到底是什么……最后我意识到有两种不同的哲学家类型。”一种像康德一样，希望“将迄今为止的一切道德评价变得显而易见、易于想象、明白易懂、易于驾驭”，以此来“牢牢抓住某种庞大的评价系统”。尼采承认，这是“令人惊叹的伟大”成就，但它不再是尼采的哲学。“真正的哲学家们是命令者和立法者，他们说：就应当如此！由他们确定人类的去向和动机。”

在《查拉图斯特拉如是说》中，尼采致力于为莎乐美所说的“寻找上帝者（他们来自宗教，朝向宗教预言）的深层次活动……”赋予一种明确的诗性形式。实际上，寻找上帝者所发现的正是他虚构的代言人查拉图斯特拉所宣告的：它无异于一种关于自立的新信条，借助虚构叙事加以表达，旨在与瓦格纳在《尼伯龙根的指环》中音乐化的神话创作相抗衡，并且以新主人的永恒轮回观念为基础。

他首先在《快乐的科学》第一版的倒数第二段警句中公开提出了这一观念的要点，其标题为：“最重的分量”：“你现在和过去的生活，就是你今后的生活，它将周而复始，不断重复，绝无新意，你生活中的每种痛苦、欢乐、思想、叹息，以及一切大大小小、无可言说的事情皆会在你身上重现，并以同样的顺序降临。”这个观念部分地是一个思想实验，一种精神练习：想象你不得不再过一遍你的人生。这一想法让你作何感想？如果你充满恐惧，那么你尚未与自身不可改变之物达成一致，你尚未成为你自己——你尚无法“认同世界的本来面目，以及希望世界绝对轮回和永恒的要点：这将意味着一种新的哲学和情感理念”。

但永恒轮回的观念不仅仅是一种精神练习，它还是一种形而上学理论，表现为信仰的形式，与古希腊哲学家泰勒斯的假说“万物为一”并无不同。

尼采在笔记本中试图说服自己这个观念在自然科学中也行得通，但最终不得不回到他在《瞧，这个人》（*Ecce Homo*）给出的描述，即这个观念不容置疑的起源是一种神秘的直觉：“19世纪末的人们对伟大时代的诗人们所说的启示是否有明确的概念？如果没有，我想描述一下——如果一个人身上还带有一点点残留的迷信，”——这位路德派牧师的儿子身上不可避免有一些这样的残留——“他就几乎不可能拒绝人只是巨大力量的化身、口舌、媒介这些概念……我们听到了，但不去寻找；我们拿到了，但不问是谁给的，一种思想就像闪电一样闪光，是必然的，毫不迟疑的——我从来没有选择过……一切都是在最大程度上无意发生的，但是如同在一场自由感、绝对性、权力和神圣的风暴中发生的一样。”

我们很容易认为《查拉图斯特拉如是说》是某种神启的产物。这些散文十分狂热，有时夹杂着一些格言，尽管其中对《圣经》段落的大量模仿带来了一些喜剧效果，但通常是非常紧张的。但查拉图斯特拉并不带着他的诫令法版走下山来，他的行为也不同于历史上那位“第一个指出善恶冲突是一切机器之轮”的同名者。相反，尼采的代言人将制定一部公然宣称超越一神论善恶观的价值法典，以此弥补摩西和琐罗亚斯德的愚蠢。

因此，在《查拉图斯特拉如是说》第三部分的高潮、整本书最长的一章中，尼采的先知谈论了“古老的法版和新的法版”。查拉图斯特拉重申了他的三个重要的形而上学原理。他回顾了永恒轮回的观念，回忆了关于“权力意志”的洞察，指出万物（包括人在内）都想要更多权力——这实际上是对亚里士多德学说的一种精灵主义的（daimonic）、达尔文主义的修正，即认为所有人都为了争取快乐或“幸福”而行动。他还再次宣扬了超人（Übermensch）说，这是对爱默生“超灵”（Oversoul）说的采纳和吸收。这个词对每一个人都提出了独特的挑战，用尼采的话说，也就是“将人们认为残缺不全、莫名其妙和可怕偶然的东西，收集起来，合成一体”。

尼采的先知不满足于只宣布他的形而上学法则，他也重申一系列新的命令，并以感叹号加以强调：“有诸位神祇，没有什么上帝，这正是神道！”“打碎这些古老的法版吧！”“不要体谅你的邻人！”

和苏格拉底一样，尼采进行自我审视。和柏拉图一样，他愿意为别人立法，只不过是借助虚构的先知查拉图斯特拉的话语来讲。但和从亚里士多德到奥古斯丁的古代哲学家不同，尼采的这位明显是虚构的先知并不要求人们遵循任何一种单一的明确戒律或是信仰，无论是言语还是行为。因为和蒙田一样，尼采发现自我是一种不断变化的生物，一种纯粹的潜在性存在，不一定会被引向以往一直被认为是真善美的东西。因此，和爱默生一样，他让他的查拉图斯特拉宣扬一种自立的信条。

1884年初完成《查拉图斯特拉如是说》第三部分后，尼采比以前任何时候都更确信，他是一个划时代的伟大思想家，一个宣告天命的摧枯拉朽的新立法者。三月时他给弗兰兹·奥弗贝克写信时说：“意志将人分为两半，我可能是头一次有了这个想法。”几周后他在另一封寄给奥弗贝克的信中写道，“每个生活在（《查拉图斯特拉如是说》书页中的）人重返世界时都将以不同的方式看待事物”。

但他创造力勃发的几个月突然终止了，一如当初的突然开始。随着时间的流逝和《查拉图斯特拉如是说》的出版，尼采不得不承认他的先知双耳失聪了——他现在不得不与“周遭那令人毛骨悚然的静寂”做斗争。尼采的出版商当时正濒临破产边缘，试图出售尼采著作的版权来筹集资金，但找不到一个买家。

尽管销路不好，尼采仍在写作。他完成了《查拉图斯特拉如是说》的第四部分也是最后一部分，文中语带嘲讽，似乎在暗示查拉图斯特拉更像是一个小丑而非先知。

1884年夏，一位拜访者来西尔斯-马利亚看他，看到的是“一个病弱沮丧的灵魂”。尼采“立即开始谈起他的病痛如何令人难以忍受。他闭着眼睛，向我描述他看到了许许多多美妙的花朵，卷曲着，缠绕着，不停地生长，不断改变丰富美丽的形状和色彩……然后，他那大大的、忧郁的双眼直直地看着我，带着令人不安的紧张，用虚弱的声音问我，‘难道你不觉得这种状况是疯狂的早期症状？我父亲就死于脑疾。’”

他不停地搬家，夏天在瑞士，冬天在意大利。完成《查拉图斯特拉如是说》之后，他重新投入了核心的概念，希望能够更系统地解释他的世界观。他为大部头的新著《权力意志》（*The Will of Power*）设定了计划，并开始记笔记以便将来填充进去。在写《权力意志》时，他又撰写了另一部关于道德情感的警句式著作《善恶的彼岸》（*Beyond Good and Evil*），但很难找到新出版商。该书最后于1886年出版。

这年夏天，尼采多年来第一次重访巴塞尔。老朋友们看到他都大为震惊。欧文·罗德写道：“他身上散发出一种无以名状的古怪气息，某种让我深感不安的东西……就好像他来自某个别无他人的国度。”

尼采认为读者误解了《善恶的彼岸》的意义，试图在一组题为《论道德的谱系》（*On the Genealogy of Morals*）的三篇文章中澄清自己的立场，后来于1887年以著作形式出版。他这一年住在尼斯（Nice），期间从意大利去了瑞士，取道威尼斯返回尼斯之前又在西尔斯-马利亚过了夏。《权力意志》的规模和范围不断扩大，他致力于最详尽地阐述他的形而上学理论，为此必须艰难地整理材料。

1888年夏天，他突然改变了计划：修改了笔记本中的材料，并很快准备出版两部简短的格言式著作：《偶像的黄昏》（*Twilight of the Idols*）和《反基督》（*The Antichrist*)（最后分别出版于1889年和1895年）。尼采加快了写作的节奏。九月搬到都灵过冬，开始写自传性的“生命之歌”，并将其命名为《瞧，这个人》。这是用了《约翰福音》中叙述的基督受难的典故：“耶稣出来，戴着荆棘冠冕，穿着紫袍。彼拉多对他们说：你们看这个人。”此外，他还快速地撰写并发表了一篇辩论文《尼采反对瓦格纳》（*Nietzsche Contra Wagner*）；尽管作曲家五年前已经去世了，他依然觉得如鲠在喉。

他在通信中表现得更加自夸。1888年12月7日："我强大得足以将人类历史分成两半。”12月18日："未来几年，这个世界将会重新开始：因为旧的上帝已经退位，我将从现在开始统治世界。”12月21日："在那些仰慕者之中，我拥有真正的天赋——今天没有任何一个名字能像我的名字这样与众不同，受到敬畏。”12月25日："我将在两个月内成为世界上最重要的人。”12月29日："都灵发生的最了不起的事是我让所有人都彻底着了迷。每个人看我时都像在看国王。”

1889年1月3日清晨，尼采看到一名马夫在打他的马，哲学家抱住了马，瘫倒在地，不得不被人们带回住处。几天后，他的女房东担心他日益古怪的行为，从钥匙孔中窥视他的房间，发现他在唱歌，“裸着身体蹦蹦跳跳”。

1月6日，雅各布·布克哈特收到了尼采的一张签名为“酒神”的便条，外加一封更为错乱的信，他焦急万分，请求弗兰兹·奥弗贝克立即去都灵接回他们的老朋友。

奥弗贝克第二天抵达都灵，看到尼采“蜷成一团缩在沙发的一角看书……除了最简单的表情或是滑稽可笑地跳舞和跳跃之外，这位无与伦比的表达大师甚至不能表现出他的欢喜之情”。

在医生和家人的照料下，尼采继续活了十一年多。他患了麻痹性痴呆，不能说也不能写，名气却逐年增长。这些年拍摄的一张著名照片展现了哲学家的侧影，他胡须又粗又长，面容冷酷——这副严厉先知的形象，似乎就这样凝固在永恒的凝视之中。

尼采的母亲1897年去世后，他的妹妹将尼采搬到了魏玛的一处别墅。朝圣者源源不断，他们来看望这位伟人，思考“只有奇迹能挽救查拉图斯特拉这个不信神的人”这句话的讽刺意蕴（如一名拜访者所说）。他作为一名哲学家的生活终止于1889年，但他在1900

年8月25日去世时，关于他的传说还在不断形成之中。

尼采本人也促成了这一传说的形成，最主要是通过查拉图斯特拉这个人物。但他对制造神话的兴趣从一开始就很明显；早在1872年，在一本关于他未完成的著作《哲学家》的笔记中（当时查拉图斯特拉连影子都还没有），他就为俄狄浦斯设计了一段独白，这段话作为尼采自己的悼文简直恰切得可怕：

> 我把自己称为最后的哲学家是因为我是最后一个人类。我自己是唯一可以与我说话的人，我对自己发出的声音是垂死之人的声音。让我与你只交谈一个小时，心爱的声音，你是所有人类幸福的最后一丝记忆；有了你的帮助，我会欺骗自己并不孤独，并以我的方式融入集体与爱之中；因为我的心拒绝相信爱已经死去；它不能承受最孤独的寂寞发出的战栗，它迫使我讲话，仿佛有两个我一样。

结 语

尼采当然不是最后一个哲学家，并且，尽管自夸独一无二，他也不是最后一个感到由苏格拉底这位榜样提出的挑战的哲学家。20世纪，马丁·海德格尔和路德维希·维特根斯坦等不同的哲学家仍将视哲学为一种生活方式——米歇尔·福柯也是如此，正是他在法兰西学院的讲座促成了本书十二位哲学家的简短传记。

我在路德教宗下（该教以内省和真诚地表白信仰为荣）长大，然后又研究了理论哲学，阅读了重要的存在主义者的著作，如海德格尔的《存在与时间》、让-保罗·萨特的《存在与虚无》，后者鼓励读者过一种“本真”的生活。因此，我早就和柏拉图《申辩篇》中的苏格拉底一样，认为“未经省察的人生不值得一过”。

然而，作为一名历史学家，刚刚讲完了这十二个人（他们各自在不同的时代、不同的地点努力地实现着苏格拉底的抱负）的故事后，我要承认，关于经过审视的生活的价值，我的想法已经发生了动摇，部分是因为叙述这些独特的哲学生活使我产生了一些意外的反应——不只是敬畏和崇拜，也有同情、懊恼，以及（在少数情况下）让我发笑的怀疑。

在古代，过一种经过审视的生活，其本身通常不被视为目的。对一些古典哲学家而言，这是一种获得幸福与宁静的手段；对另外一些人而言，这是为了灵活运用政治权力做准备；对还有一些人而言，它是永恒救赎的必要条件。大部分古代作家认为，哲学是一种追求，无论是严谨的研究，还是对上帝或善的至高无上的信仰，都能与这种追求协调一致。

然而，对于蒙田以及众多致力于如实描述人心复杂多变的体验的现代人而言，追求自我认识不再能够与对科学的信心或是对神圣的有序世界的信仰相容。确实，认识自我在某些情况下——尼采就是一个例子——似乎以失败告终，仿佛是为了印证尼采的话："我们必定是对自己的陌生人。"更糟糕的是，鉴于内在体验瞬息万变，自我审视在现代似乎已成为抑郁（蒙田提到了他"忧郁的幽默"）甚至是疯狂（在卢梭和尼采这里）的潜在来源。

有人或许会欢迎这种惩罚性的后果——从塞涅卡到尼采，哲学家们所探索的自我充满矛盾，因为未能竭尽全力过一种彻底统一或大彻大悟的生活而深感罪恶，看起来是那样不幸、虚无，太过人性。

在某种程度上，作为奥古斯丁的好学生，蒙田同样也怀有这种自我贬抑的观点。但蒙田明确拒斥了那种必须长期承受负罪感的道德完善主义。和爱默生一样，他幸运地形成了一种温和的性情（部分是通过撰写反思性随笔），这使他能以一种令人艳羡的平静态度去看待自己的缺点和他人的愚蠢。相比之下，尼采不能卸下罪恶感的重负，他在写作中对其详加审视并不断批评，也许是因为他的性格已被严厉的反省打上了不可磨灭的烙印。他从信仰路德教的父亲那里学会了这一点，然后又跟古代哲学家们复习了一遍。这些哲学家们和他一样沉迷于无所畏惧的回答"真理问题——关于人是什么，做了什么，能够做什么的真理"。

因此，这些哲学传记的寓意并不单一，也不都含有教训意味。对于任何希望获得幸福、政治智慧或救赎的人来说，哲学反省实际上常常不仅会带来自信，也会带来自我怀疑，不仅会带来快乐，也会带来痛苦，不仅会带来审慎的政治行为，也会带来鲁莽的公共行为，不仅会带来蒙受天恩救赎的瞬间，也会带来自作自受的时刻。

难怪蒙田说寻求智慧的哲学家是"没有知识的钻研者，没有司法权的法官，总而言之，是闹剧的傻瓜"。

考察蒙田之前的哲学家时，我们不由得自忖，如果我们对苏格拉底和柏拉图生活的了解，能与爱默生和尼采的一样多，是否会对作为一种生活方式的哲学有不同的理解呢？难以相信古代哲学家们的生活会像流传下来的传说中那样，在言行上始终能明智地保持一致。神话固然美妙——但它们也使我们觉得苏格拉底、柏拉图和第欧根尼有些遥远，更像是抛光的大理石雕像，而不是会犯错的血肉之躯。

另一方面，我们对塞涅卡和奥古斯丁却感到可亲，因为我们看到的似乎是更真实的生活故事，其中充满了偶然、变故、成功和失败，混杂着相互竞争的信念和行为模式。塞涅卡并未定义一个本质的自我（通过对某种最重要的善的形式的直觉认识，能了解到这种自我），而是列出了各种感觉、情绪和情感，包括愤怒、悲伤、欢乐、幸福。奥古斯丁也认为人心内部丰富多变，它在真实存在的人类那堕落的自我与完美的理性统一以及神的至善之间划了一道鸿沟。

蒙田试图效法塞涅卡那种斯多亚派的宁静，但没有成功，于是选择在《随笔集》中如实地描述自我，最终脱离了道德完善主义传统，正是这种传统曾将苏格拉底和柏拉图的哲学理念与塞涅卡和奥古斯丁表述的理念联系在一起。后来，卢梭更引人注目地证明，他不能践行自己那令人生畏的道德行为标准，而他也不惮得出这一结论："你希望人们总能保持言行一致"——关于理性一致性的经典观念，"我很怀疑人们是否能够做得到。但是，有一点总是没错的：我总是会尽力这样去做"。

尼采写道，"对真理的爱既可怕又强大"。而他本人，以及其他几位现代哲学家的生活概况正暗示了这句格言的智慧。投身于真理——审视自己和他人——对于今天的人而言，如果说有何不同的话，那么，它比对于两千多年前的苏格拉底要更加困难，更不容易获得可能的回报。

也许这就是为什么在现如今这样科学务实的社会中（它对投身于内省的价值愈加怀疑），尼采要抱怨说："哲学毋宁说始终只是孤独散步者的学术独白，是个别人侥幸的战利品，是隐居的密室，或者是老态龙钟的学者与稚子之间无害的唠叨。”

如果我们想掌握“世界的本来面目”，那么我们应当（像亚里士多德、笛卡尔和康德那样）尽可能客观地去研究世界最普遍和抽象的特征以及我们思考时所采用的范畴。当代的一些进化论生物学家和认知科学家甚至走得更远，认为只有现代科学能产生关于人类状况的有用知识。

并且，如果我们主要追求的是幸福、宁静或是生命的超越性意义，那么，我们事实上或许会更轻易地放弃对无条件的科学知识的追求，放弃关于我们究竟是什么这一真理的哲学追问，而是加入某种传统的宗教崇拜，或是当代各种其他替代形式，以便维护某个确定的信仰。正如深孚众望的美国牧师华理克（Rick Warren）所说，应当弃绝作为一种生活方式的哲学，“你不会通过内观发现人生的意义……你并未创造你自己，因此你无法说出你是为了什么而被创造出来！”

当今社会中，二分天下的是应用科学的实用力量以及信仰团体为生活赋予意义的同样明显的力量。然而，作为一种生活方式的哲学这一古典观念仍奇迹般地幸存着。它依然提供了一种真正的选择——不过这要求你愿意费尽心力地去阐述自己的思考，回答这样一些大问题：“我能知道什么？我应当做什么？我可以期望什么？”

当然，一部“始于哲学生活问题的历史”本身不能告诉我们应当如何最好地着手处理这些问题。本书叙述了一些公然宣称的哲学生活，尽管其中有些人的生活似乎堪为典范，但每一个都无法效仿——无法学习，无法模仿，部分是出于不可改变的历史原因。站在21世纪的起点上，我们缺乏特定的精神资源和文化背景去实现19世纪爱默生和尼采的典型追求，更不用说近代的蒙田和笛卡尔，或是苏格拉底、柏拉图、塞涅卡、奥古斯丁这类古代典范的生活。

因此，关于作为一种生活方式的哲学，今天的我们并没有一种理想的形式。正如20世纪的德国哲学家雅斯贝尔斯那神秘难懂的比喻，哲学生活最多“就像一场流星雨，无数不知从何而来，也不知去向何处的流星穿过生活”。

然而，回忆哲学史上的部分关键情节，对于我们当中那些已不可救药地惯于内省的人，以及那些仍然深受这一可能性的吸引（尽管只是间断性地），即希望自己和他人能过上更好的或更“本真的”生活的人而言，始终是有益的。

尽管追随卢梭、康德、爱默生和尼采的步伐，认真地对待这些理念现在似乎已经变成了一种永无止境的追求，在此过程中，除了能够体验到对智慧的渴求，以及希望不管发生什么都过一种与此渴求相一致的生活以外，我们既缺乏固定的目标，也没有明确的回报。不论承认与否，我们仍然生活在阴影之下，笼罩着我们的是德尔菲诫令“认识你自己”以及苏格拉底审视自我和他人的野心。